LA RÉFORME

DES

ÉTUDES CLASSIQUES

Notre éducation est toute païenne. On ne fait guère lire aux enfants, dans les collèges catholiques, que des poètes, des orateurs et des historiens profanes. — P. GROU S. J.

De la question de l'enseignement païen ou chrétien dépend le salut du monde. — P. POSSEVIN S. J.

PARIS

8 RUE FRANÇOIS Ier

1891

OUVRAGES DE M. L'ABBÉ GARNIER

S'adresser à M. l'abbé Garnier, à Caen.

— *L'Adoration sociale du Sacré-Cœur*, 5 centimes, 4 fr. le cent, 35 fr. le mille.
— *Comment la France sera sauvée*, 5 centimes, 4 fr. le cent, 35 fr. le mille.
— *L'Ordre social chrétien*, mêmes conditions.
— *Apostolat des enfants*, 5 centimes.
— *Relèvement de la paroisse*, 5 centimes, 3 fr. le cent, 25 fr. le mille.
— *Rachat de la France*, 5 francs le mille, 0 fr. 60 le cent.
— *Recueil populaire de 125 cantiques*, 15 centimes, 13 fr. le cent.
— *Musique de ce Recueil*, 25 centimes, 22 fr. le cent.
— *Le Livre des élus*, 10 centimes, 9 fr. le cent.
— *Réforme des Études classiques*, format et conditions des Évangiles ci-dessous.
— *Soyez Bassin*, 5 francs le mille, 0 fr. 60 le cent.
— *La France aux pieds du Sacré-Cœur*, 5 francs le mille, 0 fr. 60 le cent.
— *Programme du Salut de la France*, image, 1 franc le cent.
— *Programme de la Ligue catholique*, 1 franc le cent.
— *Conférence sur le Pèlerinage du travail à Rome en 1891*, 1 fr. le cent

Le port en plus. — Indiquer la gare.

PRIX DES EVANGILES

Saint Matthieu	0.40 c.	reliure	0.45 c.	en plus.	
Saint Marc et saint Luc	0.40 c.	»	0.45 c.	»	
Saint Jean et les Actes	0.40 c.	»	0.45 c.	»	
Les quatre Évangiles	1.00 c.	»	0.50 c.	»	

(*Port en sus.*)

REMISES

7/6 — 15/12 — 70/50 — 150/100 — 800/500

(*Les remises ne portent jamais sur la reliure.*)

Des remises plus fortes et qui vont jusqu'à 960/500 sont accordées aux Comités de *La Croix*.

IMPRIMATUR

† FLAVIEN, *évêque de Bayeux.*

LA RÉFORME

DES ÉTUDES CLASSIQUES

QUELLE RÉFORME FAUT-IL ?

Il faut une réforme qui soit la réalisation des décisions du Saint-Siège.

Dans son Encyclique du 21 mars 1853, le Pape a dit « qu'il faut former la jeunesse à l'art de bien parler et de bien écrire, tant par l'étude des meilleurs ouvrages des saints Pères, que par celle des plus illustres auteurs païens, expurgés de toute souillure. »

« *Ut adolescentes, ...tum ex sapientissimis sanctorum Patrum operibus, tum ex clarissimis ethnicis scriptoribus, ab omni labe purgatis, addiscere valeant.* »

Dans son bref du 22 avril 1874, il dit : « qu'il faut faire étudier aux jeunes gens, avec les ouvrages classiques des anciens païens, purgés de toute souillure, les plus beaux écrits des auteurs chrétiens. »

« *Cum classicis veterum ethnicorun exemplaribus, quavis labe purgatis, auctorum etiam christianorum opera elegantiora, studiosis juvenibus legenda proponantur.* »

Il faut les uns et les autres : les auteurs chrétiens, pour nourrir et fortifier la foi ; les auteurs païens, de manière à ne pas nuire à la foi ni à la vertu.

Plus les élèves sont jeunes, plus les auteurs païens sont dangereux et, d'ailleurs, moins ils sont accessibles à leur intelligence.

Il faut qu'on ne les donne pas avant la 3ᵐᵉ. Les hommes compétents déclarent que pour les examens cela suffit. N'est-il pas bien indifférent, au point de vue littéraire, que les élèves étudient les rudiments jusqu'en 3ᵐᵉ, dans les auteurs chrétiens ou dans les auteurs païens ?

Et y eût-il de la différence, le salut des âmes et de la société est à ce prix. Pourrait-on hésiter ?

Il faut que les auteurs chrétiens, nécessaires jusqu'en 3ᵐᵉ, soient choisis, préparés et publiés ; qu'on en fasse une traduction littérale et mot à mot, comme pour tous les livres scolaires. Dès qu'une Congrégation importante se sera engagée à s'en servir, les éditeurs ne manqueront pas, nous le savons de source certaine.

Il faut que les auteurs païens, dont on se servira à partir de la 3ᵐᵉ, soient accompagnés de notes constituant un cours de civilisation comparée. Si ces notes sont bien faites, si la vérité du tableau que saint Paul a tracé des païens dans l'épître aux Romains est mise constamment

en relief, ainsi que l'exactitude des descriptions que les historiens modernes, surtout M. de Champagny, nous ont laissées de la civilisation païenne, il sera facile de faire ressortir à chaque page, la supériorité de la civilisation chrétienne.

Est-il nécessaire d'ajouter que ces auteurs païens doivent être expurgés consciencieusement. N'est-il pas honteux d'appeler expurgée une édition de Virgile qui contient telle page de l'*Enéide* et surtout telle *Bucolique* qu'on ne peut lire sans rougir ?

Il faut garder la foi des enfants et cesser enfin d'immoler, comme dit saint Augustin, leurs âmes aux démons. Avec ce grand Docteur, nous pouvons dire « que tous les enfants voués à l'éducation païenne sont des victimes humaines offertes en holocauste à une divinité barbare. »

Il faut arrêter les ravages de l'impiété dans notre pays. « C'est le collège, dit Bernardin de Saint-Pierre, qui a produit la Révolution, avec tous les maux dont elle est la source. »

« C'est aux moines, disait Danton, c'est au siècle de Louis XIV, que nous devons le siècle de la vraie philosophie. La république était dans les esprits vingt ans au moins avant sa proclamation. »

« L'heureuse incurie des rois, disait le régicide Chazal, nous laissa nous former aux écoles de Sparte, d'Athènes et de Rome. »

« Je vois avec plaisir, écrivait Voltaire, qu'il se forme dans l'Europe une république immense d'esprits cultivés. Il s'est fait une révolution dans les esprits qui fera une grande époque. »

Et Napoléon Iᵉʳ : « Voyez un peu la gaucherie de ceux qui nous forment ; ils devraient éloigner de nous l'idée du paganisme, et ils nous élèvent au milieu des Grecs et des Romains, avec leurs myriades de divinités. »

De grâce, qu'on cesse de fermer les yeux à la lumière. Est-ce que les leçons de l'expérience ne sont pas assez accablantes ?

Dès le xviᵉ siècle, un des hommes les plus éminents de la Compagnie de Jésus, qui en a produit tant d'autres, le P. Possevin, une des plus grandes figures de son siècle, prédisait ou plutôt constatait déjà tous les maux dont nous souffrons : « De la question de l'enseignement païen ou chrétien, disait-il, dépend le salut du monde. A quoi peut servir, je vous le demande, de verser dans un vaste tonneau un verre de bon vin, et d'y verser en même temps des barils de vinaigre et de vin gâté ? En d'autres termes, que signifie un peu de catéchisme par semaine, avec l'enseignement quotidien des impuretés et des impiétés païennes? »

Au XVIIIᵉ siècle, un autre Jésuite distingué, le P. Grou, donnait un avertissement plus complet encore, que nous nous faisons un devoir de reproduire en entier :

« Notre éducation est toute païenne. On ne fait » guère lire aux enfants, dans les collèges (1) et » dans l'enceinte des maisons, que des poètes, des » orateurs et des historiens profanes. On leur en » donne la plus haute idée; on les leur présente » comme les plus parfaits modèles dans l'art » d'écrire, comme les plus beaux génies, comme » nos maîtres. Afin de leur en faciliter l'intelli- » gence, on entre fort avant dans le détail des » généalogies et des aventures des dieux et des » héros de la fable. On les transporte à Athènes, » dans l'ancienne Rome; on les met au fait des » mœurs, des usages, de la religion des anciens » peuples; on les initie, pour ainsi dire, à tous » les mystères, à tous les systèmes, à toutes les » absurdités du paganisme; tout ceci est l'objet » d'une infinité de commentaires que les savants » ont composés sur chaque auteur...

» Ce système d'étude *affaiblit l'esprit de piété* » *dans les enfants.* Je ne sais quel mélange confus » se forme dans leur tête des vérités du chris- » tianisme et des absurdités de la fable; des vrais » miracles de notre religion et des merveilles » ridicules racontées par les poètes; surtout *de* » *la morale de l'Evangile et de la morale toute* » *humaine et toute sensuelle des païens.* Nous ne » réfléchissons pas assez sur les impressions » que reçoit le cerveau tendre des enfants. Mais » *je ne doute pas que la lecture des anciens n'ait* » *contribué à former ce grand nombre d'incré-* » *dules qui ont paru depuis la Renaissance des* » *lettres...,* ce qui ne serait pas arrivé si la jeu- » nesse n'avait pas été prévenue d'une admiration » servile pour les grands noms de Platon, d'Aris- » tote et des autres.

» Cette éducation accoutume encore les enfants » à *se repaître de fictions et de mensonges* » *agréables.* De là l'empressement ardent pour » les représentations théâtrales, pour les contes, » pour les aventures, pour les romans, pour tout » ce qui plaît aux sens, à l'imagination, aux pas- » sions. De là la légèreté, la frivolité, *l'aversion* » *pour les études sérieuses, le défaut de bon sens* » *et de solide philosophie.* C'est encore dans les » collèges que les enfants *prennent le goût pour* » *les ouvrages passionnés, obscènes, dangereux, à* » *tous égards, pour les mœurs.* Car tels sont la » plupart des anciens poètes; je n'en excepte » pas-Térence ni Virgile même.

» Ce n'est ici que le commencement du mal. » Ce goût de paganisme, contracté dans l'édu- » cation publique ou privée, se *répand ensuite* » *dans la société,* à la faveur des beaux-arts... » Passez dans les appartements des grands, dans » leurs galeries, dans leurs jardins, dans les

____

(1) Il faut remarquer que tous les collèges dont il est ici question étaient dirigés par des prêtres et par des religieux. Ils l'avaient toujours été. Ce n'étaient donc pas des écoles sans Dieu ou des lycées de l'Etat païen.

» cabinets de curiosités; que représentent la » plupart des tableaux, des statues, des estampes? » que des sujets et des personnages empruntés » de l'antiquité profane... Les femmes elles- » mêmes qui veulent lire... apprennent dès » l'enfance l'histoire poétique, et les principaux » traits de l'histoire grecque et romaine : *cela* » *fait aujourd'hui une partie essentielle de leur* » *éducation.* L'on a traduit pour elles les auteurs » anciens, même les plus dangereux ; on a com- » posé des dictionnaires, des abrégés et d'autres » livres à leur usage, afin qu'elles puissent être » aussi païennes que les hommes.

» Or, ce sont les littérateurs qui, soit par » leurs écrits, soit par leurs discours, donnent le » ton à leur siècle, président aux jugements et » *forment les mœurs publiques.*

» Qu'est-il arrivé de là ? Nous ne sommes point » idolâtres, il est vrai, mais nous ne sommes » chrétiens qu'à l'extérieur (si même la plupart » des gens de lettres le sont aujourd'hui), et dans » le fond nous sommes de vrais païens, et pour » l'esprit, et pour le cœur, et pour la conduite. »

Tel est le tableau que le pieux et savant Jésuite nous a laissé de l'influence infernale des clas- siques païens sur nos sociétés chrétiennes. Per- sonne n'a jamais rien dit de plus énergique et de plus frappant.

Le livre que nous publions a pour but de hâter la réalisation de la Réforme, que le Souverain Pontife réclame et que les circonstances rendent si nécessaire.

Qu'on le lise, qu'on le répande.

Trop longtemps les démons qui se sont fait adorer autrefois sous le nom des divinités païennes, *omnes dii eorum dæmonia,* ont reçu le culte des chrétiens eux-mêmes, en absorbant leur attention et en occupant leur âme.

Il faut revenir à Jésus-Christ.

Il faut revenir à l'Evangile.

Toute la réforme est là : Revenons à l'Evangile.

____

LE DERNIER APPEL DE Mᵍʳ GAUME

Au nom de l'Église éplorée, par la bouche du Vicaire infaillible de Jésus-Christ; au nom de la société, qui court aux abîmes ; au nom des familles, en qui l'esprit chrétien s'éteint à vue d'œil; au nom des âmes, qui chaque jour péris- sent par milliers ; au nom de l'Europe entière, menacée d'un effondrement général : nous venons, pour la dernière fois, de démontrer, ce que nous n'avons cessé de faire depuis quarante ans, la nécessité plus urgente que jamais de la réforme radicalement chrétienne et nationale de l'édu- cation, surtout des classes sociales qui, par leur supériorité, font le peuple à leur image. Nous en avons indiqué et fourni les moyens.

A tous les hommes qui conservent la faculté de lier deux idées, nous disons : Tournez, re- tournez sous toutes les faces le problème social; cherchez un remède humain au mal qui nous dévore, un préservatif contre les fléaux sus- pendus sur nos têtes ·

Législateurs, faites et défaites des lois ; changez, modifiez, rechangez les formes gouvernementales: supprimez le suffrage universel ; bâillonnez la presse ; fermez les antres ténébreux des Sociétés secrètes ;

Sages de toute école et de toute nuance, faites et défaites des systèmes ; tour à tour brûlez ce que vous avez adoré et adorez ce que vous avez brûlé ;

Ecrivains à la vapeur, journalistes qui, chaque matin et chaque soir, versez sur le monde vos salutaires élucubrations ;

Prêtres même et évêques, dans d'éloquents écrits, déplorez les ravages toujours croissants de la haine anticatholique ; l'affaiblissement de la foi ; la dépravation des mœurs ; priez ; faites des pèlerinages ; bâtissez des églises ; que faites-vous ? Vous pourrez sauver quelques âmes ; mais prétendre sauver la société, sans la réforme radicalement chrétienne de l'éducation, vous jetez de la poudre au vent ; car vous n'atteignez pas le mal dans sa racine : *L'éducation fait l'homme, et l'homme fait la société.*

Si les générations futures continuent d'être élevées comme les générations actuelles, nous aurons ce que nous avons et pis encore : rien n'est plus certain. Qu'avons-nous ? L'emprisonnement du Pape ; le dépouillement de l'Eglise; le frémissement de toutes les nations contre le christianisme ; l'ébranlement de toutes les bases sociales ; la fermentation universelle de l'esprit révolutionnaire ; la formation de plus en plus rapide du règne antichrétien : Satan en haut, Dieu en bas.

C'est à prendre ou à laisser.

Nota. — Il ne s'agit pas seulement de la réforme de notre éducation classique, mais encore de notre éducation philosophique, scientifique, historique, artistique. Elle est tout entière à refaire, c'est-à-dire à rendre chrétienne et française. Si j'ai demandé avant tout, la réforme de l'éducation classique, c'est qu'elle est comme le biberon par lequel les jeunes âmes sucent un lait qui, n'étant ni chrétien ni français, forme des générations hybrides, puissantes pour le mal, mais sans énergie pour le bien, parce qu'elles manquent de patriotisme et de foi.

A moins de périr, il faut que nous redevenions ce que furent nos pères, chrétiens et français. Le seul moyen de nous rendre tels, c'est une éducation chrétienne et française.

La géométrie n'a pas d'axiome plus incontestable.

Mgr GAUME.

NATURALISME ET PAGANISME

Les écoles qui n'enseignent pas le latin auront tout autant à profiter de ce livre. Le danger pour elles n'est pas le paganisme, mais le naturalisme qui prive également leurs élèves des bienfaits de l'éducation chrétienne, et qui produit des effets peut-être plus redoutables encore, au double point de vue moral et social.

A ce double point de vue, le paganisme nous a surtout donné trois ruines :

1° *La ruine de l'éducation.* — Le développement exagéré du culte de la forme, au détriment du fond, nous a fait oublier la formation de la volonté. On cultive beaucoup les facultés physiques et même les facultés spirituelles secondaires, comme l'intelligence et la mémoire, mais la faculté maîtresse, la volonté, depuis longtemps on ne s'en occupe plus.

2° *La ruine de la morale chrétienne privée.* — L'étude et l'admiration des hommes dont l'unique objectif était l'amour des plaisirs, des honneurs et des richesses, nous a fait oublier le mépris que tout chrétien doit faire de ces mêmes biens, s'il veut rester fidèle à l'Evangile et fuir la triple concupiscence.

3° *La ruine de la morale chrétienne publique.* — L'introduction des principes du droit païen dans les esprits, les mœurs et les lois, nous a fait oublier le droit naturel et le droit positif divin. L'homme s'est arrogé le droit d'organiser toutes choses au gré de ses caprices ou de ses intérêts : *Quidquid principi placuerit legis habet vigorem.* Dès lors, plus d'autre frein que les lois humaines contre la liberté d'écrire et de faire tout le mal qu'on veut.

Voilà les trois principaux fruits du paganisme au point de vue moral et social. Est-ce que le naturalisme ne les produit pas également et avec d'autant plus de force qu'il aboutit presque toujours à l'athéisme et au matérialisme?

Pendant toute la durée du moyen âge, l'éducation fut exclusivement chrétienne. Qu'en résultait-il? Ce qui résultera toujours de l'éducation, c'est-à-dire que, dès le berceau, les jeunes générations, nourries du christianisme, pénétrées du christianisme, élevées dans la connaissance, dans l'amour, dans l'admiration du christianisme, dans l'enthousiasme de ses gloires et de ses œuvres, transmettaient à la société ce qu'elles avaient reçu. Et la société était chrétienne, profondément chrétienne. Et cette société chrétienne créa une Europe merveilleuse de grandeur, de force, de vertus héroïques, et la couvrit de monuments prodigieux, dont les inimitables beautés ne forment que la moindre partie de sa gloire.

Vers la fin du xvᵉ siècle, la Renaissance nous mène au paganisme et celui-ci nous mènera plus tard au naturalisme et à toutes ses conséquences.

Ecoles primaires, pensionnats de jeunes gens et de jeunes filles, la question vous intéresse, nous vous conjurons de l'étudier avec soin.

RÉUSSIRONS-NOUS?

M. de Montalembert écrivait à Mgr Gaume : « Tout esprit libre de prévention reconnaîtra le mal que vous signalez si énergiquement. Mais, il ne faut pas se le dissimuler, les préventions seront nombreuses et à peu près universelles. Chacun se sentira blessé dans ses antécédents, dans ses habitudes, dans ses préjugés. On n'aime pas à se dire qu'on a été mal élevé, et, ce qui est pire, qu'on a mal élevé les autres. Vous serez accusé de méconnaître les lois de la civilisation, du progrès, du bon sens, les saines traditions, les bonnes habitudes, etc.

Mais que cela ne vous décourage pas. *Les mêmes objections ont été faites, les mêmes accusations ont été portées* contre ceux qui ont entrepris la restauration de la liturgie romaine et la réhabilitation de l'architecture du moyen âge, or, ces *deux causes sont aujourd'hui gagnées,* au moins en théorie ; la pratique suivra, malgré les résistances acharnées de la routine et de l'amour-propre. *Tenez pour certain que nous serons également vainqueurs dans la croisade entreprise contre le paganisme dans l'éducation, qui n'est qu'une autre face de la même question.* »

Avec le secours de Dieu et l'appui de tous ceux qui veulent se sauver, nous réussirons.

CE QUE PENSAIENT SAINT FRANÇOIS DE SALES, ET DOM BOSCO
LE PLUS GRAND ÉDUCATEUR PEUT-ÊTRE DE CE SIÈCLE

SAINT FRANÇOIS DE SALES
Traité de l'amour de Dieu, livre xi ch. x.

Les anciens sages du monde (1) firent de magnifiques discours en l'honneur des vertus... Mais il en renversaient toutes les lois... Aristote, le plus grand d'entre eux, prononce cette horrible sentence : « Touchant... les enfants, il ne faut rien nourrir de ce qui est privé de quelque membre. » Sénèque, ce sage tant loué : « Nos enfants, s'ils sont manqués, débiles..., nous les abandonnons. » *Croyant être sages, ils ont été faits insensés; leur esprit a été obscurci, gens abandonnés au sens réprouvé* (Rom. I).

Si les païens ont pratiqué quelques vertus, ça été pour la plupart en faveur de la gloire du monde. « La convoitise humaine a fait la force des païens, dit le Concile d'Orange, et la charité divine a fait celle des chrétiens. » « Fabritius sera moins puni que Catilina, non pas que celui-là fût bon, mais parce que celui-ci fut pire... UN VICE ÉTAIT OTÉ PAR UN AUTRE VICE, entre les païens; et pour ce seul vice de la vaine gloire, ils réprimaient l'avarice et plusieurs autres...

Aussi, nos anciens Pères ont appelé les vertus des païens *vertus* et *non vertus*. Et saint Augustin ayant dit en quelque lieu que les philosophes avaient resplendi en vertu, il s'en dédit au livre de ses *Retractations*...

Elles peuvent être comparées aux pommes véreuses; elles ont la couleur, mais le ver de la vanité les gâte. Nos martyrs... les Laurent, les Vincent,... et mille milliers d'autres, me font admirer les admirateurs des vertus païennes..., qui n'admirent point les vertus très parfaites des chrétiens.

DOM BOSCO
Extrait de sa vie par J. M. Villefranche, 1888 (2).

Le grand crime des Loges maçonniques, c'est qu'elles se sont emparées de l'enseignement, et leur compression se fait sentir jusque sur les écoles libres qu'elles tiennent par leurs programmes. La liberté du personnel n'est pas un leurre sans celle des programmes... Dom Bosco mit toute son énergie à réagir, à commencer par les classes élémentaires. Il ne pouvait souffrir ces traités « vulgarisateurs » de la science qui... ne permettent point d'apercevoir le grand Etre qui a tout fait et qui anime tout par sa présence.

Sur la question des classiques littéraires, un de ses disciples, D. Fr. Cerrutti, a publié ses pensées dans deux lettres (3).

Un verre de bon vin ne saurait changer un tonneau de vinaigre, ainsi deux heures d'instruction religieuse par semaine ne sauraient infuser de fortes croyances et d'austères vertus. *Mais un verre de vinaigre suffit pour gâter un tonneau de bon vin*; ainsi UNE DEMI-HEURE DE MAUVAISE LECTURE OU DE CONVERSATION CORRUPTIVE PEUT DÉVOYER A JAMAIS UNE AME INNOCENTE (4).

(1) Nous abrégeons beaucoup, il faut lire l'original.
(2) Un vol. de 356 p. in-8°, Paris, Bloud et Barral.
(3) Cerrutti, *Les idées de dom Bosco sur l'enseignement.*
(4) Au nom de Notre-Seigneur, nous conjurons de la manière la plus instante les parents et les maîtres, de porter toute leur attention sur cette vérité. Elle est malheureusement très certaine, et trop souvent ceux même qui ont souci de l'âme des enfants semblent en pratique la méconnaître; si l'une de ces tristes causes, qui peuvent apprendre à un enfant le mal, s'est présentée,

Il faut au jeune homme un enseignement continu, où la loi divine se trouve répandue et où ne se mêle jamais aucun élément contraire.

Aussi dom Bosco voulait-il qu'on mît résolûment de côté tous les auteurs pernicieux à la foi et aux mœurs,... ou qu'au moins ils soient rigoureusement expurgés et commentés avec prudence par le p ofesseur. (Pour ce motif), il n'hésitait pas à revenir à la pratique des premiers chrétiens et à proscrire toute la mythologie.

« Hélas ! s'écriait-il, que de jeunes intelligences, dont on pouvait tout espérer, ont été perdues par la mythologie ! Point de thèmes, de versions, d'exemples mythologiques ! Honte à la mythologie ! La nature dans sa virginale beauté, la vie dans sa réalité vraie, l'histoire dans ses pages immortelles ! Horace peut causer à la pauvre jeunesse un mal irréparable, s'il est expliqué avec peu de précaution. »

Quant aux *classiques chrétiens*, il leur donnait la place d'honneur. « Je veux bien, disait-il, qu'on explique le *De officiis* de Cicéron, mais j'exige qu'on explique aussi le *De officiis* de saint Ambroise. » JAMAIS UNE ÉDUCATION AUX TROIS QUARTS PAIENNE NE POURRA NOUS DONNER DE VRAIS CHRÉTIENS. J'ai lutté *toute ma vie* (et ici dom Bosco avait un accent de profonde douleur) contre cette erreur qui consiste à élever de jeunes chrétiens en païens. A cette fin, *j'ai entrepris une double publication*, celle des classiques profanes revus et corrigés, celle aussi des classiques chrétiens... Rendre aux auteurs chrétiens la place qui leur appartient, faire que les auteurs païens soient aussi inoffensifs que possible, *c'est à quoi j'ai constamment visé dans tous mes travaux, dans tous les avis et conseils que j'ai donnés...* Epuisé de vieillesse, JE M'EN IRAI DE CE MONDE AVEC LA DOULEUR DE N'AVOIR POINT VU, PARFAITEMENT COMPRISE UNE RÉFORME A LAQUELLE J'AI CONSACRÉ LA PARTIE VIVE DE MES FORCES.

Qu'elle est touchante, cette plainte d'un homme si vénérable, qui fut aussi un lettré, ayant écrit une soixantaine de volumes !... Et les heureux résultats des collèges salésiens prouvent que sa méthode est la bonne.

N. B. — Les citations de Mgr Gaume, contenues dans les deux pages précédentes, sont tirées de son livre *Pie IX et les Etudes classiques*, publié par lui en 1874, après le bref du 22 avril, dont nous donnons une phrase à la page première. Ce bref le félicitait d'avoir, en demandant que les auteurs chrétiens fussent associés aux païens, *défendu les règles approuvées par le Saint-Siège : eas normas in ratione studiorum defenderes, quas a Nobis probatas novisti.* C'est de ce même ouvrage que sont tirées nos *réflexions pratiques*, (pages 67-86 ci-après; voir notamment, p. 68). La citation du P. Grou, de la page 2, est prise dans sa *Morale tirée de saint Augustin*, tome I, ch. VIII.

on croit avoir tout fait en s'efforçant d'empêcher qu'elle se représente ou se continue; mais cette lecture ou cette conversation d'un instant a pu faire à cette jeune âme une blessure dont les suites sont incalculables; il faut donc avec prudence chercher à se rendre compte de ce qu'il en est, non seulement pour éloigner la cause, mais pour remédier, s'il y a lieu, à ses suites désastreuses, par les moyens les plus énergiques : exhortations, recours aux sacrements, etc. Et de quelle vigilance cela ne fait-il pas sentir la nécessité, dans un temps où sous toutes les formes, livres, journaux, gravures, rencontres, paroles entendues, etc., le poison, peu arriver à l'enfant ?

DISCOURS DU PÈRE VENTURA

SUR CETTE RÉFORME DES ÉTUDES CLASSIQUES

PRONONCÉS EN 1855

A LA CHAPELLE DES TUILERIES

Nous ne connaissons pas de documents plus complets, plus lumineux sur cette question, que les discours du P. Ventura. C'est pourquoi nous nous faisons un devoir de les porter à la connaissance du public, et nous supplions tous les amis de la jeunesse, de la France et de l'Eglise, de bien vouloir les répandre, les méditer, les commenter, et nous aider à produire, dans l'opinion publique, la vigoureuse poussée sans laquelle jamais la réforme ne se fera.

Le premier de ces discours envisage la question au point de vue *religieux*, le second l'envisage au point de vue *littéraire* et *politique*.

PREMIER DISCOURS

SUR LA NÉCESSITÉ D'UNE RÉFORME DE L'ENSEIGNEMENT PUBLIC, DANS L'INTÉRÊT DE LA RELIGION

> *Hic est filius meus dilectus, in quo mihi bene complacui: ipsum audite.*
>
> « Celui-ci est mon fils bien-
> » aimé, en qui je me suis
> » complu: n'écoutez que Lui
> » (*Evangile du 2e dimanche de
> » Carême*). »

Sire,

1. Par l'organe du Prophète-roi, le Verbe Éternel lui-même avait depuis longtemps prédit qu'en se faisant homme pour sauver l'homme, son divin Père le constituerait, sur sa sainte montagne de Sion, Roi de toutes les intelligences, et le chargerait de prêcher au monde le Précepte de Dieu par excellence, la vraie religion: *Ego autem constitutus sum rex ab eo, super Sion montem sanctum ejus, prædicans præceptum ejus* (Ps. 2.)

Cette magnifique prédiction s'est littéralement accomplie dans le mystère que nous rappelle l'Évangile de ce jour.

Par cette imposante parole: *Celui-ci est mon fils bien-aimé, n'écoutez que Lui*, qui, tombant du haut du ciel sur le Thabor, a retenti d'un immense écho par toute la terre, le Père Eternel a vraiment établi que son divin Fils règnerait sur la vraie montagne de Sion, l'Eglise, autant par la lumière de sa vérité que par la puissance de sa grâce; conséquemment, il a imposé à tout homme l'obligation rigoureuse d'accepter ses oracles, de suivre ses leçons, de se soumettre à son enseignement.

Mais, hélas! de tous les commandements du Dieu souverain, celui-ci est peut-être le plus méconnu et le plus foulé aux pieds. Par l'enseignement presque tout païen qu'on administre aux enfants chrétiens, même dans les établissements qui ont le plus de droit à la confiance publique, loin d'en faire les disciples du Christ, que le divin Père a déclaré le seul Précepteur légitime de l'univers, *ipsum audite*, on en fait les jouets de Satan qui les perd.

C'est ce scandale et ce désordre, cause funeste de tous les scandales et de tous les désordres dont nous sommes les témoins et les victimes, que je veux signaler aujourd'hui aux Pouvoirs publics chrétiens, pour en conclure: Qu'une réforme radicale de l'enseignement est de nos jours urgente, nécessaire, indispensable. Nous ne parlerons aujourd'hui de cette réforme qu'au point de vue religieux, réservant à un autre jour de la traiter au point de vue littéraire et social; et nous prouverons: 1° par la manière dont on l'a appréciée; 2° par l'expérience qu'on en a faite; 3° par l'action qu'elle exerce, combien la méthode actuelle d'élever la jeunesse est funeste à la religion.

C'est le grave sujet de ce discours, dans lequel j'espère, Dieu aidant, que, tout en plaidant avec force la cause à laquelle sont attachées les plus précieuses destinées de la société moderne, je n'oublierai pas la justice que je dois à tout le monde, et que, par conséquent, je puis compter sur votre *très édifiante* attention. *Ave Maria.*

PREMIÈRE PARTIE

2. L'un des plus anciens Pères de l'Église, Clément d'Alexandrie, a résumé, dans ces quelques mots d'une charmante naïveté, la méthode d'après laquelle les premiers chrétiens élevaient leurs enfants : « Nous commençons, dit-il, par la vérité qui jaillit de l'enseignement de la Foi, parce que c'est là la nourriture substantielle, indispensable à la vie de l'esprit. Quant à l'érudition profane, nous la regardons comme des mets recherchés, qui ne sont nullement nécessaires pour vivre. Ainsi nous ne l'abordons qu'après nous être rassasiés de la vérité chrétienne : on aime, après avoir dîné, à goûter un gâteau. »

Il est donc évident, par ce beau témoignage, que les fils de nos pères dans la foi ne commençaient leur instruction littéraire qu'après avoir achevé, de la manière la plus étendue, la plus complète et la plus solide, leur instruction religieuse, et qu'après que la religion avait jeté des racines profondes et indestructibles dans leur intelligence et dans leur cœur. Il est évident qu'ils ne touchaient aux classiques païens qu'après avoir, pendant de longues années, lu, médité les Livres saints et les chefs-d'œuvre de la littérature chrétienne. Il est évident que l'étude de la grammaire, de l'éloquence et de la poésie, n'était entreprise qu'après l'étude la plus sérieuse de la vérité, de la grandeur et de l'importance du dogme et de la morale du christianisme. Il est évident enfin qu'ils n'approchaient leurs lèvres des sources de la science humaine qu'après s'être désaltérés aux sources de la science divine, et qu'après avoir, à l'aide de la nourriture substantielle de la vérité et de la vertu, acquis cette vigueur d'esprit et cette force d'âme qui les mettaient à l'abri de la contagion du vice et de l'erreur. Dans ce mystérieux repas de l'intelligence, le christianisme occupait la première et la plus importante place, et en faisait presque tous les frais. L'étude des lettres humaines n'en était que la partie accessoire, *le dessert et l'agrément; Post cœnam suavis est placentula.* C'est là ce que j'appelle la méthode chrétienne.

Il n'en est pas ainsi de nos jours. On saisit l'enfant sortant des bras de sa pieuse mère, l'enfant sachant à peine lire, écrire et prier Dieu, et on le livre à l'étude du classicisme païen avant qu'il ait bien appris le catéchisme chrétien. On le sature de Phèdre, de Cornélius Népos, d'Ovide, d'Horace, de Virgile, de Cicéron et de Plutarque, et on lui laisse ignorer les Livres sacrés et les écrits immortels des grands Docteurs de l'Église. On lui apprend les noms de Jupiter et de Vénus avant qu'il sache bien formuler les doux et vénérés noms de Jésus-Christ et de sa sainte Mère. L'étude de la mythologie remplace pour lui l'étude de l'Evangile. Les mystères obscènes des fausses divinités viennent salir son imagination vierge, avant qu'elle soit éclairée et sanctifiée par les saints mystères du vrai Dieu. Les prétendus grands hommes de Rome et d'Athènes sont offerts à son admiration, on lui cache les noms et les hauts faits des Martyrs et des Saints, les vrais héros, les vraies grandeurs et les vraies gloires de l'humanité.

Les épopées de fausses vertus et de vices réels lui sont présentées pour absorber toute son attention et pour occuper tous ses loisirs ; et, pendant huit mortelles années, on l'oblige à ne contempler, à n'étudier, à n'approfondir que les écrits et les œuvres d'une littérature sensuelle et humaine : de manière qu'il ne se doute même pas de l'existence des grandes épopées des vertus chrétiennes et des vrais classiques d'une littérature spirituelle et divine. On veut bien lui permettre de prier le matin et le soir ; mais les exercices de la chapelle sont neutralisés par les exercices de la classe. On lui administre quelques leçons religieuses (là où l'on fait à la religion l'honneur de s'en occuper), mais les bonnes impressions qu'elles produisent sont neutralisées, effacées par les leçons profanes de toute la journée, comme cette partie de la semence évangélique tombée sur un terrain couvert de ronces et par elles étouffée. C'est, comme on l'a dit (1), implorer le secours du Saint-Esprit pour faire mieux réussir l'œuvre de Satan ; c'est l'eau bénite jetée sur une idole ; c'est la croix surmontant une salle de spectacle ou plantée sur un tas de boue. Et tandis que dans l'ancienne méthode on divinisait la science et que l'on christianisait même l'étude des lettres païennes, dans la méthode nouvelle on humanise même la religion, et l'on paganise le christianisme lui-même (2).

(1) « Je me suis même plus d'une fois demandé s'il n'y » avait pas une sacrilège plaisanterie à commencer par » l'invocation du Saint-Esprit l'explication de telle ode » ou de *telle églogue*, à moins que ce ne fût pour obtenir » la grâce de n'en comprendre que les mots, et de ne » pas trop chercher ce qui est sous-entendu dans les » éditions *expurgées* (D'Alzon, *Discours prononcé à la* » *distribution des prix au collège de* l'Assomption). » Le savant et pieux auteur de cette remarque a fait sans doute allusion à l'églogue de Virgile, dans laquelle ce poète, que Bossuet appelle *un bon épicurien*, s'est cependant montré un épicurien de très mauvais aloi ; car il y étale les abominations de sa vie et la licence de ses amours avec un cynisme révoltant, capable de faire rougir Horace et Catulle eux-mêmes. Ce qui pourtant n'empêche pas cette églogue d'occuper une place obligée parmi les écrits prétendus *expurgés*, des auteurs classiques. En sorte que dans tous les collèges et même dans les séminaires, les enfants de quatrième la savent par cœur.

(2) D'après Mgr Gaume, voici dans quel ordre on administre en France, même dans les séminaires, cette instruction païenne :

« Le jeune enfant vit une année avec les *hommes illustres de Rome*, dont l'histoire et la glorification sont extraites de Tite-Live, par le bon M. Lhomond. C'est là qu'il apprend à admirer Brutus, Mutius Scévola et les farouches défenseurs de la liberté romaine. Il passe à Cornélius Népos et à la vie des *grands hommes de la Grèce;* puis il arrive au *Selectæ*, qui présente la société païenne comme une *société de saints*, et insinue dans l'esprit qu'il n'est pas nécessaire d'être chrétien pour être vertueux, puisque le paganisme avait une si belle morale, et la pratiquait si bien ; ensuite, on lui fait consumer je ne sais combien de temps à traduire d'insipides récits de batailles, dans Quinte-Curce et dans César, ou de fades descriptions poétiques dans Ovide ou dans Virgile. Il prend dans Plutarque les sentiments du *républicanisme antique,* et un enthousiasme absurde pour la fausse liberté et la fausse démocratie ; dans Lucien, le *scepticisme;* dans Cicéron, l'*éclectisme;* dans Horace, le *sensualisme;* il demeure enfin huit années dans le

Ne sommes-nous donc pas autorisés à appeler cette méthode une méthode païenne, et à demander qu'on lui substitue la méthode chrétienne ? Car c'est là tout ce que nous réclamons, et pas autre chose, sous le nom de réforme de l'enseignement. Voilà donc de quoi calmer les appréhensions que le sujet de ce discours a pu faire naître dans quelques esprits.

Nous ne demandons pas que l'on fasse un auto-da-fé des livres classiques du paganisme. Nous ne demandons pas non plus qu'on en interdise l'étude et la lecture aux hommes faits, car nous savons bien les avantages qu'on peut tirer de cette étude et de cette lecture. Nous ne demandons même pas qu'on ôte tout à fait ces livres des mains de la jeunesse *faisant ses études*. La méthode chrétienne dont nous réclamons la restauration n'exige rien de tout cela. Ce qu'elle exige, c'est que l'on ne commence pas par où l'on devrait finir ; que l'on ne veuille pas faire le réthoricien avant le chrétien ; que l'on ne fasse pas de la littérature païenne le premier lait et presque le seul aliment intellectuel des enfants baptisés, au risque de leur rendre difficile, sinon impossible, la nourriture divine de l'enseignement du Fils de Dieu, le seul enseignement que le divin Père ait commandé à tous d'écouter : *Ipsum audite*.

Ce que la méthode chrétienne réprouve, c'est que le paganisme avec tout son attirail compose, ainsi qu'il arrive aujourd'hui, le festin des intelligences, et que le christianisme n'en soit que le dessert, bien modeste d'ailleurs et bien insignifiant. Ce que la méthode chrétienne condamne, c'est que les leçons de la religion ne soient que des miettes de l'enseignement chrétien, mêlées à ce que saint Augustin appelle *les épluchures païennes*. D'après la méthode chrétienne, les jeunes gens ne devraient faire leurs premières classes qu'à l'aide du livre par excellence, la Bible, et des sublimes écrits des grands hommes de l'Eglise : et ils ne devraient aborder les auteurs païens qu'à la fin et comme complément de leurs études d'humanités, c'est-à-dire à un âge où les croyances et les sentiments chrétiens ayant profondément pénétré et saisi leur âme, la connaissance des auteurs païens deviendrait plus utile à leurs progrès littéraires et n'offrirait aucun danger pour leur foi.

3. La question ainsi posée n'en est ni n'en

saurait être une pour le bon sens des hommes sérieux.

En effet, tout ce qu'il y a eu au monde de plus sérieux l'a toujours résolue dans notre sens. Il y a quelques milliers d'années qu'on a réclamé la réforme qu'on nous reproche, à nous, de réclamer les premiers aujourd'hui. Et, ce qui est encore plus singulier, le paganisme lui-même a sollicité cette réforme contre lui-même.

Le prince des anciens philosophes grecs, revenant dans sa pensée aux lois qu'il avait imaginées pour former un Etat parfait, s'applaudit d'avoir, avant tout, décrété que les poètes fussent exilés à perpétuité de sa république ; « parce que, dit-il, tout le talent des poètes ne consistant qu'à imiter et à mentir, leur lecture n'a d'autre résultat que de corrompre l'esprit et le cœur des citoyens. » De peur qu'on ne pensât que cet arrêt d'impitoyable ostracisme ne regardait que les faiseurs de tragédies et de comédies, Platon a déclaré y avoir voulu comprendre Homère lui-même, qu'il avait appris à chérir et à vénérer dès son enfance, affirmant qu'un vrai philosophe doit savoir sacrifier à l'amour de la vérité et du bien ses sympathies et ses intérêts personnels.

Et comme dans l'intérêt du perfectionnement de la langue et des progrès de la littérature, les pédagogues de ces temps-là, aussi bien que ceux de nos jours, tout en consentant à la proscription des poètes obscènes, demandaient grâce au moins pour les poètes qui respecteraient les mœurs, Platon ne voulut pas entendre raison, et il persista à étendre son anathème à tous les fabricants de poèmes sans distinction, quels que fussent la sévérité de leur muse, l'harmonie de leur mètre et le mérite de leur style ; ajoutant que les avantages littéraires de pareilles lectures n'auraient jamais pu balancer le mal moral qu'elles auraient causé à la jeunesse et à l'Etat.

Le prince des philosophes latins a été, lui aussi, du même avis. On dirait qu'il ait voulu tracer d'avance la triste histoire de ce que nous voyons arriver de nos jours. « Ce sont nos maîtres de littérature, dit-il avec un accent de douleur, qui nous pervertissent en remplissant nos esprits de telles erreurs que la vérité est obligée de céder le pas à la vanité, et les sentiments les plus légitimes de la nature au vague de l'opinion. Pour comble de malheur, on nous met entre les mains les poètes qui, à l'aide d'un prestige éblouissant et de fallacieuses apparences de doctrine et de sagesse, nous captivent de manière que, non contents de les écouter et de les lire, nous en faisons encore les idoles de notre esprit. Ah ! il est bien grand, ajoutait toujours Cicéron, le mal que nous font les poètes ! Ils nous entraînent par leur charme à les lire, à les apprendre par cœur, et par là ils parviennent à amollir nos âmes. C'est ainsi qu'au vice de l'éducation domestique actuelle et de nos transports pour l'ombre du bonheur, s'ajoute l'action des poètes, pour nous rendre impossible l'énergie de la vertu. Platon a donc eu raison, concluait l'orateur romain, de les éconduire de la république de sa création, comme la peste des bonnes

---

commerce assidu des écrivains qui ont précédé le christianisme. Il s'approprie et s'assimile laborieusement leurs idées, leurs sentiments, leur manière de voir, de juger et d'agir. N'est-ce pas là ce qui se pratique aujourd'hui comme au xviiie siècle et ce qu'on appelle *avoir fait ses études* ?

» Les grands hommes, les orateurs, les poètes, les martyrs, les héros que la religion a produits, nos gloires nationales, la littérature, les arts, les institutions et les mœurs des peuples chrétiens, tout cela cède le pas aux études païennes : on en parle seulement dans des cours d'histoire, auxquels les jeunes gens assistent une ou deux fois par semaine, et dont il ne leur reste rien ou presque rien dans la mémoire ; tandis que la moindre aventure des dieux, le moindre axiome des prétendus sages de l'antiquité est gravé profondément dans l'esprit de la jeunesse, se retrouve à chaque instant dans les auteurs qu'elle explique, et repasse mille fois sous ses yeux dans le cours des études. »

mœurs et d'un parfait état social. Mais nous, concluait Cicéron, étourdis que nous sommes, entraînés par l'exemple de la Grèce, *nous commençons à lire et à apprendre ces futilités dangereuses*, et nous y ajoutons la sottise d'appeler tout cela de la doctrine et de l'érudition libérale. »

Voilà ce qu'ont dit tout haut Cicéron et Platon. Le plus zélé de nos orateurs sacrés, et même un Père de l'Eglise, n'aurait pas mieux dit. Et voilà ce que ces éminents génies d'Athènes et de Rome ont pensé sur les funestes effets de la lecture des classiques grecs et romains. Sommes-nous donc des calomniateurs, nous, hommes du christianisme et de l'Eglise, en dénonçant comme dangereuse à la jeunesse chrétienne l'étude *prématurée* de livres que les deux plus grands hommes du paganisme ont jugés dangereux pour la jeunesse païenne, et même pour les hommes faits ?

Fidèle écho de Cicéron son maître, le sage Quintilien a dit à son tour : « Je pense que ce qu'il y a de mieux à faire touchant les poètes grecs et latins, c'est de les bannir entièrement ! Si cela n'est pas possible, je demande qu'au moins on ne les mette pas entre les mains des jeunes gens, et qu'on en renvoie l'étude à l'âge de la maturité, lorsqu'on est parvenu à cette vigueur d'âme qui met en sûreté les mœurs. Et même alors, j'entends qu'on fasse un choix, non-seulement des auteurs, mais encore des morceaux qu'on puisse lire. »

C'est en propres termes ce que nous voulons nous-mêmes. Encore une fois, est-ce donc demander trop que de demander pour les fils des fidèles ce qu'un auteur, gentil lui-même, demandait pour les enfants des gentils : c'est-à-dire que dans nos établissements d'éducation publique, avant d'initier les élèves à l'étude des classiques païens, on attende que l'étude sérieuse des classiques chrétiens ait mis hors de danger leur foi et leur vertu : *Cum mores in tuto fuerint ?*

Enfin je ne puis m'empêcher de rappeler ici cette belle et touchante parole du satirique romain : « L'enfant est un être sacré ; on doit avoir pour lui les plus grands égards et l'environner d'un respect religieux : *Maxima debetur puero reverentia.* (Juven.) »

Sommes-nous donc des insensés ou des esprits trop méticuleux, en blâmant avec toute l'énergie de notre zèle le scandale d'une instruction dont la mythologie et les antiquités grecque et romaine font les préliminaires, le fond et la base d'une instruction qui commence par profaner les âmes rachetées par le Christ et toutes rouges encore de son sang divin ; d'une instruction qui oublie, si elle ne les foule aux pieds, à l'égard des jeunes adorateurs du Dieu fait homme, ces procédés délicats et cette espèce de culte qu'un poète gentil réclamait pour les jeunes adorateurs de Jupiter et de Vénus ? Sommes-nous des insensés en affirmant que, pour avoir des *hommes* chrétiens, il faut élever chrétiennement les jeunes gens, et que, dans ce but, il faut commencer par mettre entre leurs mains les chefs-d'œuvre de la littérature chrétienne, sauf à leur faire parcourir plus tard les chefs-d'œuvre de la littéra-

ture païenne ? *Cum mores in tuto fuerint. Maxima debetur puero reverentia.*

4. Je n'ai pas besoin de rappeler ici les imposants témoignages des Pères de l'Eglise, qui tous, d'un commun accord, ont tonné, avec toute la force de leur génie et l'ardeur de leur zèle, contre l'usage de donner aux enfants les auteurs païens pour en faire leurs premières études (1). On pense bien que les Docteurs chrétiens ne pouvaient demeurer indifférents devant un usage qui, on vient de le voir, avait été si hautement flétri par les docteurs païens eux-mêmes. Je ne citerai que le grand saint Augustin, parce qu'il s'est appuyé sur son propre exemple pour stigmatiser cette scandaleuse imprudence, et parce que son histoire se répète, hélas! trop souvent, même de nos jours. Bien que fils d'un père païen, il avait été élevé par sa sainte mère dans les principes et dans les sentiments du christianisme. Mais, dès l'instant qu'il s'appliqua aux études littéraires, à l'aide de ces mêmes auteurs qu'on met entre les mains des jeunes gens d'aujourd'hui, son esprit s'ouvrit à toutes les erreurs, et son cœur à tous les vices.

« On me répétait, dit-il : C'est dans ces livres » qu'il faut chercher la connaissance des mots » latins et la grande éloquence, pour bien expli- » quer et persuader aux autres les choses les » plus importantes. Comment donc ne pourrions- » nous pas connaître les mots *pluie d'or, sein,* » *fard,* sans lire Térence, à l'endroit où il nous » présente un jeune homme dissolu, se proposant » l'exemple de Jupiter pour s'encourager à la » débauche? Ah ! ce ne sont pas ces mots qu'on » apprend plus commodément par de pareilles » turpitudes, mais ce sont ces turpitudes qu'on » apprend à commettre avec plus de hardiesse » en lisant ces mots.

» Malheur à toi, continue saint Augustin, » *torrent de la coutume humaine!* qui arrêtera » tes ravages? Jusques à quand entraîneras-tu » les fils d'Eve dans cette mer immense et formi- » dable, que traversent à grand'peine même ceux » qui se trouvent dans un navire? N'est-ce pas » dans l'étude de ces livres que j'ai appris à » connaître Jupiter en même temps tonnant et » commettant l'adultère !... C'est une fiction » d'Homère, nous dit-on! Oui, c'est une fiction, » mais d'une horrible portée! car, par cette » fiction, qui accorde aux hommes les plus scélé- » rats les attributs de la divinité, les crimes ne » sont plus des crimes; et, en commettant leurs » infamies, on peut se flatter d'imiter non les » monstres de la terre, mais les dieux du ciel. »

Quant au poète de Mantoue, qu'on veut faire passer pour le plus chaste de tous les poètes, voici les impressions que saint Augustin a éprouvées en lisant l'*Enéide*: « J'ai appris dans Virgile, dit-il, » bien des mots tout à fait inutiles, ou que » j'aurais pu apprendre avec plus de facilité dans » des livres plus sérieux. On m'obligeait à suivre

(1) Voyez leurs témoignages dans l'ouvrage du P. F. Dumas : *Triomphe de l'académie chrétienne sur la profane.* Quant à l'objection qu'on nous fait sur ce sujet, et tirée des paroles de quelques-uns des Pères, il en est fait justice au § 2 de l'Appendice qui suit ce discours.

» les erreurs d'un certain personnage appelé
» Enée, tandis que j'oubliais mes propres erreurs ;
» j'ai appris à pleurer Didon qui s'était donné la
» mort pour avoir trop aimé ; tandis que je ne
» répandais pas une larme sur *ces fables, qui*
» *m'avaient éloigné de vous,* mon Dieu ! ma vie !
» ni sur *ma propre mort spirituelle* qu'elles
» m'avaient donnée. O Augustin ! se disait-il à
» lui-même, ô Augustin ! le plus misérable de
» tous les hommes ! Car le comble de la misère,
» c'est de ne pas sentir sa propre misère... Ce
» sont ces folies qu'on appelle les belles-lettres
» et auxquelles on attache la plus grande impor-
» tance. Je n'en veux pas aux mots ; mais à la
» liqueur empoisonnée que des *maîtres ivres*
» administrent aux jeunes gens par ces mots ; et
» malheur à eux, s'ils refusent d'en boire. Ils
» sont battus, et quel moyen d'échapper à cette
» punition, puisqu'il n'existe pas un seul *juge*
» *sobre* auquel ils puissent en appeler? Quant à
» moi, j'apprenais volontiers ces futilités, je m'y
» plaisais, et par cela même, on m'appelait un
» jeune homme de belles espérances (1). »

» On me forçait à apprendre par cœur le dis-
» cours de Junon, furibonde et désolée de ne
» pouvoir éloigner de l'Italie le roi des Troyens,
» et on m'engageait à exposer, de la manière la
» plus convenable en prose, ce que le poète avait
» dit en vers... C'est ainsi, mon Dieu et mon
» Seigneur, que les fils des hommes observent
» jusqu'au scrupule les règles du langage qu'ils
» ont reçues de leurs ancêtres, tandis qu'ils
» oublient entièrement les lois éternelles qu'ils
» ont reçues de vous pour faire leur salut... Est-
» il donc étonnant qu'ainsi enseigné j'aie pour-
» suivi toutes les vanités du monde, et que je
» vous aie entièrement abandonné ?... Que sont
» toutes ces choses, sinon du vent et de la fumée?
» Malheureuse jeunesse ! n'y a-t-il donc d'autre
» moyen de cultiver ton esprit et de te former à
» l'éloquence? Vos louanges, ô Seigneur ! ren-
» fermées dans vos Ecritures, auraient bien
» autrement fixé le sarment pliant de mon cœur ;
» et ce cœur n'aurait pas été emporté par tout
» ce qu'il y a de plus vide dans le vide et ne
» serait pas devenu la proie des vautours de
» l'enfer. Ah ! c'est encore là une des manières
» d'immoler les âmes aux anges prévaricateurs. »

Ainsi, le grand saint Augustin, juge si compétent, ne voit, « dans les enfants voués à l'édu-
» cation païenne, que des victimes humaines
» offertes en holocauste à une divinité barbare ;
» semblables à celles que des parents crédules
» brûlaient de leurs mains sur l'autel de Moloch,
» dans la riante vallée de Tophet, au bruit joyeux
» des instruments : emblème frappant de l'aveugle
» parricide, qui livre l'âme et le corps aux flammes
» de la volupté ! »

Voilà comment, fort de sa propre expérience,
saint Augustin a jugé la méthode que nous com-

battons. Voilà comment il a réfuté d'avance, avec
toute la puissance de son éloquence, l'opinion de
nos pédants soi-disant chrétiens, soutenant que
la méthode en question ne présente aucun danger.
En vérité, il faut avoir bien du courage pour
oser s'inscrire en faux contre un si éclatant
témoignage du plus grand génie de l'âge d'or de
l'Eglise !

A quatorze siècles de distance, cette méthode
a été jugée avec la même sévérité par le plus
grand génie des temps modernes. « Voyez un
» peu, a dit Napoléon Ier, voyez un peu la gau-
» cherie de ceux qui nous forment ; ils devraient
» éloigner de nous l'idée du paganisme et de
» l'idolâtrie, parce que leur absurdité provoque
» nos premiers raisonnements et nous prépare à
» résister à la croyance passive. Et pourtant ils
» nous élèvent au milieu des Grecs et des Romains
» avec leurs myriades de divinités. Telle a été pour
» moi et à la lettre la marche de mon esprit : j'ai
» eu besoin de croire, j'ai cru ; mais ma croyance
» s'est trouvée heurtée, incertaine, DÈS QUE J'AI SU
» RAISONNER, et cela m'est arrivé d'assez bonne
» heure, à treize ans. (*Mémorial de Sainte-Hélène,*
» t. II, p. 123.) »

On le voit, ce témoignage ne diffère pas beaucoup de celui du grand évêque d'Hippone, et
une opinion, dans laquelle saint Augustin et
Napoléon Ier sont d'accord, peut, sans le moindre
scrupule, être regardée *comme juste et vraie.*

Sommes-nous donc des esprits trop méticuleux
en pensant que la méthode qui a poussé un saint
Augustin au manichéisme et qui a failli faire de
Napoléon un sceptique ; que la méthode qui a
exercé de si affreux ravages dans des esprits si
grands et si solides ne peut être que funeste aux
petits esprits qui forment l'immense majorité de
la jeunesse étudiante ? Sommes-nous trop exigeants, en demandant que l'inqualifiable *gaucherie*
qui, de l'avis du dernier de ces deux hommes
hors ligne, façonne les jeunes intelligences à
l'incrédulité, soit redressée par l'héritier de sa
grandeur et de son nom ?

5. Dans les dix siècles qui ont suivi celui de
saint Augustin, la méthode païenne a toujours
été condamnée, moins par des paroles que par
le fait le plus constant et le plus universel ; car
pendant une si longue période, l'instruction de
la jeunesse chrétienne ne s'est faite qu'à l'aide
des classiques du christianisme. Tout au plus si
l'étude de la littérature profane s'y montre quelquefois, elle ne figure jamais, suivant l'esprit
des premiers siècles de l'Eglise, *que comme le*
dessert à la fin du repas, *post cœnam suavis*
placentula.

Et comment pouvait-il en être autrement ? Le
quatrième concile de Carthage (1) ayant défendu
absolument aux évêques eux-mêmes la lecture
des livres païens, il était censé avoir, à plus forte
raison, voulu interdire une pareille lecture aux
enfants.

On ne suivait donc que la méthode tracée par
saint Jérôme, recommandée par saint Augustin,

(1) TALIS DEMENTIA HONESTIORES ET UBERIORES LITTERÆ
PUTANTUR ! « Non accuso verba : sed *vinum erroris,*
• quod in eis *ab ebriis doctoribus* propinabatur ; et nisi
• biberemus, cædebamur ; nec appellare ad aliquem
• judicem *sobrium* licebat : et hæc libenter didici, et eis
• delectabar miser, et *ob hoc bonæ spei puer appellabar*
• (*Ibid.*). »

(1) *Ethnicorum libros Episcopi ne legant ; hæreticorum*
autem si necessitas postulaverit (Canon. XVI).

exposée par Cassiodore, renouvelée par Alcuin, et érigée en loi de l'empire par Charlemagne. D'après cette méthode, les enfants ne se formaient que par l'étude des Livres saints et des Pères de l'Eglise, et c'est exclusivement de ces livres qu'on tirait les morceaux choisis que les enfants apprenaient par cœur, et sur lesquels ils étudiaient la grammaire et la rhétorique. Des auteurs païens, pas un seul mot ; il n'en était pas plus question que s'ils n'eussent jamais existé. Il fut même une époque où les hommes faits, eux-mêmes, ne les lisaient qu'avec la plus grande réserve, et les plus pieux parmi eux s'en abstenaient comme d'un péché mortel et comme d'une chose indigne d'un chrétien (1). Il n'est donc pas étonnant que dans ces temps-là on n'ait pas réclamé contre la méthode païenne, puisqu'elle se trouvait impitoyablement proscrite de toutes les écoles chrétiennes.

Mais aussitôt qu'à l'aide de ce qu'on appelle la renaissance (2) des lettres, et qui n'a été en réalité que la restauration du paganisme en Europe, dans la philosophie, dans la politique, dans la littérature, dans les arts, et je dirai presque dans la religion ; aussitôt, dis-je, qu'à la suite de cette volte-face sacrilège contre tout ce qui était chrétien, la méthode païenne fit invasion dans les écoles, et qu'une lamentable expérience vint révéler aux plus aveugles ses plus terribles effets, les réclamations recommencèrent plus énergiques.

Saint Augustin trouva un écho digne de lui dans le célèbre jésuite Possevin, orateur sacré du premier mérite, et en même temps profond théologien, philosophe, littérateur, diplomate, homme d'Etat, et l'une des plus grandes figures du seizième siècle (3). Témoin oculaire des immenses ravages que cette méthode faisait déjà, il se mit à parcourir l'Europe entière, et fit retentir partout cette parole prophétique : *De la ques-*

tion de l'enseignement païen ou chrétien dépend le salut du monde (Punto onde dipende la salute dell'universo). Voici dans quels termes un jour, entre autres, ce précurseur de Bossuet l'a flétrie devant l'une des Cours souveraines de l'Italie :

« Quelle pensez-vous que soit la cause qui précipite les hommes dans le gouffre du sensualisme, » de l'injustice, du blasphème, de l'impiété, de » l'athéisme ? C'est, n'en doutez pas, que, dès » l'enfance, on leur a enseigné toutes choses, » excepté la religion ; c'est que, dans les collèges, » pépinières des Etats, *on leur fait lire et étudier* » *tout, excepté les auteurs chrétiens.* Si on y parle » de religion (comme on le fait encore aujourd'hui dans les petits séminaires et dans les » maisons d'éducation chrétienne), cet enseignement se mêle à *l'enseignement impur du paganisme, véritable peste de l'âme.* A quoi peut » servir, je vous le demande un peu, de *verser* » *dans un vaste tonneau un verre de bon vin,* et » *d'y verser en même temps des barils de vinaigre* » *et de vin gâté ?* En d'autres termes, que signifie » un peu de catéchisme par semaine, avec *l'enseignement quotidien* des impuretés et des impiétés » païennes ?

» Telle est *aujourd'hui* la coutume du monde. » Elle n'est point particulière à cette cité, et plus » elle est répandue, plus on s'imagine avoir droit » de s'y conformer. L'exemple la sanctionne, et » l'abus devient une règle qu'on croit pouvoir » suivre en sûreté de conscience. Mais *qui tient* » *l'œil fixé sur la volonté de Dieu ne s'épouvante* » *pas des oppositions du monde ;* et d'autre part, » attentif à procurer le salut des âmes, il pèse des » choses avec justice et ne donne pas *à des âmes* » *baptisées du clinquant pour de l'or, ni des ver-* » *roteries pour des perles.* »

« Voulez-vous, ajoutait Possevin, sauver votre » république, portez sans délai la cognée à la » racine du mal ; bannissez de vos écoles les » auteurs païens, qui, *sous le vain prétexte d'enseigner à vos enfants la belle langue latine, leur* » *apprennent la langue de l'enfer.* Les voyez-vous » à peine sortis de l'enfance, ils se livrent à » l'étude de la médecine ou du droit, ou au commerce, et ils oublient bientôt le peu de latin » qu'ils ont appris. *Mais, ce qu'ils n'oublient pas,* » *ce sont les faits, les maximes impures qu'ils ont* » *lus dans les auteurs profanes et qu'ils ont* » *appris par cœur. Ces souvenirs leur restent* » *tellement gravés dans la mémoire, que toute* » *leur vie ils aiment mieux lire et entendre des* » *choses vaines et déshonnêtes que des choses* » *utiles et honnêtes.* Semblables à des estomacs » malades, ils rejettent sur-le-champ les salutaires enseignements de la parole de Dieu, et » les sermons et les exhortations religieuses qu'on » vient leur adresser plus tard. »

Voilà ce qui, il y a trois siècles, a été dit, du haut de la chaire, contre la méthode dont nous réclamons le redressement. Et afin qu'on ne puisse pas dire que, depuis cette époque, les livres classiques, ayant été soigneusement expurgés, n'offrent plus les mêmes inconvénients et les mêmes dangers, un autre membre distingué de la même Compagnie, le P. Grou, est venu dire

---

(1) On sait qu'au treizième siècle, le fameux païen Boecace s'est cru obligé de soutenir dans une longue diatribe cette thèse : « La lecture des poètes païens n'est » pas un péché mortel ; — ce n'est pas une chose indigne » d'un chrétien de lire les auteurs païens. *Non esse exitiale crime : libros legere poetarum. — Non indecens esse quosdam christianos tractare gentilia.* » Il est donc évident que beaucoup de chrétiens regardaient alors cette lecture comme criminelle.

(2) Le génie lui-même n'a pas été à l'abri de la contagion de l'esprit de la Renaissance de la littérature païenne ; Bossuet lui-même, malgré ses antipathies pour le paganisme, n'a pas fait expliquer un seul livre chrétien au Dauphin, son élève. Il nous apprend *(Lettres à Innocent XI)*, au contraire, qu'il lui a fait *étudier en entier les auteurs païens*, et qu'entre autres, *il s'est empressé de lui expliquer Térence... en entier.* On sait aussi que les éditions des classiques païens, faites sous les auspices du grand Evêque de Meaux, *ad usum Delphini* sont *entières*, elles aussi, et enrichies d'une interprétation dans un latin plus facile, pour que *rien* n'en restât obscur et inconnu. Etonnez-vous donc que ce jeune prince, ainsi repu de tout ce que le paganisme a de plus sale, n'ait pas tiré un grand profit du *Discours sur l'histoire universelle*, et qu'il ait paru posséder à un haut degré les qualités qui constituent ce qu'on appelle un triste sujet !

(3) Il a été ambassadeur de l'empereur d'Allemagne, et deux fois nonce du Souverain Pontife auprès du Czar de Russie et du roi de Pologne. Voyez son éloge dans tous les dictionnaires historiques et dans la notice qu'a tracée de ce grand homme le célèbre P. Theyner dans son ouvrage *La Suède et le Saint-Siège.*

au monde, deux siècles plus tard, avec une franchise qui l'honore, que cette prétendue *expurgation* n'a rien expurgé, n'a remédié à rien, et qu'au XVIII° siècle, les livres classiques mis entre les mains de la jeunesse y ont produit les mêmes ravages que son illustre confrère avait signalés comme ayant été produits au XVI° siècle. « *C'est* » *avec beaucoup de raison, a-t-il dit, que le zèle* » *de saint Augustin s'enflamme contre l'abus de* » *mettre entre les mains des jeunes gens ces* » *ouvrages dangereux* (les livres païens), comme » *s'ils ne pouvaient puiser en d'autres sources le* » *langage pur et l'éloquence.*

» Il est étonnant que LE MÊME ABUS SUBSISTE » ENCORE DE NOS JOURS dans le christianisme; non » que *depuis environ un siècle* on n'ait pris quel- » ques mesures pour y obvier, *mais on n'a pas* » *porté à cet égard l'attention aussi loin que la* » *chose le mérite... Notre éducation est toute* » *païenne.* » Et là-dessus il trace, de main de maître, l'effrayant tableau des ravages que la méthode païenne, suivie par sa propre corporation dans les écoles, continuait de produire, sous ses yeux, dans la jeunesse qui y était élevée.

Ces témoignages, de la part de ces deux hommes illustres, sont péremptoires. Ils appartiennent tous les deux à cette célèbre congrégation qui a essayé sur la plus grande échelle de la méthode païenne, qui a le plus contribué à l'accréditer par son exemple, et qui l'a mise à l'abri de toute censure en la couvrant de l'égide de sa réputation méritée en fait d'éducation. Voilà donc deux membres de cette même corporation qui a, pendant deux siècles, fondé en quelque sorte et dirigé l'enseignement public dans toute l'Europe, deux membres, dis-je, de cette corporation, donnent gain de cause à ses ennemis, qui lui demandent compte des erreurs et des vices des générations qu'elle a élevées. Voilà deux religieux flétrissant, de la manière la plus impitoyable, une méthode que leurs illustres confrères ont toujours suivie, et qu'ils ont suivie eux-mêmes; voilà deux fils signant, avec un sans-façon inconnu à leurs adversaires, le bill de culpabilité de l'enseignement de leur propre mère. Il est impossible qu'un pareil jugement, prononcé avec une si parfaite connaissance de cause, avec tant de courage et de désintéressement, ne soit pas l'expression de la justice et de la vérité. Il faut bien croire qu'une substance est vraiment du poison, lorsque ceux mêmes qui la manient et la débitent nous affirment, en leur âme et conscience, que c'est vraiment du poison.

6. Mais les hommes de l'Eglise que je viens de citer ne sont pas les seuls qui aient protesté, de toute l'ardeur de leur zèle, contre l'inconséquence scandaleuse d'élever les enfants des fidèles avec les livres des gentils. En même temps que l'illustre Possevin, le P. Canisius, son confrère, l'apôtre de la Suisse et de l'Allemagne, le fléau du protestantisme savant, et l'une des gloires du catholicisme au seizième siècle, a protesté contre la même inconséquence par son choix des lettres de saint Jérôme qu'il édita le premier à l'usage des universités germaniques, pour y remplacer les lettres de Cicéron. Saint Charles Borromée,

l'âme du Concile de Trente, le réformateur du clergé et de la discipline ecclésiastique, a protesté, lui aussi, contre la même méthode; par le canon qu'il fit insérer dans les décrets de son synode de Milan : « Que les livres des païens, » ce répertoire de vaines fables et d'histoires » touchant les faux dieux, soient absolument » exclus des écoles, et qu'on n'en fasse pas usage » dans l'instruction littéraire de l'enfance (1). »

Enfin, en France même, le Concile d'Aix, de 1585, confirmé par les lettres apostoliques du grand pape Sixte V, a protesté contre le même usage par ces mots, rappelant une ancienne loi de l'Eglise : Qu'en conformité « de la défense » portée dans le XVI° canon du Concile de Car- » thage, les ecclésiastiques s'abstiennent d'étudier » les livres des gentils (2). »

Ces imposantes protestations ont été encore plus nombreuses au dix-septième siècle. C'est d'abord le P. Félix Dumas, de l'Ordre de Saint-François, théologien et littérateur également distingué, qui dans un ouvrage, vrai trésor d'éloquence chrétienne, a stigmatisé la méthode païenne et réhabilité la méthode chrétienne d'élever la jeunesse (3).

C'est, en second lieu, le célèbre Thomassin, le vengeur de l'antiquité et de la discipline de l'Eglise. Dans son livre *Sur l'enseignement chrétien*, non seulement il a fait entendre les accents les plus douloureux sur le mal qu'on faisait à la jeunesse, en ne la nourrissant que des auteurs païens ; mais encore il a fait publiquement amende honorable de ce que, en sa qualité de membre d'une corporation enseignante, il avait, lui aussi, employé une méthode si funeste.

« Je confesse, dit-il, qu'étant dans les mêmes » engagements, *j'ai suivi les routes communes*, et » que je ne me suis aperçu de *mes égarements*, » que dans un âge plus avancé... Le souvenir de » mes égarements ne me décourage pas. Il est » bien juste que je m'applique à les *expier*, » en avertissant mes frères de profiter de mes » fautes, et de faire en sorte que mon exemple » les empêche d'y tomber. »

C'est, en troisième lieu, le commentateur de la Bible, Sacy, qui, expliquant ces paroles de

(1) *Ethnicorum libri, qui in falsorum deorum commentitiarumque fabularum commemoratione versantur, e puerorum schola et litteraria infantium exercitatione tollantur.*
(2) *Gentilium autem libris, ut Carthaginensis Concilii canone vetitum est, ne operam dent.*
(3) Son ouvrage a pour titre : TRIOMPHE DE L'ACADÉMIE CHRÉTIENNE SUR LA PROFANE. Il est divisé en deux volumes in-4°. Dans le premier, le zélé religieux, à l'aide d'une immense érudition, tirée des Pères de l'Eglise et des auteurs ecclésiastiques, signale : 1° les ravages de l'enseignement païen donné dans les maisons chrétiennes; 2° la nécessité de revenir à l'enseignement qu'on donnait avant la Renaissance; 3° l'obligation pour les professeurs chrétiens d'exclure complétement les auteurs païens de l'enseignement des belles-lettres. Son second volume renferme des discours dans lesquels, en comparant les grands hommes du christianisme avec les grands hommes du paganisme, le savant écrivain montre la supériorité des premiers, sous tous les rapports, et même sous le rapport littéraire, sur les seconds. Ainsi nous ne disons rien sur cette grande question qui n'ait été dit, avec plus de savoir et de force, depuis deux siècles, en France même.

l'Apôtre : *Et parce que dès l'enfance vous avez connu les saintes letters,* s'exprime en ces termes : « Comment les parents et les maîtres pourraient- » ils former les esprits tendres des enfants pour » les fortifier contre la contagion du siècle, autre- » ment qu'en leur apprenant de bonne heure les » principales maximes de l'Evangile qui con- » viennent à leur âge ? Mais, hélas ! il n'arrive » que trop souvent qu'au lieu des histoires » édifiantes et instructives qui sont à leur portée, » on les entretient de contes fades et ridicules » qui ne peuvent que les rendre sots et imper- » tinents ; on leur fait lire ordinairement des » poètes peu chastes et les histoires fabuleuses » des anciens, qui salissent l'imagination des » enfants et leur remplissent l'esprit de senti- » ments tout païens, avant qu'ils soient instruits » des vérités chrétiennes nécessaires au salut (1). »

C'est, en quatrième lieu, un de vos plus célèbres philosophes, Malebranche, qui, dans son *Traité de morale* (chap. x), déplorant la triste méthode que nous combattons, exhorte les maîtres à ouvrir les yeux sur le mal qu'ils font à leurs élèves, et prononce cette parole prophé- tique: « Pauvres enfants! on vous élève comme » des citoyens de l'ancienne Rome; vous en » aurez le langage et les mœurs. » Il aurait pu ajouter: « Et les malheurs! »

C'est enfin le plus grand génie de la France moderne, Bossuet. D'après son illustre historien, l'aigle de Meaux blàmait hautement l'imitation des auteurs païens, dont les qualités brillantes n'étaient propres selon lui, qu'à *ajouter une dangereuse séduction aux enchantements d'un culte qui ne parlait qu'aux sens, d'une religion qui n'offrait à l'adoration des peuples que des tableaux voluptueux, des souvenirs coupables et de grands scandales.* Il aurait voulu qu'on préférât *les grandes images, les nobles pensées, la richesse, la force, l'originalité d'expressions répandues dans les Livres sacrés, à une poétique étrangère à la religion, à la morale, à la législation, aux habitudes des peuples modernes;* et il manifestait des craintes sérieuses que cette poétique ne *servît qu'à égarer l'imagination des jeunes gens et à ouvrir leur cœur à la séduction des passions.*

Au dix-huitième siècle, les cris perçants de l'intrépide Jésuite, que j'ai cité plus haut, sur l'apostasie dans laquelle l'instruction classique avait entraîné la jeunesse française, trouvèrent de nombreux échos dans le clergé et dans toutes ces âmes prophétiques qui ont prédit l'horrible tempête de la révolution. Et quoique ces gémis- sements du zèle se soient presque perdus sans retentissement dans le vide, étouffés par le bruit du philosophisme et du pédantisme en démence, ils n'en ont pas moins laissé de tristes souvenirs, monuments de la tradition perpétuelle de l'opinion des plus grands hommes de l'Eglise, sur l'ineptie, l'injustice, le contre-sens et le sacrilège d'une coutume qui envoie la jeunesse chrétienne se former à l'école des païens. *Væ tibi flumen moris humani!*

Enfin, dans notre siècle aussi, les hommes les plus graves, les plus sérieux et les plus zélés pour le maintien de la foi et pour le bonheur des peuples, s'unissent avec un merveilleux accord à ceux dont nous venons de rappeler les témoi- gnages, pour blàmer la méthode païenne et pour exprimer le désir ardent de la voir remplacée par la méthode chrétienne.

7. Je ne citerai pas les personnages distingués du clergé de France, d'Italie, d'Espagne et même des Amériques, qui se sont hautement prononcés dans ce même sens. Je ne vous citerai pas non plus les chefs d'institutions, les professeurs des séminaires et même des collèges, qui, frappés des inconvénients de la méthode païenne qu'ils connaissent à l'œuvre, déplorent le triste rôle qui les oblige, eux, prêtres de Jésus-Christ, à se faire en quelque sorte les évangélistes et les docteurs du paganisme littéraire, et qui n'atten- dent que d'avoir les coudées franches pour faire justice des auteurs païens, et à l'exemple de nos pères, revenir à l'usage des auteurs chré- tiens dans l'enseignement secondaire de la jeu- nesse.

Je me bornerai à indiquer ici les témoignages, sortis de quelques bouches laïques, que certains ecclésiastiques devraient rougir d'entendre parler mieux qu'eux le langage de la vraie sagesse, dont Dieu n'a confié qu'au prêtre le dépôt sacré, et que le peuple devrait tout recevoir des lèvres du prêtre: *Labia sacerdotis custodient scientiam, et legem requirent ex ore ejus* (Ma- lach., 2).

En Italie, un homme, dont le nom environné de la triple auréole du génie, de la foi et de la vertu, resplendit d'un éclat sans tache, le célèbre Manzoni, n'a pas craint de se brouiller avec la *race irritable* des rhéteurs, en affirmant que dans les auteurs païens, la jeunesse ne ramasse que des idées fausses ou vaines au point de vue littéraire, et des sentiments capables d'égarer le cœur au point de vue moral; et en appelant ces prétendus maîtres de la bonne littérature des

---

(1) Ici Sacy donne les plaintes de saint Augustin sur le mal que lui avait fait la lecture de Virgile, et il ajoute :

« On ne peut pas néanmoins condamner absolument » la lecture ni l'étude des auteurs païens, on peut en » tirer de grands avantages; tous les Pères de l'Eglise » en ont été fort instruits, et saint Augustin même » avoue qu'on peut s'enrichir de leur savoir et de leur » éloquence, comme les Israélites s'enrichissaient des » dépouilles des Egyptiens.

» On demandait seulement trois choses pour en faire » un bon usage.

» La première, qu'entre ces auteurs, surtout les » poètes, on fît choix de quelques-uns des plus utiles et » des moins corrompus, et qu'on ne les fît lire qu'après » les avoir expurgés de certains endroits dangereux.

» La seconde chose, c'est que l'étude des auteurs » païens ne préjudicierait en rien à celle qu'on doit » faire aux jeunes gens des livres de l'Ecriture qui » conviennent à leur âge et à l'état auquel on les » destine.

» Enfin la troisième, c'est qu'au lieu de charger la » mémoire des jeunes gens des oraisons de Cicéron, des » vers de Virgile et d'Horace, qui *dans la suite ne leur » sont d'aucune utilité*, on leur fît apprendre par cœur » les plus beaux endroits du Nouveau Testament et les » livres Sapientiaux.

» L'expérience prouve que tous ceux qui ont été ins- » truits de la sorte en retirent un grand profit pour » leur salut et pour l'édification des autres (*II Epît. à Timoth.*, c. iii, 15). »

aveugles, guides d'aveugles, qu'on ne peut suivre sans tomber (1).

Emule de Manzoni par la noblesse du caractère et par la ferveur de la piété, génie de premier ordre, orateur inspiré, homme d'Etat éminent et le plus grand homme de l'Espagne moderne, le marquis de Valdegamas, dont la perte récente nous laisse inconsolables, a fait retentir, d'un bout de l'Europe à l'autre, cette solennelle parole : « Il n'y a que deux méthodes d'élever la jeunesse, la méthode chrétienne, que nos pères ont suivie pendant quatorze siècles, et la méthode païenne, qu'on lui a substituée depuis la renaissance. La seconde nous a conduits à l'abîme où nous sommes ; la première seule peut nous en retirer. »

Parmi les laïques français, nous avons pour nous l'éclatant témoignage du plus éloquent peut-être de vos orateurs politiques (2), dont on ne peut s'empêcher d'admirer le talent, alors même qu'on n'en partage pas toutes les opinions. Mettant son dévouement au service des intérêts catholiques, il s'est déclaré ouvertement le défenseur de la méthode chrétienne d'enseignement que nous défendons nous-mêmes, et il a prédit qu'après de rudes épreuves, notre commune cause finira par triompher dans cette belle terre de France, parce que c'est une grande et importante vérité. Nous avons aussi l'aveu d'un grave orateur de vos assemblées législatives (3), particulièrement remarquable par la lucidité du bon sens et par la solidité du jugement. Dans un excellent opuscule (4), qui, même à l'étranger (5), a produit la plus vive sensation, il a démontré, avec une puissance de raison à laquelle il est impossible de résister, que l'instruction païenne qu'on administre dans les collèges est souverainement absurde, insupportable, ridicule et funeste pour la morale aussi bien que pour la politique : « Rappelez-vous, dit-il, dans quelle disposition » d'esprit, au sortir du collège, vous êtes entré » dans le monde. Est-ce que vous ne brûliez pas » du désir d'imiter les ravageurs de la terre et » les agitateurs du forum ? Pour moi, quand je » vois la société actuelle jeter les jeunes gens par » dizaines de mille dans le moule des Brutus et » des Gracques, je m'étonne qu'elle résiste à » cette épreuve (1). »

N'est-ce pas dire que l'enseignement moderne est la plus grande épreuve à laquelle ait été soumise la société ? C'est, comme on voit, l'application à l'ordre politique de cette grande parole qu'un de vos plus savants évêques, Monseigneur d'Arras, avait prononcée en combattant ce même enseignement au point de vue religieux : « *C'est* » *la plus redoutable épreuve de l'Eglise depuis son* » *berceau.* »

8. Même du sein des communions hétérodoxes se sont élevées des voix courageuses contre l'intolérable abus de donner à la jeunesse chrétienne, dans les écoles, les auteurs païens pour maitres. Naguère, en prêchant à l'une des grandes Cours du Nord (2), sur le même sujet que je traite ici, le plus distingué des orateurs de l'Allemagne protestante n'a pas hésité à affirmer que c'est de l'instruction païenne des Universités et des Collèges qu'est sorti le philosophisme, qui a presque anéanti la religion chrétienne chez les Germains. Les hommes graves du protestantisme anglican ont fait entendre les mêmes plaintes (3) ; et, jusque sous le climat glacial de la Suède luthérienne, on vient de faire des vœux ardents pour qu'une réforme radicale de l'enseignement vînt arracher aux griffes du paganisme les enfants du Christ (4).

---

(1) « Idées fausses de la vertu et du vice, dit le célèbre » Manzoni, idées fausses, incertaines, exagérées, contra-» dictoires, insuffisantes, sur les biens et les maux, » faux conseils, voilà ce que l'on trouve dans les auteurs » païens. Et tout ce qui n'y est pas faux de tout point » manque cependant de cette raison première et der-» nière qu'ils eurent le malheur de ne pas connaitre, » mais dont ce serait une folie de se séparer sciemment » et volontairement. *La partie morale, étant la plus* » *importante dans les choses littéraires,* y tient la » première place, *et s'y répand beaucoup plus qu'il ne* » *parait au premier coup d'œil.* Je ne pourrais jamais » appeler mes maitres ceux qui se sont égarés et qui » *m'égareraient moi-même,* si je les suivais dans une » partie si importante de leur enseignement. C'est *de* » *cette vénération excessive pour les anciens que découlent* » *tant de sentiments faux dans la littérature, et, par* » *elle, dans la pratique de la vie, tant de jugements* » *sans raison que la passion inspire.* (Curci, *Réponse au* » *Jésuite moderne de Gioberti.* » Ce Père Curci appartient à l'illustre Compagnie des Jésuites ; en citant donc ce témoignage de Manzoni avec éloge, ce Jésuite a fait, sans le vouloir, la censure de ses confrères, au sujet de l'enseignement).

(2) M. de Montalembert.

(3) M. Bastiat, député en 1850.

(4) *Baccalauréat et socialisme.*

(5) C'est de cet écrit de M. Bastiat que l'*Aftonblad,* organe du libéralisme suédois, a pris texte pour appuyer et commenter la demande, de la part des Etats du royaume, d'une réforme de l'enseignement classique.

(1) Un autre homme du monde s'écriait naguère : « N'est-il pas incroyable qu'on voie encore, à l'heure » qu'il est, les pédagogues en toge, en soutane ou sous » le froc monacal, expliquer, pendant huit années, les » annales de vingt peuples morts, et, s'enfonçant dans » les obscures régions d'une merveilleuse antiquité, exalter » l'imagination de nos jeunes élèves en leur signalant » les ombres fantastiques de *Léonidas,* de *Scévola,* de » *Décius,* de *Clélie,* déployer à leurs yeux les hauts faits » de *Sésostris,* de *Cyrus,* d'*Alexandre,* personnages à » demi fabuleux, guerriers d'un monde à peu près idéal ; » tandis que les noms les plus glorieux de la terre des » Français sont laissés dans l'oubli ?... »

(2) Devant le roi de Prusse.

(3) Voyez le *Daily News,* 1856. Bien qu'organe du parti libéral avancé, s'exprimant au nom de tout ce qui tient encore au christianisme en Angleterre, ce journal fait la plus sanglante critique de l'instruction païenne des collèges. Et un recueil français *Messager du Midi,* en le citant, ajoute ceci : « Partout une réaction se déclare » contre un système d'éducation qui a faussé le juge-» ment des générations depuis deux ou trois siècles, » qui a perverti chez les hommes d'Etat, chez les écri-» vains politiques, chez les esprits cultivés, et, par suite, » chez les peuples modernes, la notion chrétienne de » l'ordre et de la liberté, et qui n'a en définitive aucun » rapport avec les véritables besoins de la société. »

(4) On vient de voir que les états généraux de ce pays se sont occupés sérieusement de la réforme en question. A la suite de cette discussion la feuille suédoise que nous venons de citer a ajouté ceci : « En 1848, on avait » appris en France à comprendre le vide que laisse » l'éducation soi-disant classique, qui, remplissant les » jeunes intelligences de l'idée de la société ancienne, » est peu propre à une époque de paix et de travail... » On trouva dans les horreurs de la première république » un reflet fidèle de ces enseignements pervers, dont on » ne cessait de rassasier l'esprit des jeunes gens. Même » les noms et les habits romains, qu'on cherchait à

Enfin, le protestantisme français n'est pas resté en arrière du protestantisme allemand et anglais, dans sa réprobation du scandale que nous signalons. Par l'organe du plus distingué de ses controversistes, homme d'Etat et en même temps théologien, quoique laïque (1), il a fait entendre ces remarquables paroles : « Ce sera un des » étonnements de l'avenir d'apprendre qu'une » société, qui se disait chrétienne, a voué les sept » ou huit plus belles années de la jeunesse de » ses enfants à l'étude exclusive des païens. »

Oui, rien n'est plus vrai ; et lorsque la Providence aura fait usage de l'unique moyen que notre obstination et notre aveuglement volontaire lui auront laissé, pour nous faire entendre raison et nous rappeler à nous-mêmes, c'est-à-dire lorsque le cataclysme de sang, que le paganisme triomphant prépare à l'Europe, aura balayé toutes les impuretés qui la salissent et la dégradent, la postérité, détrompée par le souvenir de nos incompréhensibles malheurs, aura bien de la peine à s'expliquer que nos hommes de la science n'aient pas su comprendre ce qui n'échappe point au bon sens du simple vulgaire, à savoir : *que la source de tous les maux était dans l'éducation païenne de la jeunesse.* Elle aura bien de la peine à s'expliquer que, stupidement tranquilles aux bords de l'abîme, dont cependant les sanglantes lueurs de la révolution avaient découvert toute la profondeur, les sages y soient tombés et y aient entraîné la société entière en lisant Cicéron et Virgile.

La postérité ne s'expliquera pas non plus que

» moderniser alors en France, ne dénoncent-ils pas à
» l'extérieur les résultats de la nourriture spirituelle
» donnée à cette génération? Dès lors aussi on dut
» commencer à comprendre que l'irréligion et l'indiffé-
» rentisme général étaient en très grande partie une
» suite naturelle d'une éducation classique, qui ne cessait
» de dérouler devant l'intelligence tendre et impression-
» nable de la jeunesse les charmes de mille tableaux
» immoraux ; de louer, de personnifier, de déifier la
» dégradation de la nature humaine dans les passions
» d'un Jupiter, d'un Apollon, d'une Vénus, d'un Mercure;
» de rapporter avec complaisance mille aventures pleines
» des corruptions d'une mythologie lascive, et tout cela
» avant même que l'intelligence soit assez mûre pour
» recevoir les premières idées du Dieu du christianisme
» et de la régénération que sa grâce a préparée à l'homme
» pécheur, avant que le cœur et la volonté soient assez
» formés pour aimer et embrasser la morale élevée et
» sainte de cette religion. »

En reproduisant ce morceau d'un journal protestant, la feuille catholique, citée plus haut, fait cette affligeante remarque : « Cependant il n'est que trop vrai que la » majorité du clergé s'est montrée hostile ou indifférente » à cette grande et salutaire réforme, et que le digne et » savant abbé Gaume a été persécuté pour avoir traité » cette question avec autant de modération que de bon » sens et de solide érudition.

» Il est temps que le clergé se mette ouvertement » à la tête de ce mouvement contre le paganisme clas-
» sique; sinon il s'opérera sans lui et malgré lui, par » les économistes, par les gens du monde, par les pères » de famille, par l'Université même. »

(1) M. DE GASPARIN.

des ecclésiastiques haut placés, n'opposant que le scandale du silence et de l'indifférence aux ravages de l'incrédulité, n'aient élevé la voix de leur zèle que pour défendre l'idée païenne contre l'idée chrétienne; qu'ils n'aient lancé des censures et des anathèmes que contre de courageux catholiques, et qu'ils aient persécuté, comme des Luther et des Calvin, des hommes qui ont voulu restaurer une méthode patronnée par les plus grands personnages de l'Eglise. La postérité ne s'expliquera pas enfin que des chrétiens se soient acharnés avec tant de fureur contre des chrétiens, pour les punir d'avoir voulu christianiser l'enseignement social, et qu'ils aient en particulier voulu *écraser* (c'est le mot) l'un des plus saints et des plus savants prêtres de son époque, pour avoir osé dire, dans un temps d'apostasie universelle, *qu'on ne peut avoir une société chrétienne à moins d'élever chrétiennement la jeunesse,* et qu'ils aient voulu trainer aux gémonies cet homme vénérable, auquel, dans l'intérêt de la morale publique, Platon, Cicéron et Quintilien auraient décerné des autels.

En attendant, nos adversaires ne peuvent pas être soupçonnés d'ignorer les témoignages que nous venons de produire. N'est-ce donc pas l'excès de la mauvaise foi de travailler comme ils le font à étourdir le public par leurs criailleries pédantesques, afin de l'empêcher d'entendre des témoins si nombreux et si autorisés? N'est-ce pas de leur part le comble de l'orgueil de se croire eux seuls dans le vrai, contre l'opinion de tout ce qu'il y a de plus grand et de plus respectable au monde, dans la science, dans la littérature, dans la politique et dans la religion, et de prétendre faire prévaloir leurs voix isolées, leurs voix d'hier contre la voix des siècles et d'une tradition si constante et si universelle? Ne se rendent-ils pas coupables de la plus criante injustice en voulant faire passer pour des novateurs emportés des hommes d'un zèle et d'un savoir incontestables, parce qu'ils réprouvent une méthode que, depuis plus de deux mille ans, chrétiens et païens, catholiques et protestants, théologiens et littérateurs, hommes d'Eglise et hommes d'Etat, ont blâmée avec un accord merveilleux? N'est-ce pas enfin le comble de la déraison, je dirai presque de l'impiété, de ne compter pour rien les grands intérêts de la religion, et de les immoler à des intérêts éphémères, et plus que douteux, de grammaire, de rhétorique et de poésie, et de vouloir étouffer les nobles accents de la foi en se faisant l'écho des ricanements de Satan?

Mais nous n'avons entendu jusqu'ici que le témoignage de l'autorité au sujet des terribles effets du paganisme dans l'éducation; interrogeons maintenant l'expérience, et voyons ce qu'elle nous répond, sur le même sujet, par l'impitoyable langage des faits.

DEUXIÈME PARTIE

9. Comme la nature de l'arbre se connaît par ses fruits, la nature d'une méthode se révèle elle-même par ses résultats. Or, quels ont été les résultats de la méthode païenne suivie dans les écoles depuis qu'elle y fut intronisée, au commencement du xvi° siècle, jusqu'à nos jours ?

Il est incontestable d'abord que la Réforme protestante de ce même siècle, cet immense crime des temps modernes, qui, au lieu de rien réformer, a tout déformé, la religion, les mœurs, la science, la littérature, l'art, la politique, cette œuvre infernale, qui a couvert de ruines et de sang la moitié de l'Europe, et détruit l'admirable prodige de l'unité de la grande famille européenne, n'a été que le reflet de l'esprit païen qui envahit à cette époque toutes les classes, à la suite de l'engouement frénétique avec lequel, dès la fin du siècle précédent, on s'était mis à étudier, admirer, je dirai presque adorer les auteurs païens. Le plus grand littérateur de ce temps-là, Érasme, païen lui-même jusqu'à la moelle des os, et le plus puissant restaurateur du paganisme classique, a dit : « C'est moi qui ai pondu l'œuf que Luther a fait éclore. » A ce témoignage du père, il est impossible de méconnaître la légitimité de l'enfant ; rien n'est donc plus certain que la filiation du protestantisme : fils du classicisme païen, il a grandi rapidement, par l'influence de son triste père.

Quant à ce débordement de l'esprit d'incrédulité et le libertinage qu'on eut à déplorer alors, même dans les contrées catholiques, nous avons entendu le célèbre Possevin, qui, mêlé à toutes les grandes affaires de son siècle, a été à même de le connaître et de le juger, nous dire que les États n'ont été ébranlés dans leurs fondements, que les générations ne se sont précipitées dans le gouffre du rationalisme, du sensualisme, de l'égoïsme et de l'athéisme, qu'à la suite du commerce impur qu'on a fait contracter à la jeunesse chrétienne avec les auteurs païens.

On nous oppose que le xvii° siècle a poussé en France jusqu'au délire le fanatisme pour les auteurs païens, et que cela ne l'a pas empêché d'être le *grand siècle*, le siècle de la grande foi aussi bien que de la grande littérature. Eh bien, il n'en est rien, au moins quant à la foi et aux mœurs, qui en sont la manifestation et la preuve. Car voici le tableau que nous a tracé de cette époque l'un des hommes les mieux placés pour en connaître l'esprit et les œuvres (1). Dans ce tableau d'après nature, le mérite du style, l'énergie de la touche et la vivacité du coloris ne sont éclipsés que par l'éclat de la vérité.

« Y eut-il jamais, s'écrie-t-il, plus de dérè-
» glements dans la jeunesse, plus d'ambition
» parmi les grands, plus de débauches parmi les
» petits, plus de débordements parmi les hommes,
» plus de luxe et de mollesse parmi les femmes,
» plus de fausseté dans le peuple, plus de
» mauvaise foi dans tous les états et dans toutes
» les conditions ? Y eut-il jamais moins de fidé-
» lité dans les mariages, moins d'honnêteté dans
» les compagnies, moins de pudeur et de mo-
» destie dans la société ? Le luxe des habits, la
» somptuosité des ameublements, la délicatesse
» des tables, la superfluité de la dépense, la
» licence des mœurs, la curiosité dans les choses
» saintes, et les autres dérèglements de la vie
» sont montés *à des excès inouis*.
» Quelle corruption d'esprit dans les juge-
» ments ! quelle profanation et quelle prostitu-
» tion de ce qu'il y a de plus saint et de plus
» auguste dans l'exercice de la religion ! Tous
» les principes de la vraie piété sont tellement
» renversés, qu'on préfère aujourd'hui dans le
» commerce, un honnête scélérat qui sait vivre,
» à un homme de bien qui ne le sait pas ; et faire
» le crime sagement, sans choquer personne,
» s'appelle avoir de la probité… Qui ne sait que,
» dans ces derniers temps, le libertinage (le
» libre penser) passe pour force d'esprit parmi
» les lettrés ? et ce n'est presque plus que par
» la corruption et le désordre qu'on s'élève et
» qu'on se distingue…
» Je ne dis rien de ces crimes noirs et atroces
» qui se sont débordés dans cette malheureuse
» fin des temps, dont la seule idée est capable
» de jeter l'horreur dans l'esprit. Je passe sous
» silence toutes les abominations *inconnues jus-
» qu'à présent* à notre nation… Enfin, pour
» exprimer en un mot *le caractère de ce siècle*,
» on n'a jamais tant parlé de morale, et il n'y
» EUT JAMAIS MOINS DE BONNES MŒURS ; jamais plus
» de réformation, et moins de réforme ; jamais
» plus de savoir, et moins de piété ; jamais de
» meilleurs prédicateurs et moins de conversions ;
» jamais plus de communions et moins de chan-
» gement de vie ; jamais plus d'esprit et plus de
» raison parmi le grand monde (les lettrés), et
» moins d'application aux choses solides et
» sérieuses.
» Voilà *proprement* l'image et la peinture de
» nos mœurs et de l'état où est aujourd'hui
» parmi nous la religion. Il est vrai qu'on peut
» dire que l'extérieur en subsiste encore, par
» l'exercice réglé qui se fait des cérémonies dont
» elle est composée ; mais est-ce dans l'extérieur
» que consiste notre religion et, de la manière
» dont nous vivons, ne sommes-nous pas de
» vrais païens en toute chose (1) ? »

Ainsi, pour ce savant Jésuite, l'ami de la Cour, le confident de tous les littérateurs de son époque, l'un de leurs maîtres les plus distingués, les générations du siècle de Louis XIV, qui à peu près toutes étaient sorties des mains de ses confrères ou de ses propres mains, n'ont été que des *générations païennes*. C'est là une lamentable mais incontestable vérité. Ce fut l'époque du plus grand épanouissement du paganisme dans la théologie (2), dans les arts (3), dans les mœurs (4). Voilà, de l'avis d'un témoin intéressé

(1) Le P. Rapin, Jésuite, grand littérateur et grand poète latin, et pendant de longues années professeur de belles-lettres au Collège Louis-le-Grand, à Paris.

(1) Rapin *De la foi des derniers siècles.* Paris 1678.
(2) Témoin le gallicanisme.
(3) Témoin Versailles et les Tuilleries.
(4) Témoin la vie de la Cour et des Grands.

à les cacher, les affreux résultats de l'enseignement païen administré à la jeunesse du *grand siècle*.

Le philosophisme du xviii° siècle, qui, après avoir ravagé la France, a débordé sur tout le monde chrétien, n'est sorti, lui, à son tour, que des collèges (1). Cette parole satanique qui le résume tout entier : *écraser l'infâme*, n'a été que l'écho de la haine du christianisme, que les philosophes avaient puisée dans les auteurs païens, dont le siècle précédent leur avait légué l'idolâtrie.

Un de vos plus brillants littérateurs vivants, dont la foi religieuse pas plus que les idées politiques ne sauraient rendre le témoignage suspect à personne, a laissé tomber de sa plume ce remarquable aveu : « Si la littérature du grand » siècle, dit-il, eût invoqué le christianisme au » lieu d'adorer les dieux païens ; si ses poètes » eussent été ce qu'étaient ceux des temps pri» mitifs, des prêtres chantant les grandes choses » de leur religion et de leur patrie, le triomphe » des doctrines sophistiques du dernier siècle » eût été beaucoup plus difficile, peut-être même » impossible. Aux premières attaques des nova» teurs, la religion et la morale se fussent réfu» giées dans le sanctuaire des lettres, sous la garde » de tant de grands hommes. Le goût national, » accoutumé à ne point séparer les idées de reli» gion et de poésie, eût répudié tout essai de » poésie irréligieuse et flétri cette monstruosité, » non moins comme un sacrilège littéraire que » comme un sacrilège social. Dieu peut calculer » ce qui serait arrivé de la *philosophie* si la cause » de Dieu, défendue en vain par la vertu, eût été » aussi plaidée par le génie!... Mais la France » n'eut pas ce bonheur : ses poètes nationaux » étaient presque tous des poètes païens, et notre » littérature était plutôt l'expression d'une société » idolâtre et démocratique que d'une société » monarchique et chrétienne. Aussi les philo» sophes parvinrent-ils, en moins d'un siècle, à » chasser des cœurs une religion qui n'était pas » dans les esprits (2). »

On ne peut, il faut en convenir, ni mieux dire, ni rien dire de plus vrai.

Et la révolution tout entière, avec toutes ses folies et ses horreurs, cet immense rayonnement des sombres lueurs de l'enfer, n'a-t-elle pas eu, elle aussi, sa raison et son commencement dans les idées et dans les préjugés païens dont la France avait été enivrée?

« Qui donc, s'écrie un homme aussi distingué » par son esprit que par l'exquis bon sens avec » lequel il a résolu les plus importantes questions » sociales, sans les traditions et les études dites » classiques, eût jamais songé à évoquer tous » ces souvenirs du paganisme qui ont détourné » la Révolution de 1789 de ses voies régénéra» trices, pour l'entraîner dans des voies san» glantes, despotiques, criminelles? Qui donc eût » jamais imaginé de ressusciter Vénus sous le » nom de la déesse Raison? Qui donc eût osé,

» comme on l'osa, proposer à une nation chré» tienne d'adopter pour toute constitution les lois » de Lycurgue et de Minos? Pour que le premier » des peuples civilisés en vint à ce degré d'absur» dité, il avait fallu que pendant plus de deux » siècles on remplît le cœur et l'esprit des jeunes » gens d'une admiration sans limites, d'un engoue» ment sans réflexion pour les œuvres, les écrits, » les pensers, la morale, les actions des païens, » et tout cela, pour parvenir à imiter l'élégance, » la grâce, le charme de leurs littérateurs, ou le » talent de leurs artistes. En vérité, c'était payer » trop cher un si mince avantage (1) ! »

Voilà des vérités qu'on ne peut contester sans se révolter contre l'évidence ; ainsi c'est l'histoire entière de la révolution qu'un autre de vos littérateurs les plus distingués a admirablement résumée dans ces mots : « La révolution française » n'est que l'ensemble des idées du collège » appliquées à la société. »

10. Mais ne comptons pour rien l'expérience du passé, pour consulter celle du présent.

Celui qui oserait nier que l'immense majorité des jeunes gens qui ont fait ce qu'on appelle leurs études a fort peu ou point de religion, par cela même se déclarerait volontairement aveugle et se mentirait à lui-même ; car c'est là un fait que malheureusement il n'est plus permis à personne de méconnaître, un fait que toute langue atteste, que tout esprit sérieux déplore, et que même les exceptions confirment. Or, je le demande, quelle est la cause de cette immense apostasie de la religion de la part de la jeunesse, qui se traduit avec un si triste éclat, qui se perpétue, avec un dévergondage inconnu aux siècles passés, dans tous les âges de l'homme fait, et qui, à raison de son universalité, a cessé d'étonner ceux mêmes pour qui elle est un sujet de désolation et de larmes.

C'est, dit-on, que la société actuelle est pervertie et corrompue jusqu'au fond de ses entrailles ;

---

(1) Rappelons que ces collèges étaient tous dirigés par des prêtres et des religieux.

2) Victor Hugo, préface de ses *Odes*.

(1) Danjou, *Messager du Midi*.

Le grand écrivain qui a le mieux connu la Révolution et son esprit, et qui en a le mieux exposé les causes et les effets, a dit lui aussi :

« C'est à l'imitation de l'antiquité classique que la Révolution inaugure le culte de la Raison, et qu'à la fin du xviii° siècle on revoit l'homme prosterné, comme au siècle d'Auguste, aux pieds de Vénus.

» C'est au nom des Grecs et des Romains que la Révolution établit le culte iconolâtrique de l'Etre suprême, et proclame l'immortalité de l'âme.

» C'est au nom des Grecs et des Romains, et en copiant mot à mot leur calendrier, que la Révolution institue ses fêtes officielles, en prescrit la célébration, et en détermine les cérémonies.

» C'est au nom des Grecs et des Romains que, faisant un pas de plus vers le paganisme classique, elle inaugure la religion des théophilanthropes.

» C'est au nom des Grecs et des Romains qu'elle substitue publiquement la morale de Socrate à la morale de Jésus-Christ ; qu'elle réhabilite le culte du feu, et qu'elle offre des sacrifices aux divinités supérieures et inférieures.

» C'est au nom des Grecs et des Romains que, pressée par la logique, elle demande formellement dans un grand nombre d'ouvrages, ceux de Quintus Aucler en particulier, le retour social au polythéisme, et la restauration réelle du culte public et domestique des Romains.

» A moins de déchirer l'histoire, voilà des faits qu'il est impossible de nier (Mgr Gaume, *la Révol.*, t. II. p. 293 et s.). »

on n'y poursuit que les intérêts matériels ; on ne s'y préoccupe que du bonheur de la vie présente ; on y cherche à parvenir à tout prix ; on n'y convoite que la richesse ; on n'y adore que la volupté ; on n'y respire que dans une atmosphère empoisonnée par toutes les exhalaisons de la bassesse et du crime. A force d'avoir raccourci les distances et rapproché la conquête des intérêts de la terre, on a oublié le chemin et les biens du ciel. On attache une espèce de gloire au cynisme de ne rien croire et à la licence de vivre mal. Enfin la religion aussi bien que la vertu, l'honnêteté aussi bien que l'honneur, dépouillés de toute considération et de tout attrait, sont obligés de se cacher, et n'inspirent qu'une indifférence complète, lorsqu'ils sont assez heureux pour ne pas être regardés comme des mots vides de sens ou des choses qui n'ont droit qu'au mépris et à la plaisanterie. Voilà les écueils contre lesquels se brisent et font naufrage la vertu naissante, la foi enfantine et l'esprit de piété que la jeunesse puise dans l'enseignement religieux de ses parents et de ses instituteurs chrétiens.

Tout cela n'est malheureusement que trop vrai, et ce n'est pas nous qui nierons que la société, telle que l'esprit moderne l'a façonnée, sans tradition du passé, sans espérances de l'avenir, concentrée dans les jouissances du présent, est parvenue à un tel point de dégradation, à une telle puissance de scandale que, même la plus mâle vertu, même la foi la plus solide, ont bien de la peine à s'y tenir debout et à se garantir contre l'influence des plus affreuses doctrines et contre la contagion des plus funestes exemples.

Mais c'est dire, en d'autres termes, que la société, devenue païenne, paganise tout ce qui vit en elle et entre dans le moindre contact avec elle.

C'est ce que le philosophisme doctrinaire a reconnu avec une admirable franchise, et par des aveux d'autant moins suspects, qu'il n'a constaté ce paganisme social que pour y applaudir. Par l'un de ses principaux organes, il s'est écrié avec un air de triomphe : « Nos idées modernes sont » le reflet des idées de la Grèce et de Rome (1) ; » et par l'organe d'un ancien homme d'Etat du même parti, il a dit encore avec un air de bonheur : « J'avouerai que la société moderne, sur- » tout la société française, est pénétrée de » l'esprit de l'antiquité ; le fond de ces idées lui » a été donné par la littérature classique (2). »

Mais, nous le demandons encore, qu'est-ce qui paganise ainsi la société ? C'est la révolution du dernier siècle, nous dit-on, qui dure toujours.

Mais encore, qu'est-ce qui perpétue toujours parmi nous cette révolution, et qui lui conserve toute sa redoutable puissance ? Un autre personnage de la même école, d'un talent incontestable, et que nul ne sera tenté de taxer de partialité, sans être pour cela plus religieux, va nous l'apprendre : « L'instruction secondaire, dit-il, forme » ce qu'on appelle les *classes éclairées* d'une » nation. Or si les classes éclairées ne sont pas » la nation tout entière, elles la *caractérisent*. » Leurs vices, leurs qualités, leurs penchants, » bons ou mauvais, sont bientôt ceux de la nation » tout entière ; *elles font le peuple lui-même par* » *la contagion de leurs idées et de leurs senti-* » *ments* (1). »

Or, cette instruction secondaire qui *forme les classes éclairées*, donnée à l'aide des auteurs païens, est païenne elle aussi. Puisque donc ces *classes éclairées* formées au moule du paganisme, *sans être la nation, la caractérisent*, et puisque *elles font le peuple lui-même par la contagion de leurs idées et de leurs sentiments*, ce sont elles qui, à leur tour, paganisent la nation et le peuple.

Il est donc évident que ce sont les études de collège qui ont fait reculer nos sociétés, jadis si chrétiennes, jusqu'à la corruption des sociétés païennes, et y maintiennent toujours cet esprit d'indifférence et d'incrédulité qui triomphe de de tous les efforts du zèle tendant à fixer solidement les jeunes âmes dans les voies des croyances et des vertus chrétiennes.

11. D'autres, parmi nos adversaires, afin d'absoudre de toute censure la méthode païenne qu'on suit dans l'enseignement des *classes éclairées*, vont chercher la cause de l'incrédulité de ces classes dans cette alluvion de mauvais livres qui, ayant commencé au dernier siècle, continue de ravager le monde dans le nôtre, et qui fait pénétrer partout le libertinage de l'impiété avec l'impiété du libertinage. Mais ils ne sont pas plus heureux que leurs confrères dans cette explication du phénomène lamentable dont il s'agit.

Les mauvais livres, à y bien réfléchir, sont en même temps cause et effet de la démoralisation sociale. Chez un peuple profondément religieux et honnête, ou il ne se produit pas d'écrits pervers, ou ces écrits ne s'y propagent pas. Etouffés à leur naissance sous le poids de l'exécration de la conscience publique, et semblables à ces mé-

---

(1) M. Ernest Renan, dans la *Revue des Deux-Mondes*.
(2) M. Rémusat, dans le même numéro de la *Revue*.
En enregistrant ces aveux, l'excellent publiciste cité plus haut (M. Danjou) les fait suivre de ces graves et judicieuses réflexions : « On peut se réjouir de ce fait, » si on croit à la supériorité de la civilisation païenne, » mais on ne peut le contester. Mille voix qui ne sont » ni *fanatiques*, ni catholiques, ni même chrétiennes, » proclament de toutes parts cette vérité, et il n'y a » plus que les gens attardés dans les vieilles routines » qui s'obstinent à la méconnaître. Tout ce qui est jeune » et clairvoyant, tous les esprits qui étudient et réflé- » chissent, savent et disent, comme nous, que la société » moderne a, depuis la Renaissance, pris peu à peu les » idées, les sentiments, les goûts, la manière d'être, de » voir et de juger de la société d'avant Jésus-Christ, et » que naturellement, cette transformation a été opérée,

» en grande partie, par le système d'enseignement adopté » en Europe depuis deux siècles.
» Voilà le grand fait qui domine, éclaire et explique » toute l'histoire moderne ; il n'est plus permis à per- » sonne de l'ignorer, et tous ceux qui croient à la » supériorité de l'esprit chrétien sur l'esprit de l'anti- » quité doivent chercher quelque moyen de rendre au » premier son influence sur la société. L'un de ces » moyens, c'est la réforme d'un enseignement littéraire » et classique qui non-seulement fait de plus en plus » pénétrer dans le monde les idées politiques, sociales, » morales et même religieuses du paganisme, mais » encore ne répond nullement aux besoins réels, aux » nécessités les plus impérieuses de la civilisation » moderne. »
(1) M. Thiers, *Rapport à la Chambre*, 1844.

téores sinistres dont le peuple détourne le regard avec effroi, ils disparaissent dans l'oubli sans laisser presque aucune trace de leur passage. Ce n'est que chez les peuples qui ont déjà fait bon marché de la foi et des mœurs, et dont le sens moral est complètement dépravé aussi bien que l'idée, ce n'est que chez ces peuples que germent la pensée de composer de mauvais livres, et la démangeaison et l'engouement de les lire.

Notre siècle, aussi bien que celui qui l'a précédé, n'est donc si fécond en ouvrages où sont patronnés tous les vices et toutes les erreurs, que parce qu'il est déjà devenu au moins indifférent pour la vertu et pour la vérité; en sorte que, selon une expression des Livres saints, il est complètement corrompu par les ouvrages que sa propre corruption fait naître: *Qui in sordibus est sordescat adhuc.* Mais, on vient de le voir, cette corruption elle-même tient à l'instruction païenne des *classes éclairées.*

En second lieu, ce n'est que dans les livres païens, qui, pendant les années décisives de la vie, ont fait leur nourriture obligée, que les auteurs contemporains de ces productions infernales, comme nous l'avons constaté pour les auteurs de semblables productions au siècle dernier, ont puisé cette absence de remords, cette perte de tout sens morale, cette haine satanique pour tout ce qui est chrétien, cette affreuse théophobie, cette rage qui est d'un prosélytisme impie, qu'ils étalent dans leurs écrits avec cette obstination et cet emportement fiévreux qu'aucun instinct humain n'inspire, qu'aucun excès de passion n'excuse, et qu'on ne peut expliquer que par l'influence de l'esprit du mal qui les domine et dont ils sont, sans qu'ils s'en doutent, les ignobles satellites.

En effet ne les entendons-nous pas se glorifier d'être les fils des païens, de regarder les philosophes et les poètes du paganisme comme leur *saints Pères*, et les livres de Platon, comme leur *Bible?* Ne les entendons-nous pas nous dire, d'un ton ironiquement sacrilège, qu'ils ne sont pas assez ambitieux pour prétendre à la perfection de la religion et de la morale évangélique, qu'ils se contentent de *vertus laïques*, et qu'ils laissent aux ascétiques la foi aux vérités révélées et la pratique des vertus chrétiennes? Ne les entendons-nous pas, enfin, nous répéter sur tous les tons qu'il y a une morale indépendante de toute religion; que cette morale, connue et pratiquée par l'antiquité païenne, est la seule nécessaire, qu'elle suffit à elle seule au progrès, au bonheur de l'humanité, qu'ils n'en veulent pas d'autre, et qu'ils entendent vivre comme les païens? Il est donc impossible de nier que c'est au collège qu'ils se sont métamorphosés en païens et que c'est là qu'ils se sont formé cette plaisanterie impie qu'ils appellent leur morale et leur religion.

12. « Vous n'y êtes pas encore, reprennent dans la simplicité de leur zèle les patrons chrétiens de la méthode païenne, l'incrédulité des classes éclairées est moins l'œuvre des livres des gentils dans lesquels elles apprennent le latin et le grec, que des professeurs qui les leur enseignent. En fait d'éducation, le maître est tout. De nos jours comme par le passé, des maîtres chrétiens, tout en expliquant les auteurs gentils à leurs élèves, pourraient nous donner de vrais croyants; comme des maîtres philosophes, n'expliquant que la Bible, pourraient nous donner de vrais incrédules. La cause du mal n'est que dans la sécularisation de l'enseignement, qu'on a ôté des mains du clergé et des corporations religieuses, pour le confier à des laïques, et Dieu sait quels laïques! » Voilà ce que de bonnes gens, parmi nos adversaires, nous répètent à chaque instant, et, partant de là, ils ne tarissent pas en invectives contre l'Université.

Je n'ai pas la mission de faire l'apologie de l'Université, mais ce m'est un devoir d'être juste envers tout le monde. Je dirai donc, sans crainte d'être démenti, que, dans le raisonnement que vous venez d'entendre, il n'y a pas un seul mot qui ne soit un non-sens ou une calomnie.

En principe général, il n'y a pas de doute que la foi et la moralité des élèves ne dépendent en grande partie de la foi et de la moralité des maîtres, et que des prêtres, dignes de ce nom, qui se livrent à l'éducation de la jeunesse par zèle et par dévouement, ne fassent toujours de meilleurs élèves que des mercenaires, qui ont femme et enfants, ou que des célibataires de mœurs légères et d'une religion suspecte.

Mais d'abord, comme l'a très bien remarqué un de vos instituteurs les plus intelligents, le prêtre chrétien, obligé d'expliquer les livres païens, malgré toutes ses bonnes qualités, s'efface ou se change en apôtre du paganisme et en panégyriste de ses institutions et de ses héros. Dans la pratique de la méthode que nous blâmons, les vrais maîtres ne sont pas ceux qui enseignent, mais ceux dont on explique les œuvres, dont on chante les gloires et dont on raconte la vie; les vrais maîtres sont ceux dont on présente les écrits et les hauts faits comme environnés de l'admiration des siècles, et eux-mêmes comme les vrais souverains du monde intellectuel, comme les élus et les modèles de l'humanité: « Les vrais maîtres, dit-il, ce sont:
» Homère, Démosthène, Cicéron, Horace, Virgile,
» Tite-Live, Salluste, ce sont encore César, Sylla,
» Marius, les Brutus, Alexandre, Thémistocle.
» Je vois bien derrière ces colosses *un petit*
» *homme noir* qu'on appelle le professeur; mais
» cet homme d'hier n'a rien à professer que
» l'admiration, s'il est digne d'en sentir. C'est
» un porte-voix, un truchement, un interprète.
» S'il a du talent, c'est un acteur qui prête à des
» morts l'expression de sa physionomie, l'accent
» de sa voix, l'animation de son génie; mais un
» acteur emprisonné dans son rôle, identifié avec
» son personnage; c'est un corps dans lequel un
» païen s'incarne. Là est le succès, la supériorité
» du professeur. L'enthousiasme est l'aliment dont
» il nourrit sa classe. L'enfance a besoin d'en-
» traînement: la froide critique amènerait l'indif-
» férence et l'apathie. Il faut donc, bon gré, mal
» gré, qu'il vante, qu'il admire, qu'il appose des
» points d'exclamation, qu'il accentue. Il faut
» que, pour exhausser la statue, il se fasse pié-

» desta!. Or, le caractère du prêtre ne disparaît-
» il pas sous ce rôle? sa dignité ne souffre-t-elle
» aucune atteinte dans cette mise en scène (1)? »

Ainsi annulé par la contradiction et l'ignominie de son rôle, le prêtre chrétien n'est et ne sera jamais qu'un instituteur plus ou moins païen, et rien de plus. A moins donc qu'on ne change de méthode, je ne peux pas croire que le changement de personnes et *rien* que la restitution de l'enseignement au clergé, puissent nous donner cette réforme *sérieuse* de l'éducation dont tout le monde sent le besoin.

En second lieu, le voltairianisme et la révolution, avec leurs institutions subversives de la religion et de l'ordre social, ne sont entrés que par contrebande en Espagne et en Italie. A de rares exceptions près, l'enseignement y est toujours demeuré dans les mains vénérables du clergé. A Rome, en particulier, l'instruction des classes éclairées n'a jamais cessé d'être donnée par des ecclésiastiques tout à fait irréprochables sous le rapport de la foi et des mœurs ; et cependant, des événements tristes et récents ont dû convaincre les plus aveugles que, dans ces pays, les classes éclairées ne sont ni moins voltairiennes ni moins révolutionnaires qu'en France.

Troisièmement, en France même, avant 1793, il n'y avait point d'enseignement laïque ni d'Université, dans le sens qu'on donne actuellement à ce mot. Le xviiie siècle tout entier a été élevé par nous dans des collèges chrétiens, religieux même, et voyez le bon et bel élève que nous avons fait! Tous les philosophes incrédules, sans exception, dont je ne prononcerai pas ici les noms, n'ont été guidés dans leurs études que par les mains pures du sacerdoce, ce qui ne les a pas empêchés de se tourner contre lui ; les corporations religieuses enseignantes n'ont été supprimées que par leurs élèves, et cet admirable clergé de France n'a été persécuté et livré à l'échafaud que par la génération qu'il avait formée (2).

A moins donc qu'on affirme, ce que personne n'a garde d'affirmer, que l'éducation n'exerce pas la moindre influence sur l'esprit et le cœur des élèves, il faut nécessairement conclure que l'éducation, donnée par le clergé pendant le dernier siècle, a été au moins fort défectueuse.

Mais personne, pas même leurs ennemis les plus acharnés, n'oserait dire que ces corporations religieuses, que ces prêtres dont 93 put faire des martyrs mais non des apostats, aient volontairement administré à la jeunesse confiée à leur zèle le poison d'un philosophisme impie. Par conséquent, c'est contre leurs intentions, et même malgré leurs louables efforts, que cet horrible phénomène s'est produit (1).

Si donc on ne peut, sans se rendre coupable d'une calomnie atroce, incriminer l'enseignement religieux et les mœurs des maîtres de ce triste siècle, il faut de toute nécessité s'en prendre à l'enseignement littéraire qu'ils ont donné. Ce n'est que par la nature vicieuse de cet enseignement que les intentions les plus pures des instituteurs les plus vertueux et les plus habiles ont été frustrées ; que leurs plus ardents efforts ont été paralysés ; que leur généreux dévouement n'a obtenu que de pitoyables résultats ; et que c'est par ce moyen qu'ils ont été les vrais artisans et les victimes de ces bouleversements sauvages, que leurs élèves ont accompli dans l'ordre religieux et dans l'ordre politique.

Dans une circonstance solennelle, l'un des plus savants et des plus zélés de vos évêques (Mgr Parisis) dit aux universitaires du haut de la tribune : « C'est vous qui nous avez donné la géné-» ration socialiste de 1848 ; » à quoi un orateur de la gauche (M. Crémieux) répondit sur-le-champ : « Et c'est vous qui avez élevé la génération révo-» lutionnaire de 1793. » En vérité, ils ont eu raison tous les deux ; et l'Université et le clergé, par l'organe de ces deux personnages, se sont rendu mutuellement justice.

<hr>

(1) Vervorst, chef d'institution à Auteuil, *Discours prononcé* en 1855.

(2) « Le dix-huitième siècle, a dit M. Thiers lui-même,
» si renommé par son incrédulité, de quelles mains est-
» il sorti ? Des mains des congrégations enseignantes
» (17 juin 1844). »

« Le duc de Choiseul, qui tourna tous les pouvoirs de
» l'Etat contre les Jésuites, avait lui-même été élevé dans
» leurs collèges ; car on remarque avec étonnement que
» c'était par leurs leçons que s'étaient formés tous ceux
» qui contribuèrent à renverser cette Eglise qu'ils avaient
» pour mission spéciale de défendre (Rohrbacher *citant*
» *Sismondi*). »

« On reste confondu, dit à son tour Mgr Gaume, en
» voyant que c'est par leurs propres élèves qu'au dix-
» huitième siècle les Jésuites furent chassés de France,
» d'Espagne, de Portugal et de Naples, comme ils l'ont été
» de nos jours de Fribourg, de Turin et de Rome.
» Pour ne parler que de notre patrie, la liste suivante,
» bien que fort incomplète, nous semble renfermer un
» grave enseignement. Le chef de la croisade contre la
» Compagnie de Jésus et contre la religion, Voltaire, fut
» élevé par les Jésuites, et c'est par les Jésuites aussi
» que furent élevés Helvétius, Condorcet, Diderot,
» d'Argenson, Raynal, Turgot, Dupuys, de la Porte,
» Millot, Chauvelin, Riper de Monclar, Prévost, l'Olivet,
» Moullet, Marmontel, Piron. Tous les parlements qui
» prononcèrent leur expulsion étaient peuplés de leurs
» élèves, et la plupart des lettrés qui les poursuivirent
» de leurs quolibets sortaient de chez eux.

« A la vue de ce fait douloureux, on se demande comment
» cette antipathie pour des maîtres respectables s'était
» formée dans toute une génération élevée par leurs
» soins? Comment cette même antipathie s'est manifestée
« de nos jours, là où elle aurait dû le moins exister ?
« Comment il se fait, par exemple, que les Jésuites ont
« été expulsés de Fribourg, de Turin, de Rome et de
» Naples par leurs propres élèves, non aux cris de
» Jansénius, de Luther et de Calvin, mais aux cris de
» *Vive la République, vive Cicéron, vive Brutus!*
» Des mains des autres Ordres religieux, barnabites,
» oratoriens, doctrinaires, chanoines réguliers de Sainte-
» Geneviève, et du clergé séculier, sortirent d'Alembert,
» d'Holbach, Boulanger, le cardinal Dubois à Paris;
» Volney à Angers ; Condillac à Grenoble ; Parny à
» Rennes, et ailleurs Duclos, Toussaint, d'Argens, Andra,
» l'abbé Prades, que Frédéric appelait son *petit héré-*
» *tique*, Chastellux, Brissot, et une foule d'autres qui
» viennent donner la main à Robespierre, à Saint-Just,
» à Camille Desmoulins, à Billaud-Varennes, à Grégoire,
» Talleyrand, à Couthon, à Chazal, à toute la génération
» révolutionnaire de 1793, sortie des mêmes collèges.
» Enfin tous les libertins de la Régence, tous les ency-
» clopédistes, tous les philosophes païens du xviiie siècle,
» tous les avocats, hommes de lettres, médecins, jour-
» nalistes, qui préparèrent et qui firent la révolution,
« furent élevés dans des établissements ecclésiastiques,
» par des instituteurs religieux. (*La Révolution* t. V.
» p. 301 *et suiv.*) »
(1) Voyez à l'*Appendice*, § 3, la justification du clergé
et des corporations religieuses sur ce point.

L'Université, elle en convient elle-même, a eu des torts ; mais, quant au point qui nous occupe, ces torts lui sont communs avec le clergé enseignant ; leur enseignement littéraire a été tout à fait identique (1), et c'est par le même enseignegnement qu'ils ont engendré, celui-ci 1793, et l'autre 1848.

On a entendu le grand Possevin comparer cet enseignement païen à un tonneau de vinaigre, et le peu de religion qu'y mêlait le clergé à un peu de vin pur, insuffisant pour en neutraliser les effets. C'est une vérité, qu'à de louables exceptions près, les universitaires ont été bien avares dans la dose de bon vin qu'ils ont fait entrer dans ce mélange, et dont bien des fois ils n'ont pas versé une seule goutte ; en cela ils ont eu tort, grand tort, et ont donné gain de cause à leurs rivaux ; mais la masse de vinaigre de l'enseignement païen, avec plus ou moins de bon vin de l'enseignement chrétien, est restée et reste des deux côtés toujours la même. C'est donc une question de plus ou de moins, qui ne change pas la nature des choses (2).

On voit par là combien sont niais ou aveugles ceux qui disent : « La cause du mal n'est que » dans la mauvaise éducation qu'on donne à la » jeunesse. Le vice de l'éducation ne date que » de la suppression des congrégations ensei-» gnantes ; qu'on rétablisse sur cette matière les » choses sur l'ancien pied, et par cela seul on » aura porté remède à tous les maux. » O âmes simples, avez-vous donc oublié que ce passé que vous regrettez, et à la restauration duquel vous attribuez une si grande portée, a existé avant 1789, et qu'il existe encore dans les pays catholiques, où on l'a rétabli au commencement de ce siècle ? Et cependant il n'a pas empêché la grande révolution française, et les petites révolutions italiennes et espagnoles, ses filles, de naître et d'aller toujours leur chemin. N'est-ce donc pas

(1) Le programme de l'Université touchant le choix des auteurs classiques et l'ordre d'après lequel on doit les expliquer dans ses collèges, est textuellement le même que le *ratio studiorum* qu'une célèbre corporation religieuse avait adoptée pour les siens, et que l'un de ses membres distingués (le P. JOUVENCY) avait développé dans son ouvrage : *De ratione discendi et docendi*, ouvrage que Rollin s'est approprié, même quant au titre, dans son propre ouvrage : *Manière d'apprendre et d'enseigner les belles-lettres.*

(2) La discussion qui eut lieu à l'Assemblée législative en 1850 a abouti à ce résultat : « Qu'il soit libre à tout le monde d'enseigner, pourvu que tout chef d'institution ou ses professeurs, aient obtenu les grades universitaires. » Ce qui, à y bien réfléchir, ne signifie, et ne peut signifier que ceci : la toge aurait dit à la soutane : « Je vous accorde la liberté d'enseigner, à la condition de n'enseigner que ce que j'enseigne. » On voulut s'assurer que le clergé et les corporations religieuses, fidèles à leur passé, seraient restés dans le giron de la méthode païenne ; cette condition ayant été acceptée, une entente cordiale s'est établie entre les deux partis jusque-là si redoutables l'un à l'autre, et on s'est dit : Embrassons-nous et que cela finisse. C'est donc à tort que le grand faiseur, dans cette immense mystification, qui a fait tant de dupes, aurait dit : « *J'ai sauvé l'Université.* » L'Université n'était pas en cause, car personne n'a contesté à l'Etat la satisfaction de descendre au rôle de maître d'école si tel est son plaisir ; *ce qu'il a sauvé* n'est que la méthode païenne qu'une loi de vraie liberté aurait pu compromettre.

nier la vérité de l'évidence et l'évidence de la vérité, que d'affirmer que la restitution de l'éducation au clergé serait, à elle seule, un remède puissant contre des révolutions et des maux qu'elle n'a pu prévenir, qu'elle n'a pu empêcher, et qu'elle a même engendrés ? Autant vaudrait prétendre faire vivre un homme en lui administrant le poison qui l'avait tué (1).

13. Il est donc aussi clair que le jour que les bons professeurs ne suffisent pas, et que la grande question de l'éducation n'est pas une question de personnes, mais une question de méthode. En reprenant la méthode chrétienne, même l'Université pourrait faire des saints Augustins ; en restant dans la méthode païenne, une impitoyable expérience est là pour le prouver, même le clergé ne fera que des Voltaires. Avec la méthode chrétienne, même des laïques pourraient nous faire des anges ; avec la méthode païenne, même les prêtres, même les anges ne peuvent nous faire que des démons. Vous trouverez cette affirmation par trop hardie et peut-être même blasphématoire et absurde ; cependant je n'ai fait là que reproduire la pensée des trois plus grands docteurs de l'Eglise, car c'est Origène qui dit « que donner aux enfants même les meil-» leurs des poètes païens, c'est leur donner des » auteurs qui ne valent rien sous le rapport de » la religion et des mœurs, et qui n'ont fait autre » chose dans leurs poèmes que d'offrir à leurs » lecteurs d'affreux poisons dans des vases » dorés. »

C'est saint Jérôme qui affirme, lui aussi, que « les vers des poètes, la pompe oratoire des » rhéteurs et la philosophie des grands hommes » du paganisme, qu'on administre si imprudem-» ment à la jeunesse, ne sont que la nourriture » des démons, et y chercher le rassasiement de la » vérité et la réfection de la justice, c'est folie, car » ceux qui s'en repaissent vivent et meurent » dans la faim du vrai et dans la disette de toute » vertu (2)

C'est enfin saint Augustin qui s'écrie : « Quand » donc cessera la méthode d'instruire la jeunesse » par de tels livres ? Et quand s'apercevra-t-on

(1) « Espère-t-on être aujourd'hui plus habile que le » Père Porée, le maître de Voltaire et d'Helvétius ; que » les abbés Proyart et Royon, les maîtres de Camille » Desmoulins et de Robespierre ; plus habile, plus » prévoyant et surtout plus heureux, que les la Rue, » les Jouvency, les Brumoy, les Cervier, les Rollin, ces » maîtres si pieux, si instruits, si exercés dans l'art » difficile d'élever la jeunesse ? Se flatte-t-on de prendre » des précautions qu'ils ont négligées, de donner des » contre-poisons qu'ils n'ont pas connus ? A-t-on un » moyen sûr, efficace, éprouvé, de neutraliser les effets » de l'enseignement classique et païen sur l'esprit et le » cœur des enfants ?

» Si on a trouvé ce moyen, c'est un crime d'en faire » mystère ; et si on ne l'a pas découvert, comment » ose-t-on dire : CONTINUEZ D'ENSEIGNER COMME ONT ENSEIGNÉ » VOS PÈRES ; CONTINUEZ D'ENSEIGNER COMME LES PIEUX INSTI-» TUTEURS DES MAINS DESQUELS SONT SORTIS TOUS LES VOLTAI-» RIENS ET TOUS LES RÉVOLUTIONNAIRES : IL N'Y A RIEN A » CHANGER (DANJOU, *Du paganisme dans les idées*). »

(2) « Dæmonum cibus est carmina poetarum, sæcularis » sapientia, rhetoricorum pompa verborum... Nulla ibi » saturitas veritatis, nulla refectio justitiæ reperitur. » Studiosi earum in fame veri et virtutum penuria » perseverant (*Ep. ad Damas. De duobus filiis*). »

» que c'est là immoler à Satan non des volatiles » et des quadrupèdes, non enfin le sang de » l'homme, mais, chose plus sacrilège encore, sa » pudeur et son âme ? »

Je vous avoue que toutes les fois que je passe à côté d'un établissement d'éducation quel qu'il soit, les passages si énergiques et si redoutables de ces grands hommes revenant en ma pensée, je me sens saisi d'un frémissement de cœur et d'un sentiment douloureux sans bornes, car je me dis: C'est ici que des chrétiens et même des prêtres, transformés en vrais pharmaciens de Satan, préparent, sans s'en douter, le poison qui tue la jeunesse ; vrais cuisiniers de Satan, ils la lui donnent à manger, et vrais bourreaux de Satan, ils la lui immolent. C'es ici que des mains pures et même consacrées offrent à chaque instant au génie du mal d'horribles hécatombes d'âmes lavées du sang divin (1).

Malheur donc à nous, hommes de l'Eglise, si nous nous obstinons à garder un système d'enseignement qui, depuis trois siècles, corrompt les générations chrétiennes ! malheur à nous si, pour une vanité frivole, pour nous faire pardonner notre rabat, nous faisions cause commune avec les hommes du siècle et partagions leur fol enthousiasme pour le classicisme païen ! Malheur à nous si, pour flatter des préjugés criminels que nous devrions combattre, nous aussi, oubliant la divinité de notre mission et la sainteté de notre caractère, nous préférions le goût du beau au goût du bien, une vaine élégance à la mâle vérité,

un progrès douteux et toujours éphémère de la littérature au progrès ferme et solide de la morale et de la religion, et enfin les sonorités académiques aux garanties de l'ordre social (1).

Avant 1793 une pareille faute pouvait être excusée. L'arbre de la science du mal n'ayant pas encore produit alors tous ses fruits de mort, on a pu être trompé sur sa nature meurtrière. par l'apparente beauté de son feuillage. Mais après avoir vu ce que nous avons vu et ce que nous voyons toujours avec une uniformité impitoyable, que c'est au collège et en s'enivrant de l'esprit du paganisme classique, que les classes éclairées deviennent la pierre d'achoppement de la foi des peuples et de l'ordre public, persister à faire ce qui a perdu nos pères, et ce qui nous perd nous-mêmes, c'est une faute qui n'a plus d'excuse; ce n'est plus même une faute, c'est un crime; un crime que rien ne peut nous faire pardonner ; un crime horrible, dont la punition la moins sévère sera de nous voir encore une fois chassés et traqués comme des bêtes fauves par la génération dont nous faussons l'esprit et le cœur, et de passer à la postérité comme un nouvel exemple de l'accomplissement de cet oracle divin : « L'homme sera puni par où il a péché ; » *Per ea quæ pecca quis, per hæc et tor quetur.*

Mais nous n'avons jusqu'ici considéré la méthode païenne que d'après le jugement qu'en ont porté les plus grands hommes et d'après l'épreuve qui en a été faite. Il nous reste à l'étudier dans sa nature et dans l'action qu'elle exerce: cette étude, que nous allons faire en dernier lieu, nous prouvera que tout ce que nous venons d'en dire est souverainement logique, et confirmera par le raisonnement ce que, jusqu'ici, nous ont dit l'expérience et l'autorité.

---

(1) Nous ne sommes pas les premiers à nous exprimer ainsi : « Je ne comprends pas, » disait un jour à Rome, à l'un de nos amis, un excellent religieux membre d'une congrégation enseignante ; « je ne comprends » pas comment il se fait que la plupart de nos écoliers, » vrais petits anges lorsque les parents viennent les » déposer dans nos mains, lorsque nous les leur rendons » se trouvent changés en vrais et grands diables. » « Vraiment ? lui aurait répondu notre ami, *Vraiment ?* » *vous ne comprenez pas comment cela se fait ?* Puisque » cette métamorphose s'opère chez vous, à l'aide de » l'instruction que vous donnez, peut-il être douteux » que c'est là votre œuvre? » Ce même ami aurait pu lui rappeler ces terribles paroles que le célèbre religieux que nous avons souvent cité a prononcées au seizième siècle, et par lesquelles il a donné l'explication claire du phénomène que notre brave homme appartenant à la même corporation ne comprenait pas. Car voici comment le Père Possevin s'est exprimé en gémissant en son nom et au nom des professeurs des collèges chrétiens de son temps : « *C'est nous!* nous qui, par la » grâce de Jésus-Christ, vivons au milieu des lumières » de l'Evangile; C'EST NOUS QUI PERDONS L'ESPRIT AU POINT » DE DEVENIR DES INSTRUMENTS DE DAMNATION *pour ces âmes* » *dont nous devons être les anges gardiens, les tuteurs* » *et les guides vers le ciel !* Après qu'ils ont reçu l'inno- » cence baptismale, *c'est nous* qui mettons pendant » plusieurs années de si lourdes entraves aux pieds de » ces enfants, et les empêchons, dans cet âge si enclin » à la piété, de courir dans les voies de Dieu et de la » sanctification (POSSEVIN, *Discours, etc.*). »

(1) « Ne nous y trompons pas, dit le protestant Keratry, ce n'est pas la présence dans les écoles, à jour fixe. d'un ecclésiastique, quelque respectable qu'on le suppose, qui inculquera aux enfants un esprit religieux de quelque durée. Celui-ci ne s'acquiert que par la continuité d'un enseignement, *où la loi divine se trouve infuse,* Les études, fussent-elles purement littéraires, *doivent s'en ressentir.* »

« Que voulez-vous en effet, dit Lamartine, que devienne l'homme moral et intelligent, dans un enseignement où l'enfant, comme ces fils de barbares qu'on trempait tour à tour, en naissant, dans l'eau bouillante et dans l'eau glacée, pour rendre leur peau insensible aux impressions de climats, est jeté tour à tour, et tout à la fois, dans le paganisme et dans le christianisme. Il lui faudrait deux âmes et il n'en a qu'une. Les deux enseignements se la disputent ; le trouble et le désordre se mettent dans ses idées. Il s'étonne de cette contradiction et se prend à croire qu'on lui joue une grande comédie, que la société ne croit pas un mot de ce qu'elle enseigne, que le paganisme est la religion des grands hommes et des grands peuples, et le christianisme la religion des médiocrités, des femmes et des enfants. »

A ce point de vue le *Selectæ* est le livre de tous le plus dangereux et celui qui a fait le plus de mal.

TROISIÈME PARTIE

14. Il y a des poisons, dit le philosophe de Stagire, qui n'ont rien de désagréable, qui ne produisent aucun malaise lorsqu'on les prend, et dont la nature meurtrière ne peut être reconnue que par la mort qui s'ensuit : *Sunt quædam venena quæ non nisi morte subsequente dignoscuntur.*

Le venin que la méthode païenne renferme est de cette nature. On ne s'aperçoit qu'elle est funeste à la religion des jeunes gens auxquels on l'impose que lorsqu'on les voit morts, et bien morts, par rapport à la religion. En effet, elle les empêche : 1° de bien connaître le christianisme ; 2° de se bien pénétrer de son esprit ; 3° de l'estimer, de le goûter, de l'aimer et de le pratiquer. Reprenons.

Une voix vénérable et éloquente (1) a naguère signalé l'ignorance comme l'une des causes les plus communes et les plus puissantes de l'esprit actuel d'incrédulité parmi les peuples jadis les plus religieux. Rien n'est plus vrai ; en effet, les hommes même le plus haut placés dans l'opinion publique par rapport à la supériorité de l'esprit et de la science, ces hommes mêmes, sachant tout ou croyant tout savoir, ne connaissent rien, ainsi qu'ils ont le soin de nous le prouver eux-mêmes, de ce qu'ils devraient avant tout connaître, c'est-à-dire les dogmes de la foi et les devoirs. Sur ce grave sujet leurs connaissances ne s'élèvent même pas au niveau des connaissances du simple vulgaire, des femmes et des enfants. On les mettrait dans le plus grand embarras si on les obligeait à répondre aux questions les plus élémentaires du catéchisme ; ce qui ne les empêche pas de se permettre des plaisanteries de mauvais goût, des attaques sacrilèges contre les augustes vérités du christianisme, et de blasphémer ce qu'ils ignorent avec une outrecuidance qui serait souverainement ridicule si elle n'était souverainement impie.

Seulement il est à regretter que le personnage éminent qui vient de stigmatiser, avec toute l'ardeur du zèle qu'on lui connaît, ce grand scandale de notre époque, l'ignorance de la science religieuse, au milieu du progrès incontestable de toutes les sciences naturelles, n'ait pas fait remarquer que cette ignorance, à son tour, n'a pour cause que la méthode d'après laquelle on élève la jeunesse dans les écoles des laïques et même du clergé.

Là où elle n'est pas maîtresse, là où elle n'est pas reine, la religion n'est pas. « Ne nous y » trompons pas, a dit l'un de vos hommes parle- » mentaires de la gauche, et qui par conséquent » ne peut pas être suspect, ne nous y trompons » pas, ce n'est pas la présence dans les écoles, à » jour fixe, d'un ecclésiastique, quelque respec- » table qu'on le suppose, qui inculquera aux » enfants un *esprit religieux de quelque valeur.* » Celui-ci ne s'acquiert que par la continuité d'un » *enseignement où la loi divine se trouve comme*

(1) Lettre pastorale de S. E. Mgr le cardinal de Bonald, archevêque de Lyon, à l'occasion du carême de 1857 : *Sur l'ignorance en matière de religion.*

» *infusée. Les études, fussent-elles purement litté-* » *raires, doivent s'en ressentir.* Kératry, *Dis-* » *cours.* »

Eh ! oui, c'est cela ; l'enseignement religieux ne peut pas être donné comme on pourrait donner l'enseignement de l'antiquité romaine et de la mythologie, par quelques quarts d'heure qu'on lui destine chaque semaine ; il doit sortir de tous les livres qu'on met aux mains de l'enfant, de tous les exercices qui l'occupent, de tous les objets qui l'environnent ; il doit lui arriver par tous les sens, je dirai même par tous les pores. L'enseignement religieux doit jaillir de tout l'ensemble de l'instruction, comme la lumière rejaillit du soleil, le parfum de la fleur ; ce n'est qu'à cette condition qu'il est sérieux, qu'il est solide et qu'il fait les vrais croyants. C'est ainsi que se forme le païen, le mahométan, le juif : le chrétien ne peut se former autrement. C'est là une loi générale et commune de tout enseignement religieux.

Or, de la manière dont on fait des humanistes dans nos écoles, un tel enseignement, par rapport au christianisme, est impossible.

Si on ne mettait dans les mains de la jeunesse étudiante que la Bible, les Pères de l'Église et les classiques chrétiens — sauf à lui faire connaître plus tard le classicisme païen — seulement pour lui donner l'intelligence littérale de ces chefs-d'œuvre de l'inspiration divine et du génie humain, les maîtres seraient obligés de rappeler à chaque instant les passages les plus saillants des Livres saints, les événements les plus célèbres de l'histoire du peuple de Dieu, les figures, les prophéties et les promesses de l'Ancien Testament réalisées et accomplies dans le Nouveau ; les mystères et les lois du christianisme ; leurs rapports mutuels et leurs raisons dans la nature de Dieu et les besoins de l'homme ; les faits merveilleux de la vie de l'Église, et l'action puissante de ses institutions et de ses grands hommes dans l'enseignement, dans la sanctification et dans la civilisation du monde. Ce serait les leçons de tous les jours et de tous les instants. Ne paraissant donc faire que de la littérature, ces maîtres heureux, par la seule nécessité de donner à leurs auditeurs un commentaire exact des auteurs qu'ils leur expliquent, leur donneraient, sans que leurs élèves s'en doutassent le moins du monde et peut-être encore sans que les maîtres y prissent garde eux-mêmes, le catéchisme le plus étendu et le plus solide de la religion. Ce serait un cours complet de huit ans d'Écriture sainte, de morale et d'histoire chrétienne. Par là le christianisme jetterait de si profondes racines dans leur esprit et dans leur cœur, que rien désormais ne saurait l'y ébranler, il pénétrerait intimement leurs âmes, et s'y identifierait de manière à devenir en quelque sorte leur nature et leur être. Ainsi on formerait dans nos écoles de vrais et solides chrétiens.

Par la même raison, en voulant que les enfants chrétiens n'apprennent leur grec et leur latin que dans les auteurs païens, seulement pour leur donner l'intelligence littérale de ces auteurs, les maîtres sont forcés, bon gré mal gré, d'étaler à chaque instant les turpitudes des divinités et les mystères dégoûtants de la mythologie; les prétendues vertus et les vices réels des hommes les plus remarquables d'Athènes et de Rome; les doctrines, les superstitions, les maximes, les mœurs et les habitudes de la vie païenne.

Mais c'est faire pendant huit ans moins de la littérature que du catéchisme mythologique et profane; c'est donner aux jeunes gens un cours complet de paganisme dont les impressions fâcheuses ne s'effaceront jamais; c'est les pénétrer de l'esprit païen; c'est paganiser leur intelligence et leur cœur; c'est en faire de vrais païens, n'attendant que le temps et les occasions de réaliser, par leur conduite sociale, les tristes leçons qui ont perverti leur jeunesse.

De plus, pour donner aux jeunes gens la simple intelligence des classiques des Grecs et des Romains, il est de toute nécessité de les initier au génie, à la religion, à l'histoire, aux doctrines, aux habitudes et aux mœurs de ces peuples, et de faire des élèves, des citoyens artificiels, factices, d'Athènes du temps de Périclès, et de Rome du temps d'Auguste: besogne immense pour laquelle des jours entiers de travail et d'étude du paganisme classique ne sont jamais trop, et qui, par conséquent, absorbant tout le temps et toute l'activité des écoliers et des maîtres, ne laissent que des moments fugitifs, exceptionnels, pour l'enseignement du christianisme.

C'est un fait incontestable que dans certains établissements où l'on croit faire à cette religion divine une part convenable dans l'enseignement humain, les jeunes gens ne peuvent, pendant toute une année, lui accorder plus de quarante-huit heures de leur temps; tandis qu'ils sont obligés d'en donner deux mille huit cents aux études profanes.

Or, je le demande, une instruction religieuse si rétrécie, si accidentelle, si éphémère, et, tranchons le mot, si nulle vis-à-vis de l'instruction païenne de tous les jours et de tous les instants, est-elle autre chose que cette petite quantité de vin pur, dont a parlé le courageux Possevin, qui, jeté dans un tonneau de vinaigre, au lieu de le changer en bon vin, devient du vinaigre lui-même? Est-elle autre chose, je le répète, qu'une croix plantée sur un tas de boue qu'un souffle de vent renverse? Est-elle autre chose qu'une couche légère de vernis chrétien passée sur une idole que le moindre contact de l'air fait disparaitre? Est-elle autre chose qu'une grande déception et une plaisanterie amère?

De là ce phénomène, aussi déplorable qu'incontestable, de l'ignorance complète de la religion, qui forme un des caractères distinctifs des jeunes gens qui ont passé huit longues années dans l'étude des lettres.

Interrogez-les, vous les entendrez vous dire dans leurs plus sales et plus affreux détails les généalogies, les amours, les adultères, les crimes des divinités de la fable; vous les entendrez vous raconter les prétendues grandes actions des personnages de l'histoire grecque et romaine; vous les entendrez vous rendre compte de la vie des auteurs classiques et du sujet et des beautés si vantées de leurs écrits. Mais quant à la religion, vous reconnaitrez avec un douloureux étonnement qu'ils n'en ont retenu que des notions vagues et incohérentes, des mots dont ils ne comprennent ni le sens ni la portée. Vous les surprendrez ne connaissant rien de la révélation primitive, de son rayonnement dans toute l'humanité par la tradition; rien de l'unité, de la perpétuité, de l'universalité de la vraie religion; rien des ineffables mystères renfermés dans les récits de la Bible, et du sublime caché sous la simplicité de la lettre de l'Evangile; rien de la grandeur et des harmonies du dogme chrétien; rien des motifs de crédibilité et des prodiges qui ont fait accepter le christianisme dans le monde et l'y ont implanté; rien de l'histoire de l'Eglise, des œuvres de ses apôtres, de l'héroïsme de ses martyrs, de la science de ses docteurs, des vertus de ses saints; rien de l'importance sociale et des beautés artistiques du culte et de la morale chrétienne. Vous surprendrez enfin ces malheureuses victimes d'une aveugle et stupide pédanterie sachant bien des choses ineptes, futiles, vaines; et ignorant complètement le vrai et le solide des croyances et des devoirs de la religion, qu'ils ont pris dès leur naissance l'engagement de professer.

Est-il donc étonnant que leur foi, n'ayant que des notions si superficielles pour base, ne tienne pas au milieu de tant et de si redoutables attaques que l'impiété païenne lui livre de toutes parts? Autant vaudrait s'étonner qu'un navire sans lest fût submergé au premier choc de la mer irritée: autant vaudrait s'étonner qu'un arbre sans racines fût renversé au premier coup de vent; autant vaudrait s'étonner qu'un homme sans armes et sans force succombât dans une lutte avec un adversaire vigoureux et armé de toutes pièces.

C'est ainsi que l'usage d'instruire la jeunesse avec les classiques païens est funeste à sa foi par l'impossibilité où il la place de recevoir l'instruction religieuse, dont elle aurait un besoin tout particulier au milieu d'une société envahie et dominée par l'incrédulité.

15. Ajoutons qu'elle empêche les jeunes âmes auxquelles on la fait suivre de se pénétrer de l'esprit du christianisme.

En vain opposerait-on qu'on ne voit pas la jeunesse sortant des maisons d'éducation aller plier le genou aux pieds des idoles (1). Le paga-

(1) Nous rappellerons ici : 1° que la révolution française, comme il est manifeste par tous ses actes (voyez *la Révolution* par M. GAUME, 4° vol.), a voulu restaurer le culte païen même dans tout ce qu'il a de plus grossier, de plus sale et de plus abominable; 2° que la même pensée couvait dans l'esprit de certaines gens en 1848, et qu'il ne lui manqua que le temps d'éclore et de se reproduire au grand jour; 3° qu'en Allemagne beaucoup de savants, entraînés par l'exemple de Gœthe, qui tous les matins faisait sa prière à Jupiter, rêvent à l'heure qu'il est le rétablissement de la religion païenne comme la seule capable d'enfanter le beau artistique et littéraire et d'amuser le peuple. On connaît les écrits par lesquels le docteur Feuerbach s'est fait l'apôtre de cette religion. Le moyen donc de nier que l'un des effets de l'instruction classique soit de pousser les esprits vers le paganisme complet ?

nisme ne consiste pas dans l'adoration des statues de Jupiter, de Vénus et de Plutus, mais dans le culte des instincts et des passions personnifiés par ces prétendues divinités. Se livrer à un vice, disait saint Paul, c'est vraiment idolâtrer; *Avaritia, quœ est idolorum servitus.* Le paganisme, c'est le culte de la créature mise à la place du Créateur; le paganisme c'est le culte de l'homme, ou de Satan possédant l'homme et se substituant à Dieu.

Il suit de là que, comme l'esprit du christianisme est esprit de vérité, l'esprit du paganisme est esprit de mensonge; comme l'esprit du christianisme est esprit d'humilité, de désintéressement, de pureté et de mortification, l'esprit du paganisme est esprit d'orgueil, d'avarice, de libertinage et de volupté; comme l'esprit chrétien est l'esprit de la charité et du dévouement, s'immolant au bonheur des autres, l'esprit du paganisme est l'esprit d'amour-propre et d'égoïsme, immolant les intérêts et le bonheur des autres à ses propres intérêts et à son propre bonheur. Enfin l'esprit du christianisme est le rayonnement ineffable de l'esprit de Dieu, engageant l'homme à soumettre l'intelligence à la foi, le sentiment à la grâce, les sens à la raison, l'utile à l'honnête, le naturel au surnaturel, le corporel au spirituel, le bonheur du temps au bonheur de l'éternité, afin d'élever l'homme au-dessus de lui-même, et le déposer dans le sein de Dieu; l'esprit du paganisme, au contraire, est le sombre épanouissement de l'esprit de Satan saisissant tout l'homme et l'entraînant à assujettir la foi à l'intelligence, la grâce au sentiment, la raison aux sens, l'honnête à l'utile, le surnaturel au naturel, le spirituel au corporel, le bonheur de l'éternité au bonheur du temps; enfin n'arrachant l'homme à lui-même que pour le replonger en lui-même et pour le faire descendre au-dessous de lui-même.

Or, de même que l'esprit du christianisme est l'âme et le caractère essentiel des Livres saints et des classiques chrétiens, l'esprit du paganisme est l'âme et le caractère essentiel des livres profanes et des classiques païens; ces deux esprits jaillissent, débordent de chaque page, de chaque ligne de ces deux espèces d'écrits, et, à de rares exceptions près, comme tout est chrétien dans un livre chrétien, de même tout est païen dans un livre païen.

Un livre est tout entier dans l'esprit qui le domine, et on ne peut l'en dépouiller sans le détruire. Comme donc en retranchant quelques pages ou quelques phrases des livres chrétiens, on ne parvient pas pour cela à en effacer entièrement l'esprit chrétien, de même en retranchant quelques pages ou quelques phrases des livres païens, on ne réussit guère pour cela à en faire disparaître entièrement l'esprit païen. En d'autres termes, comme on ne peut pas corrompre complètement par des retranchements les précieuses productions de la pensée chrétienne, de même on ne peut, par des coupures, expurger complètement les tristes productions de la pensée païenne.

Nous ne nous expliquons donc pas l'illusion que se font certains chrétiens et même certains ecclésiastiques, en pensant qu'il suffit d'y faire quelques ratures ou de le faire passer par l'épreuve des ciseaux, pour qu'un livre païen puisse être mis sans danger entre les mains des jeunes gens. Nous ne nous expliquons pas que des hommes de sens et d'esprit en soient encore à comprendre que le danger des livres païens pour les jeunes gens n'est point seulement dans certains récits ou dans certains passages trop licencieux et de nature à blesser la candeur de l'âme de l'enfant, mais qu'il est bien davantage dans leur esprit matériel, profane, temporel, terrestre, animal, satanique, comme dit un apôtre: *Sapientia terrena, animalis, diabolica* (Jac. c. 13). Tout dans ces livres commence par l'homme et aboutit à l'homme; les quelques maximes banales de morale que leurs auteurs ont puisées dans les traditions populaires, et dont un chrétien sachant son catéchisme n'a nullement besoin, maximes qui du reste y sont aussi rares que les herbes ou les fleurs dans les déserts arides de l'Afrique, ces maximes, dis-je, aussi froides que la raison, n'ayant aucun dogme divin pour base ni les récompenses ou les punitions éternelles pour sanction, sont aussi impuissantes que de vains sons à impressionner l'âme, et sont aussi vides que le néant.

Qu'on ne s'y trompe pas, on n'est pas innocent parce qu'on ignore le mal, mais parce qu'on en a horreur. Donc, particulièrement de nos jours, où tout conspire à initier prématurément les jeunes gens aux mystères du mal, et où on le rencontre partout dans toute sa nudité et sa laideur, les livres les plus dangereux pour leurs mœurs ne sont pas ceux qui leur font connaître le mal par quelques-unes de leurs phrases, mais ceux qui le chantent, l'exaltent, l'insinuent et le font aimer par leur mauvais esprit. Eh bien, c'est l'inconvénient des livres classiques. Même les plus châtiés par rapport à leurs expressions et même les plus soigneusement expurgés sont toujours funestes par leur esprit; car on n'y trouve, règle générale, que l'esprit du monde faisant la guerre à l'esprit de l'Evangile et l'esprit de Satan, représenté sous toutes ses formes, et opposé à l'esprit de Dieu.

Au foyer domestique, les parents ou les maîtres chrétiens, par tous leurs soins les plus intelligents et les plus dévoués, n'ont pu qu'initier à l'esprit du christianisme le premier âge des enfants; mais les en pénétrer et les y affermir, ce devrait être l'œuvre de ce qu'on appelle l'instruction secondaire.

Or, c'est précisément pendant toute la durée de cette instruction qu'on leur impose de n'étudier et de n'admirer que des auteurs païens; mais il est impossible qu'au contact immédiat et journalier de ces livres l'enfant ne soit, à son insu, profondément impressionné par leur esprit, qu'il ne se forme insensiblement à l'esprit païen et qu'il ne s'en soit entièrement absorbé. Et par là, non seulement il lui est impossible de se pénétrer de l'esprit chrétien et de s'en rassasier, mais encore d'en conserver les précieuses prémices qu'il avait reçues au premier âge.

Veillez, disait saint Paul, à ce que l'esprit du

christianisme ne s'éteigne pas en vous : *Spiritum nolite extinguere;* c'est à quoi on devrait travailler dans les écoles chrétiennes. Au lieu de cela, on y expose cet esprit naissant et chancelant encore sur ses bases au souffle brûlant de l'esprit païen, sortant de chaque phrase, de chaque mot des livres classiques. Sous son action, qui, pour ne pas être aperçue par les élèves ni par les maîtres, n'en est pas moins puissante, l'esprit chrétien recule, s'amoindrit et finit par s'effacer entièrement dans l'âme de l'enfant ; tout ce qu'il cède de terrain, c'est l'esprit païen qui le gagne, c'est lui qui s'y développe, qui y grandit au point d'en devenir le dominateur et le maître.

Cela vous explique ce grand scandale d'une jeunesse qui, venant d'achever ses études, n'a, si on n'y fait bien attention, que des idées profanes, des jugements profanes, une raison toute profane, et qui, lors même qu'elle garde un reste des croyances chrétiennes, en réalité est païenne, et entièrement païenne, par rapport à l'esprit. C'est le travail de huit ans d'instruction classique pendant laquelle, faute d'aliment puisé dans l'étude des auteurs chrétiens, l'esprit chrétien s'est éteint ou a été étouffé par l'esprit païen, qui l'a enveloppé dans son atmosphère meurtrière et qui, restant seul souverain de l'intelligence, l'a façonnée à son image et en dispose en tyran.

16. Le goût moral et le goût littéraire se forment de la même manière que le goût physique ; et c'est pour cela que ce mot est en usage pour exprimer l'impression qu'on éprouve en pratiquant certains actes, en lisant certains livres, aussi bien qu'en se nourrissant de certains aliments. Comme on finit par être gourmand de ce qu'on a mangé dès son enfance, on finit par trouver agréable ce qu'on a fait et ce qu'on a lu au même âge. Ainsi donc, en obligeant les enfants à ne lire, à n'étudier, à n'admirer que les choses païennes, on les forme, on les habitue à les goûter, et à ne goûter qu'elles, et par conséquent on les met dans l'impossibilité morale de contracter, s'ils ne l'ont pas, ou de le conserver s'ils en ont reçu les prémices, le goût pour les choses chrétiennes.

C'est ce goût pour tout ce qui tient à la religion du Dieu fait homme que saint Paul appelait: *le sens de Jésus-Christ,* que tout chrétien fidèle aux croyances et aux œuvres de la foi possède, et qui lui fait deviner, sentir et chérir tout ce que Dieu a bien voulu nous révéler ; *nos autem sensum Christi habemus, ut sciamus quæ a Deo donata sunt nobis.* Ce n'est pas que ce sens ineffable fasse comprendre les mystères ; mais c'est qu'en les faisant passer par le jugement du cœur, il les fait sentir comme étant vraiment des mystères de Dieu. De là cette satisfaction, ce bonheur, qu'éprouvent les âmes vraiment chrétiennes à les croire et à s'y reposer avec cette tranquillité parfaite qui est le résultat de la vision, commençant ici-bas à remplacer la foi.

Il ne faut donc pas s'étonner de cet aveuglement monstrueux dont se montrent frappés les philosophes incrédules, lorsqu'ils soutiennent sérieusement que le christianisme est l'œuvre de la raison même et que cette raison a pu inventer ces grands et sublimes mystères qu'elle ne comprend pas. Ce mystère de l'aveuglement de l'homme, je dirai presque plus incompréhensible que les mystères de la lumière de Dieu, cette abdication complète de tout principe logique et de tout sens humain, ne sont causés que par l'action du sens païen, effaçant de l'âme le sens de Jésus-Christ.

Ce sentiment exquis et délicat du Christ, cette tendresse de l'âme pour les choses divines qui s'appelle autrement *piété,* cet attrait qu'on éprouve pour les pratiques du culte et qui finit par les rendre délicieuses, on les chercherait en vain dans les jeunes gens qui ont fait leurs études classiques. En les considérant de près, on s'aperçoit que la plupart n'en ont pas conservé la moindre trace.

Je ne saurais vous dire l'impression pénible que j'éprouve lorsque je rencontre sur mon chemin certaines bandes de jeunes étudiants. Je cherche en vain à découvrir en eux quelque trait m'annonçant qu'ils ont le moindre sens chrétien ; la licence de leur regard, l'orgueil de leur front, la mobilité et la légèreté de leurs mouvements, l'immodestie de leur contenance et de leur allure, tout enfin me révèle en eux le païen, rien le chrétien. Je n'aperçois parmi eux que des apostats du sens du Christ, me donnant le pressentiment sinistre que bientôt ils le seront aussi de sa foi (1).

Que voulez-vous ! le sens païen a étouffé dans leurs âmes le sens chrétien ; le souffle pestilentiel du paganisme littéraire y a tué tout sentiment de piété, cette pudeur de l'âme, cette charmante floraison de la foi, qui est en même temps le parfum qui l'annonce et l'arome qui la conserve. L'arbre est dépouillé de ses feuilles, ses branches tombent en pourriture, sa racine est donc entamée; il ne tardera pas à s'écrouler.

Voyez en effet cette jeunesse sortant même des établissements d'éducation qui jouissent d'une réputation bien méritée, elle n'a de goût que pour les mauvaises lectures, pour les spectacles, pour le jeu, pour les amusements et pour les plaisirs ; mais les lectures sérieuses, les exercices du culte, les pratiques de la piété et tout ce qui fait l'édification et le bien de l'âme n'ont pas pour elle le moindre appât. Elle n'a de goût que pour tout ce qui est sensuel, temporel, humain ; ce qui est spirituel, intellectuel, divin, l'ennuie ou la fatigue : en un mot, semblable à ces estomacs malades qui n'appètent que ce qui tue et ne peuvent se faire aux aliments salutaires, elle n'a plus de goût que pour ce qui est païen et rejette avec dédain tout ce qui est chrétien (2). Ce scandale, à force d'être universel, a cessé de paraitre étrange à ceux mêmes qu'il afflige. Cet

---

(1) C'est ainsi que saint Grégoire de Nazianze pressentit que le jeune prince Julien deviendrait un apostat, et qu'au siècle dernier le P. Poré, maître de Voltaire, devina que ce jeune écervelé deviendrait un jour le porte-étendard de l'impiété.

(2) Et si on leur donne des livres de piété et des Vies des Saints pour prix de leur empressement à traduire Horace, ils n'en tiennent aucun compte et ne les lisent même pas.

éloignement de la part de cette jeunesse pour tout ce qui est sacré, moral et sérieux, est regardé comme une condition, une loi naturelle du jeune âge, et tout en s'écriant ; Hélas ! des parents chrétiens eux-mêmes laissent échapper de leurs lèvres ces stupides et infanticides paroles : « Il faut que jeunesse se passe ; il faut que jeunesse s'amuse ! »

L'un des plus fanatiques partisans du classicisme gentil vient de nous donner lui-même l'explication de ce lamentable phénomène, par cette profonde réflexion : « Il existe, dit-il, entre » le fond et la forme de la pensée, entre les lois » de l'intelligence et les lois du goût, une corres- » pondance intime et mystérieuse. » Cela signifie que tout auteur qu'on étudie longtemps et avec admiration finit par captiver les sympathies de son lecteur, et que par conséquent ce penchant de la jeunesse pour le paganisme moral, littéraire, artistique, n'est que le résultat logique de l'étude et de l'admiration de sa part pour les auteurs païens. Nous ne disons pas autre chose.

17. En détruisant l'esprit et le goût du christianisme dans les jeunes intelligences, la méthode païenne leur en rend impossibles aussi l'estime et l'amour.

Saint Jérôme déplore lui-même que, « dans » sa jeunesse, dominé par un fol enthousiasme » pour Cicéron, il oubliait, pour le lire, même » sa nourriture, et qu'après avoir veillé toute » une nuit, il prenait son repos en parcourant » Plaute. » Mais il nous a fait aussi ce remar- quable aveu, « que les lectures des livres païens » avaient tellement altéré son goût pour les » Livres sacrés, que lorsque, revenant à lui- » même, il se prenait à lire les Prophètes, il » trouvait leur style horriblement inculte, et, » semblable à un aveugle qui attribuerait à la » lumière du soleil son impuissance à rien voir, » il reprochait aux Livres divins de n'y voir rien » de sublime ; tandis que c'était là un symptôme » de l'aveuglement dont la littérature païenne » l'avait frappé. »

La même chose, ainsi qu'il nous le rapporte lui-même, était arrivée à saint Augustin : « Plus » tard, je me suis appliqué, dit-il, à l'étude » approfondie de l'Écriture sainte. Je me suis » trouvé pendant cette étude en présence d'un » livre qui ne peut pas être compris par les » esprits orgueilleux ni connu par les enfants, » d'un livre aussi modeste par la forme que » sublime par le fond, et dont un voile épais » couvre les mystères. Mais je n'étais pas dans » les dispositions que ce livre demande pour » en commencer même la lecture ; les études » païennes m'avaient rendu trop superbe pour » pouvoir courber mon front devant sa simpli- » cité, au point que je le regardais comme » indigne d'être comparé à la grandeur de l'élo- » quence de Cicéron. La présomption m'avait » trop enflé pour pouvoir passer à travers sa » petite porte, et ma vue était trop faible pour » pouvoir plonger mon regard dans ses profon- » deurs. C'était cette science qui ne s'obtient » qu'en se faisant petit, mais moi je dédaignais » de me faire petit, et je me croyais grand par

» la science, tandis que je ne l'étais que par » l'orgueil. »

Or, n'est-il pas évident que la jeunesse passant ses plus belles années à vivre dans la société des païens, à étudier leurs écrits, à se nourrir de leurs pensées et de leurs préjugés, à admirer leur génie, leurs vertus et leur héroïsme, ne pourra pas échapper aux mauvaises impressions que le génie d'un saint Jérôme et d'un saint Augustin n'a pu éviter, et qu'elle aussi ne puisera dans l'étude des auteurs païens que la mésesti- time, le dégoût et le mépris pour les livres sacrés et pour les auteurs chrétiens ? Il faut être bien osé pour en douter.

On ne se contente pas et on ne peut pas se contenter d'expliquer froidement aux jeunes gens les classiques païens, on s'épuise en efforts pour les leur présenter comme l'idéal du beau et les chefs-d'œuvre de l'esprit humain, c'est pour les professeurs un devoir de position « d'exalter » et de passionner leurs élèves pour le génie, le » caractère, les actions éclatantes des orateurs, » des poètes, des héros de la Grèce et de Rome. »

Or, l'effet le plus naturel et le plus logique d'une telle admiration de la jeunesse pour les idées et les personnages du paganisme, c'est de lui faire regarder avec un sentiment de pitié et même de mépris les idées et les hommes du christianisme ; et cela lors même que le profes- seur chrétien ne s'oublie pas, ce qui du reste arrive très souvent (1), au point de déprécier dans l'esprit de ses élèves la langue des Livres saints et des auteurs ecclésiastiques comme barbares, et de déclarer tout ce qui est sorti d'une plume chrétienne, production pitoyable et de mauvais goût au point de vue littéraire.

Les premières impressions dans l'âme de cire de l'enfant non-seulement sont les plus durables, mais encore elles demeurent uniques et exclu- sives dans leur genre. Cette estime pour les choses et pour les hommes du paganisme, dont, au moyen des plus grands efforts, on parvient à saturer les jeunes intelligences, finit par y

---

(1) « Comme contraste obligé, on ajoute les sarcasmes, » le mépris, la pitié pour les lettres, les arts, les insti- » tutions, les hommes et les choses du christianisme, » et surtout du moyen âge, qu'on appelle *l'époque de* » *barbarie ;* pour les plus beaux génies chrétiens, qui ne » sont que des *écrivains de la décadence*, et dont les » ouvrages, indignes de servir de modèles, doivent être » lus avec précaution si on ne veut pas se fausser le » goût. A peine si, dans cette proscription générale, on » fait grâce à deux ou trois Pères grecs en qui on croit » trouver une certaine ressemblance avec les inimita- » bles modèles d'Athènes et de Rome. Ce qui, sous ce » rapport, se faisait universellement en Europe il y a » moins de vingt-cinq ans, se fait encore généralement » de la même manière aujourd'hui, non-seulement dans » les établissements secondaires, mais dans les cours » supérieurs des facultés.
» En un mot, *depuis trois siècles on n'a rien négligé* » *pour nous faire à l'image des Grecs et des Romains ;* » *on s'est efforcé de persuader aux peuples chrétiens que* » *la perfection consistait à parler, à écrire, à peindre, à* » *sculpter, à bâtir, à philosopher comme les païens de* » *Rome et d'Athènes.* En conséquence, le christianisme, » dédaigné ou dénigré dans ses monuments artistiques, » littéraires, philosophiques, n'est plus entré dans » l'enseignement littéraire de la jeunesse que dans la » proportion d'un à dix, et même moins (GAUME). »

dominer seule et par devenir leur nature et leur être, de manière qu'il n'y reste pas la plus petite place pour l'estime des choses et des hommes chrétiens.

C'est parole d'Evangile, que les livres et les institutions païennes peuvent seuls offrir en tous les genres des chefs-d'œuvre, capables d'élever les peuples au plus haut degré de la grandeur et de la civilisation. C'est parole d'Evangile, que c'est exclusivement dans ces livres et dans ces institutions que se trouvent le vrai génie et le vrai savoir ; et que la plus grande gloire de nos hommes de goût et de nos hommes d'Etat, c'est de s'en approcher sans la moindre espérance de les égaler : ce qui est insinuer tout bonnement que le christianisme qui a civilisé le monde est insuffisant pour la perfection philosophique, littéraire, artistique et sociale de l'humanité, et que, sous ses différents rapports, il n'est que de la barbarie, uniquement propre à engendrer la barbarie. C'est enfin parole d'Evangile, que les païens seuls ont eu de l'esprit et ont atteint le sublime du beau dans la littérature, dans les arts et dans la politique ; et que la langue latine chrétienne, qu'on désigne par le sobriquet de langue du bréviaire, ou de la sacristie, est indigne de l'attention et de l'étude des hommes sérieux.

Or, n'est-il pas naturel que les jeunes gens étendent cette mésestime de la *langue* du bréviaire et de la sacristie, jusqu'aux *doctrines* du bréviaire et aux *fonctions* de la sacristie, c'est-à-dire à tout ce qui tient à l'Eglise, et qu'ils enveloppent tout cela dans le même mépris ?

Mais lors même qu'il n'est pas tourné en ridicule, tout auteur chrétien est, de par nos rhéteurs, frappé d'ostracisme ; on n'y préconise que les idées, les sentiments, les erreurs, les préjugés et même les crimes des Grecs et des Romains. Ce sont eux seulement qui ont possédé au plus haut degré le grand art de bien parler et de bien écrire ; les chrétiens n'y ont rien entendu. N'est-il donc pas naturel que les jeunes gens, auxquels on a fait accroire que les chrétiens n'ont jamais su ni bien parler ni bien écrire, en viennent à croire que les chrétiens n'ont pas su davantage bien penser, et que ces jeunes gens comprennent, dans le dédain qu'on leur a inspiré pour le style et pour les livres chrétiens, les divines doctrines qui s'y trouvent renfermées ?

Est-il donc étonnant (chose horrible à dire, mais malheureusement trop vraie) que la jeunesse étudiante commence au collège à avoir honte de Jésus-Christ, de la religion de la piété ; et qu'au collège même, se montrer exact et recueilli dans l'exercice des devoirs religieux, es un titre d'opprobre, un péché irrémissible, qu'on y punit par l'isolement et par le ridicule ?

« Tout ce qui n'est pas païen est barbare. L'Eglise est l'ennemie de la littérature, des sciences et des lumières ; et c'est à la restauration des études païennes que l'Europe chrétienne est redevable de la souveraineté du savoir, de sa civilisation et de ses progrès. » Dans les maisons d'éducation dirigées par le clergé, on combat, par les efforts inouïs d'un zèle industrieux, les conclusions que ces préjugés antichrétiens, dont

on remplit le cerveau de la jeunesse, doivent nécessairement y engendrer ; mais on les combat sans succès. On ne parvient qu'à en arrêter le développement pendant quelque temps ; on ne parvient que par force à les empêcher de se produire au grand jour ; mais l'explosion qu'elles font plus tard en est d'autant plus forte, qu'elle a été plus longtemps et plus sévèrement comprimée.

18. L'amour n'est que l'estime qui de l'esprit a fait irruption dans le cœur ; l'amour n'est que l'estime qui d'idée qu'elle était est devenue sentiment ; il n'y a donc pas d'amour sans estime ; on n'aime pas ce qu'on n'estime pas, et l'on finit toujours par haïr ce qu'on a appris à mépriser.

Il est donc impossible que les jeunes étudiants aiment la religion, qu'ils ont appris à mésestimer dans ses grands hommes, dans ses doctrines, dans ses tendances, dans ses institutions et dans ses œuvres. Ajoutez à cela que le christianisme ne s'offre à leur esprit que comme un Aristarque farouche, un censeur sévère, impitoyable, brutal, de tous les penchants de la nature dégénérée pour les honneurs, les richesses et les plaisirs, et pour ce bien-être temporel et mondain que l'esprit païen, gagné au contact des classiques du paganisme, s'est hâté de développer et d'affermir dans leur cœur ; et vous ne serez plus étonnés de cette aversion que la jeunesse emporte en sortant des maisons d'éducation pour tout ce qui est chrétien ; et que l'un des plus affreux mais des plus certains résultats de l'instruction classique est d'établir dans les jeunes âmes chrétiennes un germe de haine secrète pour le christianisme.

On s'étonne que même les jeunes gens qui ont fait leurs humanités dans des établissements chrétiens laissent en sortant toutes ces pratiques religieuses qu'ils avaient suivies pendant huit ans, et auxquelles on pensait les avoir habitués. Mais rien n'est plus étonnant que cet étonnement.

On s'habitue à faire ce qu'on fait de bon gré, avec raison, avec goût et avec plaisir, mais quant à ce qu'on fait par force et contre les convictions ou les préjugés de l'esprit et les tendances du cœur, on ne s'y habitue jamais. Dans ces maisons on tient à ce que les élèves ne manquent pas leurs prières le matin et le soir, qu'ils entendent la messe tous les jours, qu'ils écoutent un sermon toutes les semaines, qu'ils se présentent à la confession tous les mois, qu'ils suivent d'autres pieux exercices dans le courant de l'année. Mais toutes ces pratiques, qui leur sont imposées par le règlement, ne rencontrent pas la moindre sympathie dans leurs âmes, où l'instruction païenne de tous les instants en a déprécié d'avance toute l'importance et détruit tous les attraits. On ne les accomplit donc qu'à contre-cœur ; elles sont, disait saint Bernard, ce qu'est la chaîne pour le chien ; *Tanquam catuli ad catenam cogimur esse in divinis.* On les trouve toujours trop longues et toujours gênantes ; on ne s'y soumet que de la plus mauvaise grâce et presque en frémissant, et on ne s'y résigne que par la pensée que cela aura un terme après lequel on soupire avec ardeur. Est-il donc étrange de voir même dès les premiers jours de leur rentrée dans leur famille ces jeunes gens, ou faire divorce avec toutes espèces de pratiques religieuses pour le reste de leur vie, ou s'ils en conservent quelques-unes qui n'obligent à rien, s'en tenir pour la pratique des sacrements à la dernière communion qu'ils ont faite au collège?

C'est ainsi que tout ce que la jeunesse chrétienne a appris de bien pendant les huit ans de son éducation première au sein de la famille, lui est ravi pendant les huit ans de l'éducation secondaire qu'elle reçoit au collège. C'est là qu'au moyen de la méthode d'instruction littéraire qu'on lui impose, non seulement elle demeure dans l'ignorance la plus complète du christianisme, mais encore qu'elle finit par en perdre l'esprit, le sens, l'estime, le goût, l'amour et la pratique. Par l'action de cette méthode, qui, pour être lente et cachée, n'en est que plus puissante, on démolit pièce à pièce, dans le jeune homme, le chrétien, et l'on bâtit en lui le païen dans toute son affreuse intégrité. C'est une espèce de nouveau baptême qu'on lui administre, qui neutralise en lui le sacrement de Jésus-Christ, et qui l'initie à ce que Tertullien appelle le sacrement du diable, *Sacramenta diaboli.* Les habitudes des vertus théologales sont remplacées par d'impérieuses dispositions qu'il contracte pour les péchés capitaux, toutes les pensées du ciel sont remplacées par les pensées de la terre, tous les soins du bonheur de l'autre vie par la fureur de s'assurer le bien-être dans ce monde; et le chrétien, ou l'homme du siècle futur, *Christianus est homo futuri sœculi* (TERTULL.), par le gentil, vivant sans espérance et sans Dieu, dans le siècle présent; *Gentes promissionis spem non habentes et sine Deo in hoc mundo.* (SAINT PAUL.)

« Mes petits enfants, disait saint Paul aux premiers chrétiens, je vous engendre une seconde » fois, jusqu'à ce que Jésus-Christ soit formé en » vous; *Filioli quos iterum parturio, donec formetur in vobis Christus.* » Au contraire, le professeur de belles-lettres, qui ne façonne, ne pétrit ses élèves que dans les idées, les doctrines, les exemples du paganisme, ne peut leur dire que ceci: « Mes enfants, je vous engendre une seconde fois, jusqu'à ce que Satan soit formé en vous; » et tandis que l'action propre de l'enseignement chrétien est de faire des enfants les hosties agréables et les fils de Jésus-Christ, l'action propre de l'enseignement païen est d'en faire les malheureuses victimes et, d'après l'expression de l'Evangile, les fils de Satan, chargés de réaliser tous ses désirs; *Vos ex patre diabolo estis, desideria ejus vultis perficere* (JOANN.).

C'est l'infernal travail qui, sans que leurs chefs s'en aperçoivent, s'accomplit dans nos maisons d'éducation, sous le vain prétexte d'y enseigner la belle littérature. Oh! si les mères chrétiennes pouvaient seulement soupçonner une pareille trahison de notre part, la profanation et les holocaustes sacrilèges que nous faisons aux dieux infernaux des fruits de leurs entrailles et de leur foi! Oh! si elles pouvaient se douter que, plus barbares qu'Hérode, qui n'arracha les enfants de Bethléem au sein des mères juives que pour leur donner une mort qui leur ouvrait les portes du ciel, nous nous emparons du dépôt précieux de leurs fils, confié par elles à notre sollicitude, pour les livrer à Satan qui les plongera au fond de l'enfer! Rien ne pourrait contenir leur légitime fureur, rien ne pourrait nous sauver de leur haine vengeresse; avec la rage d'une lionne à qui on a enlevé ses petits, elles nous arracheraient, comme indignes de les porter, les insignes de notre professorat, et, passez-moi cette expression familière, nous ne l'aurions pas volé. Je ne fais que traduire ici la pensée du grand Possevin.

19. Encore si ces horribles ravages que la méthode païenne exerce dans les âmes régénérées par le sang du Christ s'arrêtaient à une seule classe de citoyens!

Mais, hélas! en France on compte quatre-vingt mille jeunes gens, sortant tous les ans des maisons d'éducation et rentrant dans la société pour s'en disputer, par tous les moyens, les places vides et même les places qui ne le sont pas encore. Or, quatre-vingt mille jeunes gens n'ayant que des notions vagues sur la religion; étrangers à l'esprit, au sens, à l'estime, à l'amour du christianisme; lors même qu'ils n'ont pas ouvert leur cœur au penchant infernal de le haïr et de le harceler; quatre-vingt mille jeunes gens dépourvus de toute idée saine, de tout sentiment vertueux, ne sachant rien et croyant tout savoir, remplaçant toute instruction solide par une immense présomption; quatre-vingt mille jeunes gens à l'esprit faussé, au cœur corrompu, aux habitudes viciées, ne respirant que l'ambition, en voulant à toute autorité, dominés par le désir de parvenir et par un entraînement fougueux vers la volupté; quatre-vingt mille païens en un mot, que les écoles vomissent tous les jours sur ce pays, sont-ils autre chose qu'un levain funeste, jeté et mêlé à la masse sociale pour la corrompre? Chrétiens, ils finiraient par christianiser même un peuple infidèle; païens dans tout leur être, peuvent-ils faire autre chose que paganiser même la nation la plus chrétienne? car ce sont eux qui forment les classes éclairées, et, comme on vient de nous le dire: « si les classes éclairées » ne sont pas la nation tout entière, elles la » caractérisent; leurs vices, leurs qualités, leurs » penchants bons et mauvais, sont bientôt ceux » de la nation tout entière, elles font le peuple » lui-même par la contagion de leurs idées et de « leurs sentiments. »

Voyez ce qu'est l'Europe moderne (1). On est

(1) « Eh! que fait donc l'Europe depuis trois siècles, » sinon de retourner au paganisme? Examinez-la dans » sa littérature, dans ses arts, dans sa philosophie; » pour qui est son culte et son admiration? N'a-t-elle » pas tour à tour remis en honneur tous les systèmes » philosophiques de l'antiquité, depuis le panthéisme de » Platon, jusqu'au matérialisme d'Epicure et au rationalisme de Sextus Empiricus? Dans l'ordre religieux, » qu'a-t-elle fait, que fait-elle encore? Elle a brisé en » mille pièces la magnifique unité de foi, qui, depuis Charlemagne, faisait de tous les grands peuples de l'Europe » une seule famille sous la houlette du vicaire de Jésus-» Christ; du nord au midi elle a *dépouillé l'Eglise,*

homme chrétien par la foi chrétienne, mais on n'est peuple chrétien que par les institutions chrétiennes. Or, je ne connais pas beaucoup de peuples dont les institutions soient le rayonnement de l'esprit du christianisme ; ceux mêmes qui les gouvernent par le génie, par la puissance ou par le droit, à de rares exceptions près, ne puisent-ils pas dans les exemples et les souvenirs de l'ancienne Grèce et de l'ancienne Rome la règle de leurs actions et la raison de leurs lois ? Machiavel, l'affreux restaurateur du paganisme politique, n'a-t-il pas remplacé presque partout l'Evangile ?

Toute la littérature moderne n'est-elle pas composée d'imitations, de traductions, de plagiats des auteurs païens ? Et ses productions originales elles-mêmes, sont-elles autre chose au fond que d'amples commentaires d'une pensée toute païenne ? Considérez l'esprit de l'immense majorité des livres et des feuilles publiques, ces dominateurs despotes et en même temps ces thermomètres fidèles de l'opinion régnante ; ce qui est saint y est entièrement oublié pour faire place à ce qui est profane ; ce qui est honnête y cède le pas à ce qui est utile ; l'intérêt de l'honneur y est immolé à l'intérêt de l'argent ; les principes de la justice à la raison d'Etat ; les lois de la religion aux exigences de la politique ; le christianisme au philosophisme ; les vérités de la foi aux rêves et au délire de la raison. Sauf les exceptions qui ne sont pas nombreuses, tous sont les prôneurs du bien-être matériel, les panégyristes des amusements, des spectacles et des plaisirs, et les glorificateurs de la chair. Mais tout cela est païen. Donc, lors même qu'ils ne combattent pas le christianisme, et lors même qu'ils lui font l'honneur de s'en occuper, comme d'une chose fort secondaire du reste, et dans une mesure presque dérisoire, ils n'en sont pas moins les faiseurs d'affaires du paganisme et les tristes échos de sociétés toutes païennes (1).

» enchaîné l'Eglise, souffleté l'Eglise ; ce qu'elle a fait,
» elle le fait encore : fille révoltée, ce dont elle a le plus
» grand besoin, et ce dont elle ne veut à aucun prix,
» c'est la liberté de sa mère.
» Dans l'ordre politique, sa vie est la révolution en
» permanence : deux têtes de rois tombant sous la
» hache des bourreaux ; cinquante trônes, en moins de
» cinquante ans, renversés et roulant dans la boue des
» carrefours ; la guerre civile ou étrangère perpétuelle-
» ment à l'ordre du jour ; tous les crimes contre l'Eglise,
» contre le pouvoir temporel, contre la famille, contre
» la propriété, ayant leurs héros et leurs apologistes ;
» trois mille suicides par an.
» Et l'absence de remords...
» Voilà ce qu'est devenue, en passant par les fêtes
» sacrilèges du paganisme, par les horreurs du protes-
» tantisme, par les orgies de la Régence, par le déver-
» gondage de l'impiété voltairienne, par les saturnales
» de 1793, par le culte solennel de la prostitution, l'Europe
» formée par la Renaissance.
» Voilà ce qui est sorti de l'œuf païen déposé au sein
» des nations chrétiennes.
» Voilà ce que n'ont pu empêcher, malgré tous leurs
» efforts, les congrégations religieuses chargées, depuis
» trois siècles, de l'enseignement public ; voilà ce que
» j'ai dit, et ce que je maintiens.
» Pour le nier, faut-il donc s'arracher les yeux et
» mentir à l'histoire (GAUME) ? »
(1) Tous les intérêts les plus chétifs ont de nombreux organes dans la presse périodique et font tous de bonnes affaires. La religion, le premier et le plus grand

Bien des personnes se font illusion et s'aveuglent sur la réalité du mal, afin de ne pas être obligés d'y apporter remède aux dépens de leur paresse et de leur béatitude. Le mal n'en est pas moins réel ; le christianisme disparait à vue d'œil, non seulement dans les pays de la Réforme, où le libre examen, cet enfant monstrueux du paganisme philosophique, l'a démoli dans ses fondements, mais dans les contrées catholiques aussi, malgré les efforts du zèle et du sublime dévouement des ministres et des vrais enfants de l'Eglise.

Il y a de vrais chrétiens çà et là ; mais des nations vraiment chrétiennes, je n'en connais pas.

En Angleterre, tandis que le catholicisme fait toujours de nobles conquêtes sur l'hérésie parmi les classes élevées, le peuple s'enfonce toujours davantage dans la fange du sensualisme le plus abject et le plus complet.

En France même, pour quelques hommes de plus qu'on y voit dans les églises de Paris, la province s'éloigne toujours davantage de toute croyance et de toute pratique religieuse, et on se plaint partout qu'aujourd'hui même, dans les campagnes, la foi y est plus rare qu'en 93.

Je ne dirai rien de l'horrible augmentation des crimes que nous révèlent les statistiques officielles ; je ne dirai rien de la violation systématique des plus saintes lois de la nature, par la profanation du mariage et par la facilité avec laquelle, même le sexe, même l'enfance se portent au suicide ; je ne dirai rien de ce mépris du dimanche, véritable abjuration solennelle de la foi chrétienne, et dont on désespère de faire cesser le scandale par la raison qu'*il est déjà passé*, dit-on, *dans les mœurs publiques*.

La nation *très fidèle*, la nation *catholique*, la nation *apostolique* sont presque aussi profondément entamées sous le rapport de la religion que la nation *très chrétienne* ; en Belgique, en Bavière et même en Italie, l'incrédulité fait toujours d'affreux progrès, même dans le peuple. Y a-t-il un seul pays où d'effrayants symptômes ne viennent annoncer à chaque instant aux hommes d'ordre et de foi la perte de la religion, l'affaiblissement du sens moral, l'absence de tout remords, le mépris de toute autorité, la tyrannie des sociétés secrètes, le règne brutal du sensualisme, en un mot tous les scandales du monde païen ?

Enfin, c'est un fait qu'on déplore d'un côté et auquel on applaudit de l'autre, et que tout le monde s'accorde à reconnaître, qu'émancipée de la tutelle du catholicisme et sortie de l'ordre divin, l'Europe a substitué partout la souverai-

de tous les intérêts, n'en a qu'un nombre presque imperceptible et qui a bien de la peine à vivre. Dans la catholique Autriche, sur cent trente-cinq journaux, il n'y en a qu'un seul consacré aux intérêts du christianisme, et il laisse beaucoup à désirer sous le rapport de l'orthodoxie. On dit qu'il faut s'en prendre aux défauts des journaux religieux. Mais est-ce que les journaux politiques, littéraires, artistiques, commerciaux, etc., sont irréprochables ? La vérité est que décidément l'opinion publique, ainsi que l'intérêt public, ont cessé d'être chrétiens en Europe, et que le christianisme n'y occupe point le premier rang qui lui convient et qu'il y occupait avant la Renaissance.

neté de l'homme à la souveraineté de Dieu, abandonné le christianisme pratique, changé la foi en indifférence, le dévouement en égoïsme, les préoccupations du salut éternel en empressement fiévreux pour une félicité temporelle ; en d'autres termes, que l'Europe est païenne et qu'elle veut l'être (1).

Or, quelle est la cause de cette immense apostasie sociale du christianisme, dans cette belle partie du monde qui, pendant quinze siècles, lui a été si dévouée? C'est cette même cause qui, comme on vient de le voir, fait apostasier les individus. Depuis trois siècles, les classes éclairées, qui, *sans être la nation, la caractérisent et font le peuple à leur image par la contagion de leurs idées, de leurs sentiments et de leur exemple,* élevées partout dans le classicisme païen, et pétries elles-mêmes de l'esprit du paganisme, l'ont répandu autour d'elles avec tout l'affreux cortège de ses instincts et de ses vices, y ont démoli peu à peu l'esprit chrétien et l'ont rendue complètement païenne par les croyances, par les affections, par les goûts, par les habitudes, par les œuvres et par tout ce qui fait le caractère propre et l'être moral des nations.

Or, la même cause produit toujours les mêmes effets ; il est donc évident que si l'on continue à s'endormir, à s'aveugler sur les horribles ravages du paganisme dans l'éducation, dans un avenir rapproché, l'apostasie de l'Europe sera complète, et elle ne pourra, que par les ruines des églises démolies, attester à la postérité que jadis elle avait été si chrétienne.

20. Le divin Sauveur avait prédit aux Juifs qu'en punition de leur obstination à rejeter le Messie, le règne de Dieu, la vraie religion leur serait arrachée pour être donnée à d'autres peuples, qui la feraient fructifier: *Auferetur a vobis regnum Dei et dabitur genti facienti fructus ejus* (MATTH). Rien ne nous assure que ce redoutable châtiment qui a frappé l'Orient ne puisse se renouveler en Occident. Ce qui est certain, c'est que si tel est le châtiment que la justice de Dieu réserve à l'Europe, ce ne sera que son obstination à cultiver, à admirer et à traduire par les œuvres le paganisme littéraire, qui le lui aura mérité ; ce qui est certain, c'est que si le christianisme doit quitter l'Europe, il n'en sortira que par cette porte, et qu'envahi par des hordes de nouveaux barbares, notre Occident ne retombera dans son ancienne barbarie qu'en faisant des comédies et des romans et en lisant Cicéron et Virgile.

Éloignez, Sire, car vous en avez le pouvoir aussi bien que le devoir, éloignez de votre chère France, et par la France de l'Europe entière, cet immense malheur. Il ne s'agit pas de vous faire Pouvoir enseignant; mais bien de laisser la jeu-

nesse libre d'aller se former à l'école de Jésus-Christ et de ses envoyés, que le divin Père a chargés d'enseigner le monde: *Ipsum audite.* Il ne s'agit pas de faire une loi de monopole, mais une loi de liberté; il ne s'agit pas d'imposer, vous, la méthode chrétienne, mais de laisser chacun libre de la suivre. Sire, laissez parler ma conscience et j'ose dire mon cœur et mon zèle, pour votre salut et pour le bonheur de la grande nation que vous gouvernez, et qui ne peut faire un faux pas sans que le monde trébuche. Le nombre des chefs de maison d'éducation, reconnaissant la nécessité de la réforme dont je viens de plaider la cause, est plus grand qu'on ne pense ; mais, sommés de mettre la main à l'œuvre, ils s'en excusent en alléguant d'impitoyables règlements qui font à la jeunesse une condition *sine qua non* d'avoir fait ses études avec les auteurs païens pour obtenir les grades académiques (1).

Sire, je ne vous serais pas sincèrement dévoué si je laissais planer sur votre gouvernement l'odieuse responsabilité d'empêcher cette réforme de l'enseignement que tous les intérêts réclament. Hâtez-vous donc, il en est temps, d'en écarter toutes les entraves (2) et elle se fera sans bruit, sans secousse, sans violence. Dans cette terre classique de France, le bien comme le mal se propage avec une étonnante rapidité.

On ne peut rien, j'en conviens, pour la génération déjà formée, elle est inguérissable: mais, pour la génération à venir, il est possible de l'empêcher de contracter le cancer du paganisme, qui finirait par la tuer. Ce ne sera pas une petite gloire pour vous que de laisser au moins à la

---

(1) « Le monde comtemporain a si complètement perdu » de vue l'idéal catholique, il y a une antithèse si pro- » fonde entre l'imitation de Jésus crucifié, que l'Eglise » lui propose, et l'idéal *tout païen* de plaisir, de richesse, » de bien-être, qui est l'unique objet de ses poursuites, » que jamais peut-être il n'a existé pareil contraste » entre l'enseignement religieux et la vie pratique d'une » même société (GUÉROULT, dans la *Revue de Paris,* 15 no- » vembre 1857). »

(1) Cependant ils font ce qu'ils peuvent. LA BIBLIOTHÈQUE ou *Choix des livres saints et des auteurs chrétiens pour l'usage de la jeunesse étudiante,* que Mgr Gaume publie dans ce moment, est très bien accueillie dans un bon nombre de Séminaires et dans plusieurs maisons d'éducation dirigées par des laïques. Voyez dans les lettres à Mgr d'Orléans plusieurs missives des professeurs des Séminaires adressées à Mgr Gaume, dans lesquelles on gémit sur le triste sort du prêtre condamné à expliquer les auteurs profanes aux enfants chrétiens, et l'on fait des vœux pour que ce scandale finisse.

En Espagne, un vénérable confesseur de la foi, l'illustre évêque d'Urgel, est entré de plain-pied dans la réforme pour laquelle nous combattons, et dans ce moment, il travaille à y ramener tout l'épiscopat espagnol, qui répond à sa voix. En Italie, cette réforme gagne chaque jour du terrain ; dans le seul royaume de Naples, elle se trouve déjà introduite dans douze grands diocèses par le zèle et par les savants travaux de l'évêque d'Aquila, que le souverain Pontife Pie IX encourage par ses exhortations, par ses bénédictions et par le titre qu'il lui a donné d'*apôtre de la réforme de l'enseignement* dans le royaume des Deux-Siciles.

(2) Dans l'intention bien connue de christianiser l'enseignement, on a indiqué dans le nouveau règlement pour les études quelques-uns des Pères de l'Eglise qu'on devrait expliquer à la jeunesse dans les collèges universitaires. Mais puisque aux examens, pour le baccalauréat, les jeunes gens ne sont interrogés que sur les auteurs païens et qu'on n'y exige qu'ils rendent compte que de ces auteurs, c'est uniquement ces auteurs qu'on leur fait expliquer pendant leur instruction littéraire, et les livres ecclésiastiques sont mis de côté. C'est ainsi que la sage mesure que nous venons de signaler demeure une lettre morte, que l'Eglise n'y a que de douloureux mécomptes, et que les familles sont bien tristement déçues, ne trouvant au fond, pour leurs enfants, qu'un enseignement tout profane, là où elles auraient le droit d'exiger un enseignement chrétien.

société l'espérance d'un meilleur avenir que, dans les conditions actuelles, il lui est interdit de concevoir.

Les oripeaux du paganisme s'y consumeront en peu de temps, et l'esprit chrétien, revenant éclairer les consciences, régénérer les esprits et les cœurs, ramènera la renaissance véritable et définitive du catholicisme, et viendra encore une fois sauver, vivifier et rajeunir la société européenne, si proche, à l'heure qu'il est, de la décrépitude de la mort.

C'est par l'enseignement classique des trois derniers siècles que le paganisme a pénétré goutte à goutte dans le corps social, et que l'infiltration de ce poison a gangrené l'Europe. Le remède contre un si grand mal est donc tout prêt, il consiste à verser incessamment, par l'enseignement, dans les veines de la jeunesse, le sang chrétien, à ne la rassasier et à ne la désaltérer que de doctrines, de souvenirs, d'exemples, empruntés aux siècles de la foi et aux ouvrages des grands hommes du christianisme.

Une fois accomplie en France, cette réforme, de laquelle dépend le salut du monde, fera le tour de l'Europe, et par conséquent, Sire, ce sera à vous aussi que l'Europe la devra. Elle vous a salué déjà comme le restaurateur et l'appui de l'ordre social; faites de manière qu'elle puisse vous saluer aussi comme le restaurateur du christianisme par l'éducation, et qu'après avoir mérité de la reconnaissance des peuples les bénédictions du temps, vous puissiez obtenir de la bonté de Dieu les récompenses de l'éternité. Ainsi soit-il.

APPENDICE AU DISCOURS QUI PRÉCÈDE

RÉPONSE A QUELQUES OBJECTIONS
CONTRE LA THÈSE ÉTABLIE DANS LE MÊME DISCOURS

§ 1. *Réponse à l'objection tirée d'un prétendu édit de Julien l'Apostat.*

L'un des caractères propres à la vérité, qui, en l'indiquant, la prouve et la confirme, c'est de ne pouvoir être combattue que par le mensonge. Cela nous explique pourquoi, parmi les objections que l'on fait contre la méthode que nous défendons, il ne s'en trouve pas une seule qui ne soit, ou une erreur historique, ou un sophisme, ou une calomnie.

Nous ne disons pas que tous nos adversaires sont des menteurs à bon escient, ou, ce qui revient au même, des critiques de mauvaise foi; nous savons que l'ignorance, la légèreté, l'empire de la coutume et la force des préjugés, sont pour beaucoup dans la guerre acharnée qu'ils font au projet d'instruire la jeunesse dans la littérature au moyen des classiques chrétiens. Mais il n'en est pas moins vrai que, contre leur intention peut-être, au fond ils mentent tous et toujours; car tout ce qu'ils nous opposent n'a que le faux pour base.

Voyez, en effet, parmi les gentillesses avec lesquelles ils nous traitent, dans l'épanchement de leur charité évangélique, il y a celle-ci: que pour eux nous ne sommes rien moins que de nouveaux Juliens Apostats voulant renouveler l'un des traits de la persécution de ce César contre l'Eglise. Car c'est Julien l'Apostat, nous disent-ils, qui, dans sa rage infernale contre le christianisme, a imaginé le premier de défendre à la jeunesse chrétienne l'étude des classiques païens, et cela dans la pensée de lui interdire la source du goût et du beau littéraire, et d'en faire des ignorants et des barbares; ce qui leur aurait fermé la porte de toutes les carrières honorables, et aurait attiré sur eux le mépris public.

Or cette objection n'a qu'un petit inconvénient, c'est que le trait d'histoire sur lequel on l'établit est complètement faux, et il est bien étonnant de voir des hommes sérieux l'affirmer avec la plus grande assurance.

Julien l'Apostat, tout en ayant une âme noire, n'en avait pas moins beaucoup de finesse et d'esprit. Il savait donc très bien que son projet impie de restaurer le culte des divinités du paganisme n'aurait qu'une chance de plus de réussir en obligeant la jeunesse chrétienne à connaître les chefs-d'œuvre de la littérature païenne et à se pénétrer de leur esprit. Aussi la vérité est que, par son fameux édit, Julien n'a pas défendu, il s'en faut, aux jeunes chrétiens d'apprendre la littérature païenne; il a seulement défendu aux *maîtres chrétiens* de l'enseigner, ce qui est bien différent. Et, comme l'a dit saint Jérôme, il n'a défendu aux chrétiens que le *professorat*, et non pas l'apprentissage des arts libéraux; *Ne christiani liberalium artium* MAGISTRI *essent* (apud Baronium, *ad Ann 362*). Nous renvoyons nos critiques aux *Annales* du savant cardinal Baronius. Ils y trouveront notre thèse victorieusement démontrée. Nous nous contentons d'en rapporter ici ce remarquable passage: *Hactenus Juliani imperatoris; quo etsi christianos omnes a docendo revocat, non tamen adolescentes prohibet a discendo. Hæcque omnia eo consilio, quod christiani docentes, ex gentilibus auctoribus deorum inanem prorsus esse cultum, argumentis pluribus demonstrabant; adeo ut eos sic interpretari nihil aliud esset, quam adolescentes vera religione imbuere, et a gentilitia superstitione penitus dimovere: quos sic simul imbutos perfacile erat ad christianam fidem amplexandam adducere: quibus si iidem illi carerent magistris, et gentiles auctores a gentilibus doctoribus magno deorum præconio explicatos acciperent; fieret, ut eorum cultui addicerentur, retinerent firmiter quod pueri didisissent* (Baron. *Ann* 362. *n.* 319). Rien n'est plus vrai.

Dans la triste nécessité où ils étaient d'expliquer, dans leurs cours public d'humanités, Cicéron

Horace et Virgile, les professeurs chrétiens de littérature de ce temps-là, comme l'on peut s'en convaincre par les écrits de Clément d'Alexandrie et de Lactance, saisissaient avec empressement toutes les occasions d'exalter le mérite philosophique et littéraire des Livres saints, au préjudice du mérite philosophique et littéraire des livres profanes, de flétrir les saletés et les absurdités de la superstition des gentils, et d'expliquer les grandeurs et les beautés du dogme chrétien; en sorte que les cours faits par ces professeurs étaient moins des cours philosophiques et littéraires que des cours théologiques et moraux, d'éloquentes apologies du christianisme (THOMASSIN, *Méthode d'enseigner les poètes; préface*). C'est cette propagande chrétienne, si puissante pour éloigner les enfants des païens du culte des idoles, et pour confirmer encore davantage les enfants chrétiens dans la foi du Christ, que Julien voulut arrêter par son édit. C'est à cet exemple, et avec les mêmes intentions, que, dans ces derniers temps, plusieurs gouvernements protestants et schismatiques ont refusé aux professeurs catholiques le droit d'enseigner, et que certains autres gouvernements, tout en se disant catholiques, ont refusé le même droit aux congrégations religieuses. Voilà les véritables Juliens modernes qui devraient à plus juste raison allumer la sainte colère de nos adversaires, si elle était sincère.

D'après saint Grégoire de Nazianze, c'est dans la crainte de rencontrer, parmi les professeurs chrétiens, des censeurs publics de son impiété et de son apostasie que Julien plaça par son édit ces professeurs dans l'alternative, ou d'abjurer à son exemple le christianisme, ou de se retirer de l'enseignement; *Impietatis confutationem Julianus extimescens (Orat. 2, in Julianum)*.

Quant aux enfants chrétiens, non seulement Julien ne leur interdit pas d'apprendre la littérature païenne, mais comme il est prouvé par ses propres paroles, il leur laisse, au contraire, liberté pleine et entière de fréquenter l'école des gentils: *Adolescentes (christiani) quo ire volunt, minime prohibentur* (JULIAN. *Epist.* 42).

Ce même fait est confirmé par la plainte que saint Ambroise adressa à l'empereur Valentinien contre les sénateurs qui venaient d'exhumer à Rome *la loi de Julien, portant défense aux chrétiens de professer en public la littérature ; Qui loquendi et docendi nostris (christianis) communem usum, Juliani lege denegarunt. (Epist. xxx ad Valent.)*

Mais quel besoin avons-nous de chercher ailleurs des arguments en faveur de notre thèse, puisque nous avons la loi elle-même de Julien, dans Ammien Marcellin ? Tout gentil qu'il était, cet historien n'a pu s'empêcher d'appeler brutale cette loi ; car voici ses paroles : « Ce fut un acte vraiment tyrannique de la part de Julien d'avoir interdit aux maîtres chrétiens d'enseigner la rhétorique et même la grammaire, à moins qu'ils ne fussent revenus au culte des idoles ; » *Illud inclemens, quod docere vetuit magistros grammaticos, rhetoricos christianos, nisi transissent ad numinum cultum (Histor., lib. 22, cap. 10).*

Il va sans dire que pas un, parmi ces professeurs, très nombreux à Athènes et à Rome, ne voulut à une pareille condition conserver sa position, mais que tous, sans exception, préférèrent le dénûment où les jetait leur fidélité à la foi, aux honneurs et aux avantages que leur promettait l'apostasie.

L'histoire nous a conservé le bel exemple de dignité et de dévouement que donnèrent à cette occasion le sophiste Proëresius et le grammairien Victorin en particulier. C'étaient les professeurs d'humanités les plus célèbres de leur siècle, celui-là à Athènes, celui-ci à Rome. Désolés de perdre ces deux grands maîtres de leurs enfants et ces deux gloires de leurs pays, les pères de famille de ces villes adressèrent une supplique à l'empereur, en le priant de vouloir faire au moins en leur faveur une exception à la loi qui condamnait à l'ostracisme de l'enseignement les professeurs chrétiens. Ne voulant pas compromettre ce qui lui restait de popularité, Julien fit justice à cette demande. Mais les généreux confesseurs ne voulurent point profiter de cette faveur du tyran ; ils quittèrent donc l'enseignement et partagèrent le sort de leurs confrères proscrits : ce qui leur valut l'insigne honneur d'avoir eu, l'un saint Jérôme, et l'autre, saint Augustin, pour panégyristes. Il faut lire dans le grand évêque d'Hippône, qui en fut témoin oculaire, la brillante et magnifique ovation que les chrétiens de Rome firent à Victorin pour le récompenser de la générosité de sa confession. L'ayant fait asseoir sur un riche siège qu'ils élevèrent sur leurs épaules, ils le promenèrent en triomphe par la ville et le transportèrent dans l'église. Voilà la vérité *vraie* sur l'édit de Julien, et voilà comment nos adversaires, qui ne peuvent pas être soupçonnés de l'ignorer, arrangent l'histoire pour se donner l'innocente satisfaction de flétrir, par le mensonge et par l'absurde, des hommes qu'ils désespèrent d'atteindre par le raisonnement et par la vérité.

§ 2. *On réfute cette affirmation: que la méthode païenne ait été suivie par les premiers chrétiens, et approuvée par les Pères de l'Eglise.*

Nos critiques ne sont pas plus dans la vérité historique en nous opposant encore *que les premiers chrétiens faisaient étudier à leurs enfants les classiques païens. Ce qui ne les a pas empêchés, disent-ils, d'en faire des Saints, des Martyrs, et même des Docteurs de l'Eglise, et que parmi ces docteurs, saint Basile et saint Jérôme en particulier ont beaucoup recommandé l'étude des livres des gentils comme très avantageuse aux progrès et à la défense du christianisme.* Ces affirmations ne sont rien moins qu'exactes, et nos antagonistes font preuve de beaucoup de légèreté dans l'appréciation de ces faits historiques, en se hâtant d'en conclure que nous sommes par trop exigeants, par trop scrupuleux, et même déraisonnables, de blâmer, comme funeste à la foi et aux mœurs des enfants chrétiens, l'usage *de les faire appliquer, de bonne heure,* à l'étude des classiques païens, que les plus grands hommes de l'âge d'or de l'Eglise ont jugé et ont pratiqué eux-mêmes comme fort innocent et fort utile.

C'est un fait que pendant les premiers siècles de l'Eglise — les maîtres chrétiens de littérature expliquaient à la jeunesse les classiques païens, et que les parents chrétiens eux-mêmes envoyaient leurs enfants dans ces écoles, sans crainte de compromettre la pureté et la solidité de leur croyance, mais ce n'était que par des circonstances tout exceptionnelles, toutes propres à ce temps-là, et sur lesquelles nos adversaires se donnent le tort de fermer les yeux, qu'un tel fait était alors une nécessité à laquelle on pouvait céder sans danger.

On n'avait pas encore de ces chefs-d'œuvre de la littérature chrétienne dont plus tard les grands hommes du christianisme ont enrichi l'Eglise, et que, dans la suite, on a pu étudier pour y apprendre encore mieux que dans les auteurs païens le grec et le latin.

On ne pouvait donc apprendre que dans les écrivains païens ces deux langues, qui étaient au fond les langues du pays ; et il fallait bien, pour les parler et les écrire convenablement, les étudier dans

Homère et Démosthène en Grèce, et dans Virgile et Cicéron à Rome. C'est à cette nécessité qu'a fait allusion saint Jérôme. Mais aujourd'hui que nous sommes en possession de tant de trésors, non seulement théologiques, mais littéraires, que nous a légués le génie des Pères et des écrivains ecclésiastiques, nous n'avons plus besoin, ainsi qu'il est prouvé dans le Discours qui suit, de mettre entre les mains des enfants les auteurs païens pour les initier au grec et au latin, qu'ils peuvent sans aucun doute apprendre avec plus de facilité, d'agrément et de profit dans saint Basile, dans saint Chrysostome, dans saint Grégoire de Nazianze, dans saint Jérôme, dans saint Léon, dans Tertullien, dans saint Grégoire le Grand et dans saint Bernard.

En second lieu, à l'époque dont il est question, le grec et le latin n'étaient pas des langues mortes, mais des langues vivantes. On n'en apprenait pas les premiers éléments péniblement par règles dans les écoles, mais par routine dans la famille et dans la société. On n'allait chercher dans les cours d'humanités qu'une connaissance plus approfondie et plus complète de la grammaire et de la rhétorique; *ces cours n'étaient fréquentés que par les jeunes gens ayant atteint l'âge du développement;* témoin saint Basile et saint Jérôme, qui n'ont commencé qu'à l'âge de dix-huit ans l'étude de la grammaire : l'un, sous Libanius, à Athènes, l'autre, sous Donat, à Rome. C'est-à-dire que la jeunesse, ainsi qu'on vient de le voir dans le discours qui précède, n'abordait alors les auteurs païens dans les écoles, qu'après avoir appris la vraie science, le christianisme, au moyen de l'instruction la plus soignée et la plus solide au sein de la famille, et après que la foi, ayant jeté de profondes racines dans leur esprit et dans leur cœur, y était en parfaite sécurité contre les dangereuses impressions du paganisme littéraire, et avec elle les mœurs dont elle est la garantie la plus puissante et la plus efficace; *cum mores in tuto essent,* et par conséquent que l'étude des auteurs païens était alors sans danger.

Dans sa précieuse lettre à Léta sur l'éducation de sa fille *(Ad Lætam, De educatione filiæ)*, saint Jérôme nous a conservé, dans ses plus minutieux détails, le plan d'instruction que les chrétiens du quatrième siècle entendaient donner à plus forte raison à leur fils, dès leur plus tendre enfance. Après qu'on leur avait appris à lire, à l'aide de lettres de bois *(buxeis litteris)*, le premier livre qu'on leur mettait aux mains et qu'on les obligeait d'apprendre par cœur et de chanter, c'était le livre des Psaumes, afin de les empêcher de chanter des chansons profanes. C'était ensuite la partie historique de la Bible dont on s'empressait de leur donner le sens mystérieux et prophétique en même temps que le sens littéral. Car on savait bien que, comme l'a dit saint Augustin, le sens littéral des récits de la Bible, séparé de leur sens allégorique, est souvent fort peu ou point du tout édifiant : *Si littæræ inhæremus, parvam aut nullam de divinis lectionibus ædificationem capiemus.*

Puis, on leur faisait parcourir les livres Sapientiaux, cette belle et magnifique préface de la morale de l'Evangile, et enfin c'étaient les livres des Prophètes, ces sublimes poèmes dans tous les genres de poésie du dogme et de la morale chrétienne.

Pour ce qui regarde l'Evangile lui-même et les lettres des Apôtres, les enfants les apprenaient aussi par cœur et en puisaient la pleine intelligence dans les interprétations et dans les commentaires des anciens Pères, et de saint Hilaire de Poitiers en particulier, dont les écrits étaient réputés les plus solides et les plus orthodoxes: *Hilari libros inoffenso curras pede* (HIERONYM. *ibid.*)

Pour lecture d'agrément, on leur faisait parcourir les Actes des martyrs, et plus tard les Vies des Saints écrites par des Saints. Car c'est principalement pour l'instruction et l'édification de la jeunesse chrétienne que saint Athanase, saint Ambroise et saint Jérôme lui-même, nous ont laissé les beaux panégyriques de tant de Saints.

Voilà comment les anciens chrétiens instruisaient et élevaient leurs enfants; et l'on ne trouve nulle part la moindre trace du fait que nos adversaires nous opposent avec tant d'assurance : c'est-à-dire que la méthode païenne qu'on suit de nos jours ait été suivie par nos pères dans la foi, dans l'éducation de la jeunesse.

Il est vrai que saint Basile et saint Jérôme en particulier ont recommandé la lecture des livres païens comme pouvant être avantageuse même au point de vue de la religion. Mais ce n'est pas là le point de la question qui se discute dans ce moment.

Il est hors de doute qu'on rencontre à chaque page, dans les auteurs païens, des débris des vérités traditionnelles, quoique déguisées par des fables absurdes et noyées au milieu de grandes erreurs; et que par conséquent, à ce titre, les auteurs païens eux-mêmes sont des témoins de la révélation primitive, ainsi que de la perpétuité et de l'universalité de la tradition.

Les anciens apologistes, Tertullien, Arnobe, Clément d'Alexandrie et Lactance, en particulier, ont tiré le plus grand parti des écrivains du paganisme pour combattre les païens eux-mêmes et faire triompher l'unité et la divinité de la vraie religion.

Il est encore évident que les affreux tableaux que les écrivains des gentils nous offrent de la profonde corruption, des horreurs de l'anarchie et du despotisme et de la profonde dégradation des sociétés païennes, peuvent servir de preuves de ce que le monde doit à la morale et à la politique de l'Evangile pour l'ennoblissement de l'homme et le bonheur de la société.

D'après Origène, saint Jérôme et saint Augustin, même les beautés littéraires qu'on rencontre dans les auteurs païens ne sont que le reflet des vérités traditionnelles qui n'ont jamais cessé de rayonner dans l'humanité. Ces beautés nous appartiennent en propre, à nous chrétiens, en tant qu'elles ne sont que la *splendeur* du *vrai* antique, que nous seuls professons dans toute son intégrité, dans toute sa pureté et dans toute sa perfection. Nous pouvons donc les revendiquer comme notre bien; les retirer des mains de ces auteurs comme des mains de possesseurs injustes qui les avaient prostituées à la déification du vice et de l'erreur, et nous en servir pour développer et glorifier les grandeurs de la vertu et de la vérité, comme les Hébreux s'emparèrent de l'argenterie des Egyptiens et l'employèrent à l'ornement du tabernacle.

Il est donc incontestable qu'on peut tirer plusieurs avantages de la lecture des grands écrivains du paganisme. Cela ne fait ni n'a jamais fait question.

Mais de ce que les hommes faits, les hommes sérieux, les docteurs, les théologiens, les philosophes, les publicistes, peuvent lire les auteurs païens avec profit, s'ensuit-il que, comme nos adversaires le prétendent, ces mêmes auteurs puissent être mis sans danger dans les mains de la jeunesse et former la base de son instruction ?

C'est, comme on le voit, de la part de nos critiques, confondre la question, et fausser le jugement de leurs lecteurs. C'est abuser évidemment de l'érudition, c'est faire dire aux Pères de l'Eglise ce qu'ils n'ont jamais dit, et même le contraire de ce qu'ils ont dit. Car, tout en affirmant que la lecture des livres païens peut être utile pour les hommes, ils ont à l'unanimité et toujours proclamé cette lecture comme dangereuse et funeste pour les enfants.

Nous ne voulons pas attribuer ce procédé de nos adversaires à la mauvaise foi ; nous aimons à croire que ce n'est de leur part que de l'ignorance touchant l'esprit des Pères qu'ils nous opposent, et une légèreté bien singulière, dans la question la plus importante et la plus sérieuse de nos jours. Mais, dans tous les cas, leur objection, bâtie sur de prétendus témoignages des Pères de l'Eglise, n'en est pas une, et il ne vaut pas la peine de s'en occuper.

§ 3. On défend le clergé et les corporations religieuses d'avoir, après la Renaissance, adopté la méthode païenne dans l'instruction de la jeunesse.

Nous devons maintenant défendre le clergé et les corporations religieuses du reproche qu'on leur a fait, d'avoir adopté la méthode païenne dans l'éducation de la jeunesse et d'y avoir tenu pendant si longtemps. La tâche n'est pas difficile.

D'abord, au seizième siècle, le clergé et les corporations enseignantes ne pouvaient faire autrement. Un préjugé, plus fort que toutes les lois, avait établi que désormais, les savants de tous les rangs, les administrateurs de la chose publique, ne devaient faire des livres, ne devaient tracer des actes, ne devaient correspondre entre eux, qu'au moyen du latin classique ; et que, par conséquent, on ne pouvait pas l'apprendre assez tôt à la jeunesse à l'aide des auteurs païens. De là cette volonté inébranlable de la part des pères de famille qu'on ne mît que ces auteurs entre les mains de leurs enfants : volonté devant laquelle dut fléchir le zèle d'un saint Charles Borromée. Par des décrets synodaux, il avait, comme on l'a vu plus haut, défendu, de la manière la plus formelle et la plus absolue, qu'on fît usage des livres païens dans ses Séminaires. Eh bien, à peine eut-on vent de cette décision, que les parents, ne voulant pas entendre raison, se présentèrent en foule pour retirer leurs fils des maisons ecclésiastiques, *ne pouvant pas*, disaient-ils, *se résigner à ce qu'on les y élevât dans une littérature barbare*. Craignant donc de voir compromise la grande œuvre des Séminaires que saint Gaëtan de Tiene avait inaugurée, que lui, le grand archevêque, avait fait ériger en loi par le concile de Trente, et de laquelle on attendait la réforme du clergé ; il céda, bien qu'à contre-cœur, aux folles exigences de l'opinion, et dans la pensée d'obtenir un grand bien et de conjurer un grand mal, il ferma les yeux sur l'usage d'apprendre aux enfants chrétiens le latin avec les livres des gentils. Ainsi ce fut le fol et universel engouement des laïques pour la littérature païenne, venant de *renaître*, qui imposa au clergé une méthode pour laquelle il n'avait et ne pouvait avoir la moindre sympathie.

En second lieu, on crut que le zèle éclairé des précepteurs ecclésiastiques, pénétrés de l'importance de leurs fonctions, pourrait aisément, par des remarques puisées dans l'enseignement chrétien, balancer les impressions fâcheuses que leurs élèves auraient reçues par l'étude des auteurs anciens, et qu'il en pourrait neutraliser les effets. C'est dans cette pensée, qui, même de nos jours, compte de nombreux partisans dans le clergé, qu'on crut alors pouvoir faire sans danger à l'esprit païen la concession réclamée universellement par la tyrannie de l'opinion publique.

On se montra bien simple, nous en convenons, ne croyant pouvoir jouer avec le feu sans en être brûlé. Mais si ce fut une faute, ce ne fut pas un crime. Et encore, cette faute n'est pas sans excuse pour des hommes qui n'avaient pas vu ce que nous voyons, et à qui les affreux événements qui depuis trois quarts de siècle affligent le monde n'avaient pas révélé cette grande vérité : Que la révolution c'est le paganisme.

Quant à nous, dans tout ce que nous avons dit touchant le concours du clergé dans l'établissement et le maintien de la méthode païenne, nous partageons tout à fait les intentions que Mgr Gaume a exprimées dans le passage qui suit :

« De cette citation, il résulte : 1° Que je n'accuse » personne ; 2° que les congrégations enseignantes » n'ont pas inventé le moule païen ; 3° qu'il leur a » été imposé ; 4° que, malgré tous leurs efforts, elles » n'ont pu empêcher qu'il n'en sortît des générations » païennes. »

Nous venons de prouver jusqu'à l'évidence la vérité de cette conclusion par le raisonnement, par l'expérience et par les nombreux témoignages de personnages éminents sous le rapport de la science et de la littérature. Mais s'il pouvait rester encore le moindre doute sur ce triste fait, qu'on lise les remarques qui suivent d'auteurs, par leur esprit et par leur position, juges très compétents dans cette grande question.

« Oui, dit l'un d'eux, depuis la Renaissance, nous » sommes païens dans l'instruction de nos élèves ; » nous avons imprégné de paganisme leur intelli- » gence et leur imagination. Et comme pourtant » nous voulions être chrétiens, nous avons eu deux » enseignements, celui de la chapelle et celui de la » classe ; chaque jour, quelques moments pour nous » occuper de la doctrine de Jésus-Christ ; chaque » jour plusieurs heures à nous occuper de Jupiter » et de Junon. Le matin et le soir, nous avons, dans » nos prières, songé au Ciel ; et, du matin au soir, » nous avons parlé de l'Olympe. On a traduit les » grands hommes de Plutarque ; qui de nous a lu » les vies ou les panégyriques des Saints, écrits par » saint Grégoire de Nazianze, saint Basile, saint » Athanase, qui valent bien, pourtant, Plutarque et » ses grands hommes ?

» Qu'en est-il résulté ? On le devine aisément. » D'abord, dans la vie des plus grands hommes » païens, on ne verra jamais que l'exemple de vertus » païennes, dont le principe est essentiellement » opposé à celui des vertus chrétiennes. En second » lieu, l'étude de la fable n'est que l'étude des » passions personnifiées ; et les passions, sous » quelques formes qu'elles apparaissent, sont tou- » jours reconnues par le cœur humain, et il a été » logique d'entendre des enfants, formés sous l'in- » fluence et dans l'admiration de cette fantasmagorie » idolâtrique, déclarer que, pour eux, dans le choix » qu'ils avaient à faire, ils ne reconnaissaient plus » d'autres divinités que Vénus et Bacchus. Je vous » demande pardon de prononcer de pareils noms : » ils se rencontrent à chaque page de Virgile, le » chantre du pieux Enée, et d'Horace, le gai buveur » de Tibur (D'ALZON *Discours*). »

C'est ensuite un publiciste laïque très distingué qui s'exprime ainsi :

« Soutenir qu'on peut impunément, sans danger » pour la foi, pour les mœurs, pour le jugement, » pour l'intelligence, consacrer huit ou dix années « de la jeunesse à vivre avec les païens, à s'asseoir » à leur foyer, à écouter leurs propos, à admirer » leurs écrits, à se pénétrer de leurs maximes, de » leurs préjugés, de leurs superstitions, à connaître » leurs usages, à étudier leurs mœurs, à s'instruire » de leur religion, à apprendre par cœur le récit » des actions de leurs dieux, déesses et demi-dieux ; » soutenir qu'après ces huit années d'études clas-

» siques, on peut, sans une grâce spéciale de
» Providence, sans les efforts et les soins extraor-
» dinaires de maîtres ou de parents pieux, vivre,
» penser, agir en vrai chrétien; soutenir cela, c'est
» méconnaître les lois du plus simple bon sens, et
» les plus vulgaires enseignements de l'expérience
» (M. DANJOU). »

« Que cette éducation, dit enfin l'excellent insti-
» tuteur que nous avons souvent cité, que cette
» éducation trouve des approbateurs, des apolo-
» gistes, je le conçois et j'en sais la raison; mais
» qu'on ne dise pas qu'elle était *chrétienne*, c'est
» tout ce que je prétends pour l'instant. Je vois
» bien une chapelle, des enfants agenouillés, des
» religieux sous leur vénérable costume, mais ce
» n'est là qu'une trompeuse enseigne. Naguère, une
» mère affligée dans ses enfants exprimait son dou-
» loureux mécompte, les ayant fait élever, disait-
» elle, sur de pieux conseils, dans une *maison ecclé-
» siastique*. Elle gratifiait de ce nom un collège
» de Paris dirigé par un prêtre (VERVORST.) »

Plus loin, voici comment le même savant et zélé
instituteur s'exprime sur les moyens adoptés par
la Restauration pour remédier aux horribles scandales qui, même à cette époque, avaient lieu dans
les collèges de l'Université: « Il y eut un moment
» d'alarme, quand les aumôniers des collèges signa-
» lèrent eux-mêmes, par un document collectif,
» l'impiété, l'immoralité toujours croissante de ces
» élèves, conduits régulièrement à la messe et au
» catéchisme. On s'en prit aux recteurs d'académie;
» on s'en prit aux proviseurs, aux censeurs, aux pro-
» fesseurs qui n'appuyaient pas le précepte du poids
» de l'exemple! Un prêtre vertueux, qui venait d'il-
» lustrer la chaire de Notre-Dame, fut placé à la tête
» de l'instruction publique, et il ne négligea rien
» pour remplir de fonctionnaires chrétiens tous les
» rangs du corps enseignant! Vains efforts! Les
» véritables auteurs du mal échappaient à sa clair-
» voyance, enfermés dans les pupitres des élèves,
» cachés sous l'extérieur le plus humble, invisibles
» pour un ministre. Quoi! ces classiques en lam-
» beaux seraient des conspirateurs dangereux?
» Eh! mon Dieu, oui! ce sont eux qui rendent votre
» jeunesse sceptique, incrédule, ingouvernable. » Le
gouvernement actuel, animé des meilleures intentions, a recours aux mêmes moyens pour remédier
aux mêmes scandales ou pour les prévenir. Mais,
hélas! ces louables efforts ne sont pas plus heureux.
Tant il est vrai qu'il ne s'agit point de changer les
personnes, mais de changer la méthode.

§ 4. *Ce qu'on doit penser du silence de l'Eglise allégué
par nos adversaires, et de l'Encyclique du Souverain
Pontife Pie IX, touchant l'enseignement littéraire de
la jeunesse*

A entendre les antagonistes de la méthode chrétienne, ses défenseurs ne feraient qu'insulter l'Eglise
en combattant la méthode païenne, que l'Eglise
aurait au moins approuvée par son silence. Mais,
ainsi que l'intrépide défenseur de la méthode chrétienne la victorieusement démontré, l'Eglise n'a que
subi, toléré la renaissance du paganisme classique;
et loin de l'approuver, elle n'a point cessé de pro-
tester contre une telle déviation des principes
chrétiens (GAUME, *Lettres à Mgr l'évêque d'Orléans*).
D'ailleurs, comme le disait avec tant de sens à ceux
qui lui faisaient la même objection, ce grand savant
et ce littérateur illustre de nos jours, le cardinal
Maï: « Il y a bien des choses dans l'Eglise qui ne
» sont pas de l'Eglise, et qui ne sont pas l'Eglise. »
N'est-il pas vrai en effet que tout n'est pas catholique parmi les catholiques, et que même sur ce
terrain l'ivraie germe à côté du blé?

Il faut encore tenir compte de la situation des
esprits à l'époque où la méthode païenne a fait
invasion dans les écoles chrétiennes. L'enthousiasme
pour les auteurs païens, élevé jusqu'au délire, avait
fait tourner toutes les têtes; on voulait non seulement pour les hommes faits, mais même pour les
enfants, de l'Homère et du Démosthène, du Cicéron,
du Tite-Live, du Térence, du Virgile et de l'Horace.
Les chefs de la réforme, s'étant constitués en patrons
du paganisme classique qui les avait engendrés,
reprochaient à l'Eglise le prétendu barbarisme de
son langage, en même temps et avec la même violence que les prétendues erreurs de sa doctrine ;
et sous ce rapport bien des catholiques étourdis
partageaient l'opinion des réformateurs et sympa-
thisaient secrètement avec eux. Ce fut donc dans
une pensée d'admirable sagesse, pour éviter de plus
grands malheurs, et pour enlever à l'esprit d'erreur
même tout prétexte, que l'Eglise parut alors se
relâcher tant soit peu de sa sévérité disciplinaire
touchant la lecture des livres païens. C'est par ces
motifs, *à en juger d'après la conduite de saint Charles,
indiquée plus haut*, qu'elle ôta pour les hommes faits,
en la laissant subsister pour les enfants, la défense,
prononcée par le quatrième concile de Carthage, de
lire les livres des gentils, car parmi les règles de
l'*Index* établies par le concile de Trente, on trouve
celles-ci : *Ab ethnicis vero conscripti, propter elegantiam sermonis et proprietatem permittuntur, nulla
tamen ratione pueris prælegendi erunt* (*Regul.* 7).
L'Eglise a protesté contre l'engouement païen en
bien d'autres manières encore, qu'on peut voir
dans Mgr Gaume, à l'endroit que nous venons
d'indiquer.

Et les cris d'alarme au sujet des ravages causés
par la méthode païenne, que, pendant trois siècles,
ont jetés tant de personnages éminents de l'Eglise,
dont nous avons rapporté, dans le discours précédent, les éclatants témoignages et les expressions
si énergiques, avec lesquelles ils ont impitoyablement stigmatisé cette méthode, et qui forment
une tradition non interrompue de protestations,
ne seraient-ils pas d'imposantes exceptions avec
lesquelles on devrait bien compter lorsqu'on se
retranche sous le prétendu silence de l'Eglise à
l'égard de la méthode que nous combattons?

Et le progrès toujours croissant que, comme on
l'a vu plus haut, fait, dans les écoles ecclésiastiques, la méthode chrétienne, malgré l'opposition
puissante qu'elle rencontre, là même où elle devrait
s'y attendre le moins, n'est-il pas une preuve que le
triomphe de cette méthode serait vu de bon œil par
l'Eglise?

Il est vrai que l'illustre épiscopat de France n'a
pas encore jugé que le temps soit arrivé de faire une
éclatante démonstration collective pour la réforme
de l'enseignement littéraire de la jeunesse. Mais la
faveur bien marquée avec laquelle, à de rares
exceptions près, il accueillit le fameux mandement
de Mgr l'évêque d'Arras, vrai chef-d'œuvre de zèle,
d'éloquence, de logique et d'érudition, touchant
cette réforme, ne prouve-t-elle pas qu'il en sent
l'importance et le besoin?

Cette corporation vénérable n'ignore pas que rien
n'est plus irritable que la génération des rhéteurs,
genus irritabile vatum. Elle n'ignore pas que les
préjugés sont plus difficiles à déraciner que les
erreurs, et que leurs partisans ne reculent devant
aucun excès, lorsqu'on les attaque de front. Afin
donc d'éviter des discussions orageuses et qui
auraient bien pu prêter au scandale, l'Episcopat
français a, dans sa sagesse, préféré l'action à la

discussion, et « commencé à introduire par le fait, tout doucement et sans bruit, dans ses Séminaires, la réforme que nous réclamons.

Nous assistons même à quelque chose de bien singulier : à entendre certains ecclésiastiques, nous sommes dans le meilleur des mondes possibles en fait de méthodes d'enseignement dans les écoles ecclésiastiques. Et cependant, nous voyons ces mêmes ecclésiastiques se préoccupant déjà de faire une large part aux classiques chrétiens dans l'enseignement des écoles qu'ils dirigent, et exécuter par le fait des changements importants là où ils soutiennent qu'il n'y a rien à changer. C'est ainsi que l'instinct de la foi triomphe dans leur cœur sur la force des préjugés de la pédanterie, et que par là ils reconnaissent, eux aussi, que la méthode à laquelle ils font la guerre est dans l'esprit, dans l'intérêt et dans les vœux de l'Eglise.

Nos adversaires sont même pour la plupart bien étranges : ils nous ont dénoncés à l'opinion publique comme des novateurs et des barbares ; ils ont cherché à exciter contre nous l'autorité civile aussi bien que l'autorité ecclésiastique, et à nous faire passer pour des brouillons et des exagérés ; ils se sont emparés des organes de la publicité, et les ont ameutés contre nous ; ils n'ont rien négligé pour discréditer nos personnes et nos écrits, pour étouffer le cri de notre zèle et laisser ignorer au public nos intentions, nos raisonnements, nos vœux, et les livres où nous les avons déposés. Ils nous combattent par la conspiration du silence, par la conspiration de l'intrigue, par la conspiration du mensonge, par la conspiration de la calomnie, et par la conspiration du ridicule. Ils ont organisé contre nous une formidable croisade capable d'effrayer tout courage et de désarmer tout zèle. En un mot, ils empêchent les défenseurs de la méthode chrétienne d'être entendus et même de parler ; et s'appuyant d'un silence qui est leur ouvrage, ils se font une arme contre nous de ce qu'il y a peu de personnes qui parlent comme nous. On dirait des malades qui, ayant mis à la porte le médecin et lui ayant défendu de parler, se retranchent sur son silence et sur son abstention d'aller les soigner pour prouver qu'ils ne sont pas du tout malades !...

On nous oppose, enfin, l'Encyclique du 21 mars 1853, du Souverain Pontife Pie IX. D'après nos adversaires, le Père commun des fidèles regarderait comme à peu près indifférente la méthode que nous combattons. Mais on n'a qu'à lire attentivement cette admirable pièce, pour se convaincre que la pensée du Chef de l'Eglise sur ce grave sujet est tout autre que celle que nos adversaires se sont hâtés de lui attribuer.

Dans la partie qui concerne l'enseignement, l'Encyclique veut trois choses :

1° Elle règle que les jeunes gens soient mis en état d'apprendre l'art de parler et d'écrire élégamment, et avec éloquence, tant dans les excellents ouvrages des Pères que dans les auteurs païens les plus célèbres. « Germanam, dicendi scribendique » elegantiam, eloquentiam, tum ex sapientissimis » Sanctorum Patrum operibus, tum ex clarissimis » ethnicis scriptoribus... addiscere valeant. »

N'est-ce pas prescrire d'introduire largement l'élément chrétien dans l'enseignement littéraire, par les auteurs chrétiens, que nous croyons très capables de former le goût et le style de la jeunesse ? N'est-ce pas là précisément ce que nous n'avons cessé nous-mêmes de demander ?

2° L'Encyclique exige que les auteurs païens qu'on croira devoir laisser entre les mains de la jeunesse soient complètement expurgés, *ab omni labe purgatis.*

N'est-ce pas là un des points capitaux de la réforme que nous sollicitons ?

3° L'Encyclique règle que les auteurs *païens les plus célèbres,* sans dire un seul mot des autres, pourront être mis entre les mains de la jeunesse. Or, de tels auteurs ne peuvent être compris, goûtés et étudiés avec profit, qu'à l'âge où les jeunes gens ont atteint un développement complet. En d'autres termes, l'auguste Pie IX n'aurait au fond recommandé que la méthode chrétienne que nous avons exposée au commencement du Discours qui précède (§ 2) : c'est-à-dire la méthode qui consiste à ne commencer l'instruction littéraire de la jeunesse chrétienne qu'à l'aide des auteurs chrétiens, sauf à lui donner plus tard la connaissance des ouvrages païens les plus célèbres, lorsque, comme l'a exigé Quintilien lui-même, elle *aura atteint à la vigueur de l'âme,* et que cette connaissance ne pourra plus compromettre en elle le sentiment de la foi et la pureté des mœurs.

§ 5. *Un mot contre cette remarque : Qu'un grand nombre de bons chrétiens sont, à toutes les époques, sortis des écoles où l'on a suivi la méthode païenne. — Les comédies païennes jouées dans les Séminaires.*

Nos adversaires nous objectent enfin que la méthode païenne, qui, selon nous, produit tant de ravages dans les âmes des jeunes gens, n'a pas empêché que les maisons d'éducation chétiennes qui l'ont suivie, et qui la suivent même de notre temps, aient produit et produisent toujours en grand nombre de vrais chrétiens et même de pieux et saints personnages. Mais cette objection a été pulvérisée par Monseigneur Gaume dans son excellent ouvrage, *La Révolution* (vii° liv.), à l'aide de l'argumentation la plus spirituelle et la plus solide d'un vieux militaire. Nous en extrayons seulement ces quelques mots, qui nous paraissent péremptoires : « Parce que je suis revenu de la campagne de » Russie avec mes quatre membres, suis-je en droit » de dire que personne n'y est resté ? Et vous-même, » Monsieur le professeur, que nous possédons avant » l'époque ordinaire des vacances, parce que le cho- » léra est à Marseille, êtes-vous fondé à nous dire : » Je viens de Marseille, et je me porte bien, donc le » choléra n'y fait mourir personne ? Nous sommes » ici vingt-sept ; quelle fraction formons-nous du » nombre total de jeunes gens élevés avec nous » dans tous les collèges de l'Europe ? Parce que les » auteurs païens n'ont fait aucun mal à vingt-sept » individus, sommes-nous en droit de conclure » qu'ils n'en font à personne ? Ce n'est pas par les » exceptions, c'est par les résultats généraux qu'il » faut juger un système. »

Mais, nous dit-on enfin, il est reconnu que dans certaines écoles ecclésiastiques, on pousse l'enthousiasme pour les poètes dramatiques du paganisme au point d'en faire jouer certaines pièces par de jeunes lévites, et cela sans aucun inconvénient et avec l'approbation d'une imposante autorité. Nous ne nous permettrons qu'une seule observation sur cet étrange fait, et nous laisserons à des écrivains non suspects le soin d'en relever l'inconvenance et le danger.

Un écrivain célèbre a dit « Que l'enfant est un » ange candidat du royaume des cieux ; que l'édu- » cation est une *œuvre divine ;* et que *le respect dû à* » *la nature et à la dignité de l'enfant est un respect* » *religieux et doit s'élever jusqu'à Dieu.* »

Mais, hélas ! c'est ce même personnage qui fait perdre aux élèves confiés à ses soins, un temps précieux, à expliquer, à apprendre par cœur, et à

Jouer en grec, devant un public stupidement ébahi, des tragédies et des comédies des anciens poètes grecs. On pourrait donc lui demander, à titre de simple curiosité, si une telle *éducation est* vraiment *une œuvre divine?* si c'est là considérer et traiter l'enfant comme *étant un ange* et un *candidat du royaume des cieux?* Et si enfin un tel *respect* pour lui est vraiment celui qui est *dû à sa nature et à sa dignité*, et si c'est un *respect religieux s'élevant jusqu'à Dieu ?...* Mais telle est la puissance des préjugés classiques, qu'ils aveuglent les plus nobles esprits et les caractères les plus élevés. Ce qui est encore plus regrettable, c'est qu'un pareil exemple a été contagieux.

On lit à ce propos dans le *Messager du Midi* (janvier 1857):

« Les journaux de Paris publient la nouvelle suivante:

» Lundi au soir, les élèves du Petit Séminaire de Paris, rue Notre-Dame des Champs, ont donné, devant une brillante et nombreuse assemblée, *une représentation du* Plutus *d'Aristophane*, en langue grecque. La décoration, les costumes, la musique des chœurs parfaitement en rapport avec le sujet et marqués au cachet du temps, ne laissent, dit-on, rien à désirer.

» Voilà, vous en conviendrez, une singulière manière de préparer les séminaristes au sacerdoce catholique; et puis, cette représentation dramatique, au moment du deuil du diocèse de Paris, est-elle bien convenable? Il semble, en tous cas, que de nos jours, des jeunes gens qui se destinent à l'état ecclésiastique aient autre chose à faire que *de jouer des comédies*, »

C'est à l'occasion de cet *usage* que le *Journal des Débats* (novembre 1857) a dit, sérieusement ou en se moquant: « Nous devons remercier M. D... de l'excellente leçon sur l'art dramatique qu'il nous a donnée par la bouche des élèves de son Petit Séminaire. »

Il est bien humiliant, il faut en convenir, pour nous autres ecclésiastiques, de recevoir de pareilles leçons d'un journal mondain, et de pareils soufflets de la main d'un laïque.

Quant aux autres objections que l'on fait contre la réforme de l'enseignement que nous réclamons, elles se trouvent réfutées sans réplique dans les *Lettres à Mgr l'évêque d'Orléans sur le paganisme dans l'éducation, par Mgr Gaume*. Nous renvoyons nos lecteurs à ce livre, si remarquable par le calme de la polémique, par la force du raisonnement et par la variété de l'érudition.

Seulement les défenseurs de la méthode chrétienne n'ont pas assez insisté, à notre avis, sur cette objection qui forme le cheval de bataille de nos adversaires, c'est-à-dire: *Pour étudier une langue, on ne la prend pas à l'époque de sa décadence; et quelque élégante que puisse être celle qui est parlée par les Pères de l'Eglise et les écrivains latins du moyen âge, elle n'approchera jamais de la pureté de celle de Cicéron.*

Nous avons voulu remplir en quelque sorte cette lacune dans le discours qui suit, en envisageant la grande question de la réforme de l'enseignement au point de vue *littéraire et politique*.

En attendant, nous croyons ne pouvoir mieux terminer cet appendice que par quelques lignes prophétiques de l'éloquent chef d'institution que nous avons déjà plusieurs fois cité, sur le triste avenir que le paganisme passé de la littérature dans la politique, prépare à la France, si l'on n'y apporte un prompt remède.

« La noble terre de France, dit-il, la terre des Saints, des martyrs, des croisés, des preux chevaliers, deviendra-t-elle une terre de trafic, un bazar d'industrie? Jésus ne prendra-t-il pas le fouet de l'indignation et du mépris pour donner la chasse à ces agioteurs, et renverser encore une fois leurs tables par une de ces secousses que nous appelons révolutions? Nos conquêtes de 89 ne sont pas encore reconnues

Par ce grand Souverain, maître de l'univers,
Sous qui tremblent le ciel, la terre et les enfers.

» Il n'est pas sûr qu'il se contente de la part que lui ont faite notre législation et notre société; qu'il accepte la déchéance civile, qu'il tolère le travail du dimanche, les hardiesses du théâtre, nos journaux, nos mœurs, notre indifférence; qu'il se laisse enfermer dans ses temples et se le tienne pour dit. Si toute vie humaine est grosse de larmes et lourde de travaux, de devoirs et d'épreuves, nous avons lieu d'en redouter une large part pour l'époque que ces chers enfants doivent traverser à notre suite. »

ÉRASME ET LE LATIN CHRÉTIEN

Si, malgré les études qui précèdent, il pouvait rester, ce qui nous paraît impossible, un doute quelconque dans l'esprit d'un homme de bonne foi, sur la supériorité de la langue latine chrétienne comparée à la païenne, toute incertitude disparaîtrait devant un nouveau genre de preuves: l'autorité des hommes les plus compétents en matière de latinité. Nous pourrions citer un bon nombre de témoignages qui confirment notre jugement: un seul suffira, celui d'Erasme.

Le sentiment d'Erasme a d'autant plus de valeur, qu'il fut un des Pères de la Renaissance, et que sa passion pour la belle antiquité est connue de tout le monde. Erasme passa toute sa vie à étudier le latin, à écrire le latin, à enseigner le latin, à parler le latin, à expliquer, annoter, éditer du latin. Sa réputation d'excellent latiniste est au-dessus de toute contestation. Dans ce qu'on appelle la république des lettres, l'opinion générale est qu'Erasme avait plus de latin dans son petit doigt, que tous les autres humanistes dans leurs cervelles.

Or, Erasme a écrit un livre pour montrer: 1° que le latin chrétien est du très bon et très beau latin; 2° que c'est le seul latin qui puisse servir de truchement aux sociétés modernes; 3° que c'est un énorme contre-sens de prétendre de former des Cicérons, c'est-à-dire de bons latinistes, en étudiant, d'une manière à peu près exclusive, Cicéron et les auteurs païens; 4° que les études classiques exercent sur la religion et sur la société l'influence la plus désastreuse.

DEUXIÈME DISCOURS

SUR LA NÉCESSITÉ D'UNE RÉFORME DE L'ENSEIGNEMENT PUBLIC, DANS L'INTÉRÊT DE LA LITTÉRATURE ET DE LA POLITIQUE.

> « *Ipsum audite.*
> » N'écoutez que Lui. (*Évangile du 2e dimanche*). »

SIRE,

1. Par cette parole, le Père céleste, en nous ordonnant d'une manière générale et absolue de n'écouter que son Fils bien-aimé, nous fait clairement entendre que l'enseignement divin de ce Maître unique de l'univers nous est toujours et en tout nécessaire.

La méthode chrétienne, dont j'ai commencé à plaider la cause dans le discours qui précède, n'est au fond que l'application de cet enseignement du Fils de Dieu à la manière d'instruire et d'élever la jeunesse. Elle est donc et elle doit être, elle aussi, nécessaire, toujours et en tout. Nous en avons démontré l'importance et les avantages dans ses rapports avec la Religion. Il nous reste, pour compléter notre plaidoyer, à en prouver l'importance et les avantages même dans ses rapports avec la littérature et la politique. C'est ce que je vais faire dans ce discours, en marchant sur les traces du célèbre orateur sacré (le Père Possevin) qui, il y a tout juste trois siècles, traita du haut de la chaire, en présence d'une Cour, le même sujet sous les mêmes points de vue. Mon intention n'est autre que la sienne ; je veux, moi aussi, faire entrer mon noble auditoire dans la pensée de la réforme de l'enseignement public, que mon zèle sincère pour le bien de la société demande à la sagesse du pouvoir chrétien, *Ave Maria.*

PREMIÈRE PARTIE

2. Le plus grand crime qui ait été commis sous la voûte du ciel, c'est assurément le déicide. Mais savez-vous pourquoi les Juifs ont repoussé la lumière et la grâce du Messie, et pourquoi, au lieu d'écouter le Fils de Dieu fait homme, *ipsum audite*, ils l'ont renié et l'ont cloué sur une croix ? Ce fut, dit l'Évangile, afin de conserver leur domination et leurs prétendues garanties politiques. Si nous laissons, se disaient-ils, Jésus continuer son œuvre, nous verrons un jour les Romains tomber sur nous et nous enlever ce qui reste du royaume de Juda et de notre autorité : *Si dimittimus eum sic, venient Romani et tollent regnum nostrum et gentem* (JEAN). Les insensés ! dit saint Augustin en déplorant un tel aveuglement et un calcul si impie, c'est pour s'assurer des avantages temporels qu'ils ont fait bon marché de la vie éternelle. Eh bien ! par une redoutable mais juste punition de Dieu, les Juifs ont perdu la vie éternelle et n'ont pas conservé leurs avantages temporels : *Temporalia amittere, timuerunt, et vitam æternam non cogitaverunt et sic utrumque amiserunt (Tract. in Joan).*

C'est aussi ce qui est arrivé aux Grecs modernes. Malgré les immenses travaux des apôtres et des plus grands docteurs de l'Église pour christianiser ce peuple, il est toujours resté grec, même après avoir embrassé le christianisme : c'est-à-dire qu'il est resté peuple léger, capricieux, vain, impressionnable à tout ce qui amuse l'imagination et les sens, indifférent pour les doctrines, et cherchant dans les livres moins la solidité du fond que le charme de la forme. Engoué jusqu'à la folie pour ses auteurs païens, il préféra leur philosophie et leur littérature à la philosophie et à la littérature chrétiennes.

C'est, comme on le voit, à peu près le crime des Juifs ; aussi les Grecs ont-ils partagé leur punition. Jaloux de perpétuer la gloire de leur ancienne littérature païenne, ils la cultivèrent avec un enthousiasme fébrile, les yeux fermés sur le danger auquel cette idolâtrie de l'esprit exposait la simplicité de la foi et la pureté des mœurs. Eh bien ! ils ont perdu l'un et n'ont pas conservé l'autre : *Et sic utrumque amiserunt.*

Au point de vue religieux, ils sont tombés dans l'erreur et dans le schisme ; tandis qu'au point de vue de la science et de la littérature, ils sont descendus au dernier degré de l'ignorance et de la barbarie. Obligé de trembler à chaque instant sous le glaive musulman, ce peuple, déshérité du patrimoine de l'unité catholique, peut à peine vivre matériellement ; il s'agit bien pour lui de penser à faire des vers et à philosopher ! Ainsi le même souffle de l'esprit païen qui l'a poussé dans la voie de l'hérésie (1) a desséché chez lui le germe de toute culture scientifique, de toute discipline libérale et de toute civilisation. Voilà ce qu'a valu à l'Orient sa passion aveugle pour les classiques gentils.

Le contraire est arrivé en Occident. Cicéron, qui cependant aimait passionnément les Grecs, a remarqué qu'autant l'esprit grec était léger et frivole, autant l'esprit latin était grave et sérieux dans tout ce qui concerne la Religion. En se convertissant donc au christianisme, les nations latines s'y sont attachées avec un dévouement complet, l'ont placé avant tout, et lui ont tout sacrifié.

Saint Jérôme nous a révélé le secret des pensées de ces généreux chrétiens en ce qui touche la littérature en particulier. D'après leur manière de voir sur ce sujet, « il n'y avait pas de communi-» cation possible entre la lumière et les ténèbres, » entre Jésus-Christ et Bélial, entre les psaumes » de David et les odes d'Horace, entre les Évan-» gélistes et Virgile, entre saint Paul et Cicéron. » En se faisant voir lisant les livres païens, ils

---

(1) On sait que le mot hérésie est un mot grec, et que l'hérésie n'est pas seulement d'origine grecque quant au mot, mais qu'elle l'est aussi quant à la chose. Car toutes les hérésies qui ont déchiré la *robe du Christ*, l'unité de la croyance de l'Église, sont nées en Grèce. Ce qu'on ne sait pas, ou qu'on ne veut pas savoir, c'est que toutes les hérésies ne sont nées chez les Grecs que de leur obstination à suivre certaines doctrines de leurs classiques païens, et de Platon en particulier. Cependant rien n'est plus exact que le jugement que Tertullien et saint Irénée ont prononcé sur Platon en l'appelant le PATRIARCHE DE TOUS LES HÉRÉTIQUES ET L'ASSAISONNEMENT DE TOUTES LES HÉRÉSIES.

» auraient cru donner à leurs frères autant de
» scandale qu'en se faisant voir embrassant une
» idole. Etudier les auteurs païens n'eût été
» pour eux que boire au calice de Satan, chose
» indigne d'hommes se désaltérant tous les jours,
» par la lecture des Evangiles, au calice de Jésus-
» Christ (1). Et saint Paul disant: *Que chacun*
» *se garde bien de toucher à une idole,* c'était
» pour eux saint Paul condamnant absolument
» les philosophes, les orateurs et les poètes du
» paganisme, et défendant la lecture de leurs
» ouvrages. »

Ils se faisaient scrupule même de se rappeler des passages des auteurs païens, que dans l'intérêt de la défense du christianisme ils avaient été obligés de citer. En vain leur objectait-on, comme on le fait aujourd'hui, *que par cette conduite ils se mettaient dans l'impossibilité de bien écrire, l'éloquence et les grâces du style ne pouvant s'acquérir que par l'étude des classiques païens.* « Nous avons rejeté pour toujours, répon-
» daient-ils, ces avantages littéraires auxquels
» vous attachez tant de prix. Nous y avons renoncé
» parce que nous avons embrassé ce que saint
» Paul appelle la folie de la croix; et nous préfé-
» rons à tout cette même folie, parce que *ce qui*
» *paraît insensé dans les choses de Dieu est pour*
» *l'homme le comble de la sagesse.* Il n'est pas
» prouvé, ajoutaient-ils, que les auteurs païens
» soient les seuls maîtres de la bonne latinité.
» Mais, quand même il en serait ainsi, nous pré-
» férerions toujours la sainte rusticité à l'élo-
» quence pécheresse. »

C'est qu'ils avaient appris à l'école des anciens Pères de l'Eglise que la lecture des livres païens n'est pas sans danger pour l'orthodoxie de la foi et pour la pureté des mœurs.

On le voit donc, c'était de leur part chercher avant tout et au prix de tout, comme Jésus-Christ l'ordonne, « le royaume de Dieu et sa justice; *Quærite primum regnum Dei et justitiam ejus (Matth. 6).* » Mais ayant été fidèles à ce grand précepte de l'Evangile, ils ont mérité de recevoir la récompense promise à son accomplissement par ces paroles du Seigneur: « Et tout le reste vous sera donné par surcroît; *Et hæc omnia adjicientur vobis (Ibid.).* » Ils ont eu la sagesse et le courage de sacrifier tous les avantages prétendus de la science et de la littérature humaine au désir de maintenir intact le dépôt divin du dogme et de la morale chrétienne, et Dieu leur a accordé le bonheur de conserver ce divin dépôt; et par *surcroît,* il leur a *donné* sur une grande échelle tous les avantages de la science et de la littérature humaines.

3. Dès qu'eurent cessé les guerres et les invasions qui donnèrent naissance aux nationalités modernes, et dès qu'on put cultiver à son aise les arts de la paix, l'Occident réunit en un corps de doctrine les oracles de l'Ecriture Sainte, les enseignements des Pères et les traditions de l'Eglise, pulvérisa toutes les erreurs, développa toutes les vérités, et créa cette étonnante théologie catholique qui ne consiste que dans la vraie manière de répondre à cette question: *Qu'est-ce que Dieu et son Christ ?*

A la lumière de cette science divine, et toujours sous sa dépendance et sous sa direction, il aborda aussitôt la question qui fait le sujet de la philosophie: *Qu'est-ce que l'homme ?* Il résolut les grands problèmes qui jusqu'alors avaient divisé tous les esprits: sur la certitude, sur la nature et les facultés de l'âme et son union avec le corps, et fonda cette philosophie du moyen âge, quoi qu'on dise, la seule vraie, parce que c'est la seule chrétienne, la seule en harmonie avec les grands principes du christianisme, et en dehors de laquelle tout travail philosophique est impuissant et n'aboutit qu'au scepticisme ou à l'erreur.

Il entreprit en même temps de répondre à la question: *Qu'est-ce que le corps ?* question dans laquelle se résume toute la science physique. Il interrogea la nature et l'obligea à lui révéler ses secrets; il fit ces trois merveilleuses découvertes: la poudre à feu, qui lui facilita la conquête de la terre; la boussole, qui lui ouvrit la route des mers; et l'imprimerie, qui a élargi le domaine et multiplié les travaux de l'intelligence. Il devina tout ce qu'il est permis à l'homme de savoir sur la nature des corps, sur le mouvement des astres, et jeta les fondements de ces progrès scientifiques et industriels dont nous sommes à juste raison si fiers, mais dont nous avons bien tort de nous attribuer tout le mérite et tous les honneurs (1).

La littérature et l'art d'un peuple ne sont que la traduction de sa théologie et de sa philosophie par la parole et par les signes. Le monde latin fit aussi cette traduction avec le zèle le plus ardent

---

(1) « Quæ communicatio lucis ad tenebras ? Quis con-
» sensus Christo cum Belial ? Quid facit cum Psalterio
» Horatius, cum Evangeliis Maro, cum Apostolo Cicero ?
» Nonne scandalizatur frater, *si te viderit in idolis recum-*
» *bentem (ad Eustach.)* ? »

(1) « Qu'on rassemble en un faisceau toutes les œuvres,
» toutes les découvertes, tous les produits de la civili-
» sation païenne, qu'on les place en regard des créations
» innombrables, des inventions précieuses, des institu-
» tions de toute sorte, des chefs-d'œuvre de toute nature
» dont le moyen âge et les sociétés chrétiennes ont doté
» l'humanité, et l'on verra que l'antiquité tout entière
» ne peut, en aucun genre, soutenir le parallèle avec
» les siècles catholiques.
» Dans l'ordre des découvertes utiles sous le rapport
» matériel, cette supériorité du génie de la société chré-
» tienne ne saurait être contestée. La boussole, la poudre
» à canon, l'imprimerie, le verre à vitres, la soie, le
» télescope, les lunettes, les postes, l'eau-forte, la gra-
» vure, les tapis, les orgues, la peinture à l'huile, les
» glaces, l'alambic, les spiritueux, les cheminées, le
» papier, les cartes marines, la connaissance de l'Amé-
» rique et des antipodes, les horloges, les lettres de
» change, etc., etc., et, sous un aspect plus élevé, les
» hôpitaux, les asiles pour l'enfance, les monts-de-piété
» pour les pauvres, les innombrables institutions de
» charité.
» Voilà, entre mille, quelques-uns des fruits que pro-
» duisit l'intelligence humaine, quand elle put se déve-
» lopper sous l'action vivifiante de la foi catholique.
» C'était au milieu des ténèbres de ce qu'on a appelé la
» barbarie du moyen âge, c'était à un moment où le
» paganisme et ses œuvres étaient complètement aban-
» donnés ou oubliés; et cependant, l'antiquité, avec tout
» le génie, le talent, l'esprit, la supériorité que nous nous
» obstinons à lui reconnaître, n'a pas su faire une seule
» découverte vraiment utile à l'industrie, au travail
» et par suite au bien-être des hommes (M. DANJOU). »

et un immense succès. De là cette langue française si philosophique, cette langue espagnole si grave, cette langue italienne si harmonieuse, et toutes les trois si riches, si énergiques et en même temps si naïves, si pétillantes de grâces et si variées, et dans lesquelles la pensée chrétienne se reflète d'une manière si frappante et si pleine de charmes ! Car il ne faut pas s'y tromper, ces belles langues, *d'une belle mère filles encore plus belles*, ne sortirent pas du latin païen de Cicéron, mais du latin tout chrétien de saint Léon, de saint Grégoire, de Bède et de saint Bernard. De là, ces poèmes des troubadours du moyen âge, ces chanteurs homériques des grandeurs du christianisme et des gloires nationales, que les modernes ont eu l'indignité de tourner en ridicule, après les avoir exploités. De là surtout cette *Divine Comédie*, étonnante et radieuse manifestation de la théologie et de la philosophie catholiques, le plus grand, le plus sublime de tous les poèmes, car c'est la grande épopée, dans un style presque divin, de l'état des âmes humaines dans le monde de l'éternité ; tandis que les poèmes des païens n'ont fait que tracer les jalousies, les guerres et les crimes de l'homme dans le temps. De là ces magnifiques cathédrales, monuments sublimes de la générosité de la foi et du génie artistiques de nos pères ; ces vastes poèmes en pierre, chantant sur tous les tons et représentant sous toutes les formes le dogme et les héros de la religion chrétienne et près desquels notre mauvais goût et notre indifférence religieuse passent en les regardant sans les comprendre ! De là ces universités, surtout celle de Paris, vrais rendez-vous des plus grands génies du monde chrétien, vrais foyers de lumière et de tout savoir, qu'elles reflétaient sur l'univers entier, tandis que la nuit se faisait graduellement dans le monde grec, et que les ténèbres qui allaient l'envelopper comme dans un linceul mortuaire y devenaient toujours plus épaisses. De là enfin cette suprématie incontestable dans les sciences, dans la littérature, dans la politique, dans les arts, qui a fait du peuple latin la merveille et le maître de la terre.

C'est ainsi qu'ayant accompli dans toute sa perfection le précepte de « chercher premièrement Dieu et sa justice, » il en a obtenu dans toute sa plénitude la récompense des avantages de l'ordre scientifique et littéraire, « que Dieu lui donna par surcroît ; *Quæsivit primum regnum Dei et justitiam ejus, et hæc omnia adjecta sunt ei.* »

4. Mais, hélas ! le monde latin lui-même ne persévéra pas dans sa fidélité au principe et à la méthode chrétienne, qui lui avaient valu des progrès si grands et si inouïs dans l'ordre scientifique et littéraire. Chassés de Constantinople, les hommes distingués de la Grèce, ces débris de la civilisation païenne de l'Orient, se répandirent dans l'Occident, prêchant partout que « le génie de la philosophie, de l'éloquence, de la poésie, de l'art n'a jamais habité que l'ancienne Grèce et l'ancienne Rome. » L'Europe se laissa prendre à ce piège que leur tendit l'ancien serpent ; elle céda à la tentation d'acquérir la science sans Dieu et contre Dieu ; elle se prit à cultiver le paganisme littéraire avec un enthousiasme, un délire, un enivrement sans exemple dans l'histoire des égarements de l'esprit humain ; et rejetant la méthode chrétienne de ses Pères dans la foi, elle adopta, malgré les protestations de l'Eglise, la méthode païenne des Grecs dans l'instruction de la jeunesse.

Quels furent les résultats de cette apostasie de l'esprit de l'Evangile ? L'Europe ambitionna, de même que la Grèce, le progrès dans les choses temporelles au prix des biens éternels, et de même que la Grèce, elle perdit la simplicité et l'unité de la foi, sans acquérir de plus grands et de plus réels avantages dans la science et dans la littérature ; *Temporalia amittere timuerunt et vitam æternam non cogitaverunt, et sic utrumque amiserunt* (1).

On n'a cessé de répéter que les siècles de Léon X et de Louis XIV doivent à la renaissance de l'ancienne littérature leur grandeur et leur éclat ; mais c'est là une opinion d'une fausseté criante, qu'un aveugle délire a fait naître, que le despotisme des nouveaux humanistes a imposée, et que l'ignorance et le servilisme des petits esprits ont fait accepter.

Des épanouissements si étonnants de la pensée humaine, tels que ceux qui ont fait la gloire de ces siècles, ne peuvent être des phénomènes

« (1) C'est donc uniquement au point de vue du beau
» dans l'art et dans la littérature, qu'on peut essayer de
» soutenir la suprématie des anciens sur les modernes,
» et c'est pour arriver non pas à les surpasser ni même
» à les égaler sous ce rapport, mais seulement à les
» copier d'une manière très imparfaite, qu'on expose
» depuis trois siècles la jeunesse et par suite la société
» tout entière, à perdre cette supériorité dans l'ordre
» moral, politique et social, qui, comme nous venons de
» le démontrer, appartient à la civilisation chrétienne.
» D'ailleurs cette supériorité des anciens sur les
» modernes dans les arts et dans les lettres est, selon
» nous, très contestable, ou pour mieux dire, nous
» croyons qu'il n'y a aucun parallèle à établir entre
» l'art chrétien et l'art païen. Ce sont deux choses
» entièrement différentes, deux fleuves dont l'un coule
» vers l'Orient, l'autre vers l'Occident ; l'un charrie de
» l'or, des pierres précieuses ; ses rives sont couvertes
» de fleurs qui exhalent les plus doux parfums, mais
» ses eaux sont empoisonnées, et les peuples qui
» viennent camper sur ses bords périssent bientôt de
» langueur et de corruption ; l'autre fleuve, au contraire,
» n'offre point au premier aspect tous ces agréments :
» ses rivages sont escarpés, son cours impétueux, sa
» navigation difficile, mais ses eaux sont salubres et
» vivifiantes, et ceux qui en boivent ne meurent jamais.
» Il faut choisir entre la mort ou la vie, entre l'austé-
» rité du christianisme qui sauve et conserve les sociétés,
» et le sensualisme païen qui les amollit, les dégrade,
» les énerve et les tue ; il faut choisir entre l'éducation
» chrétienne, c'est-à-dire exclusivement consacrée à
» l'étude, à la méditation des auteurs chrétiens, et
» l'éducation païenne qu'on donne depuis trois siècles
» et dont on connaît les fruits.
» Si la société ne se hâte pas de rentrer dans le giron
» du christianisme, si elle continue à introduire dans
» l'éducation, et par l'éducation dans les mœurs, cet
» impur et affreux mélange des idées, des usages, des
» goûts du paganisme avec les croyances chrétiennes,
» si enfin elle persiste à associer deux choses absolu-
» ment incompatibles, savoir : la recherche du sensua-
» lisme dans l'art et dans la littérature avec la pratique
» des vertus et des mortifications chrétiennes dans la
» vie, c'est qu'alors la civilisation moderne est arrivée
» au terme de sa course et qu'elle va bientôt s'engloutir
» dans l'abîme où sont tombées les sociétés corrompues
» (DANJOU.) »

improvisés. Ce n'est guère par des causes instantanées, mais par des précédents, préparés de longue main, avec le bénéfice des siècles, que l'esprit humain atteint les vrais progrès dans tel genre que ce soit. Le progrès dont il s'agit ne fut donc pas l'œuvre du fanatisme païen, qui fit tourner la tête aux littérateurs de ces temps-là; et moins encore le résultat de quelques années d'étude fiévreuse faite sur les anciens classiques; mais ce fut le résultat des études sérieuses et solides des siècles précédents dans toutes les branches du savoir, et dont la grande littérature italienne et française ne fut en quelque sorte que la floraison et le fruit.

Semblable à une roue qui continue de tourner même après que l'impulsion qui l'a mise en mouvement a cessé, le génie chrétien conserva, au milieu des obstacles que lui opposa le génie païen ressuscité, le grand mouvement qu'il avait reçu au xii° siècle, et finit, aux époques dont il s'agit, par rayonner avec tant d'éclat. Ces deux grands siècles furent donc moins le commencement d'une ère nouvelle que la fin d'une ère ancienne, et leur gloire littéraire ne fut que la vive lumière d'une lampe qui s'éteint.

En effet, le siècle de Léon X fut suivi par celui qu'en Italie on appelle le siècle des *Secentisti*, des corrupteurs du style et du goût; et le siècle de Louis XIV a été clos par le grand Evêque d'Avranches (1), et comme un auteur non suspect (2) l'a prouvé, le *grand* siècle en enfanta un bien *petit*, et il a eu un éclat bien funeste dans la littérature du xviii° siècle.

De même que le poète théologique, Dante, ne s'est formé que sur les grandes .octrines de saint Thomas; de même le saint Augustin français, Bossuet, n'a développé son génie qu'à l'aide du saint Augustin latin, qu'il savait par cœur; le nouveau saint Jean Chrysostome, Bourdaloue, ne puisa son éloquence et sa verve que dans saint Chrysostome ancien, et les beautés qu'on admire le plus et qui charment le plus dans Racine ne sont que des beautés chrétiennes empruntées à la Bible.

(1) On sait que ce prélat a dit lui-même: *La grande littérature française finira en moi.* Cette parole peut par être peu modeste, mais elle est d'une vérité frappante. Avec la perspicacité du génie, ce grand homme sentait bien que cette grande littérature n'était que le dernier rayonnement des profondes études des siècles précédents; et que ces *études des choses,* dont il était la dernière personnification après Bossuet, venant de céder la place à *l'étude des mots,* la grande littérature à l'esprit chrétien devait finir en lui et avec lui.

(2) « Les études superficielles de quelques poètes et
» de quelques orateurs ont engendré cette horde de
» folliculaires libellistes qui, comme les sauterelles de
» l'Egypte, ont mis en putréfaction la récolte entière.
» Eh! plût à Dieu qu'à la place de ces peintres, de ces
» statuaires, de ces décorateurs, de ces graveurs, de
» ces versificateurs, de ces folliculaires, de tous ces
» gratte-papiers, gratte-toile, gratte-pierre, gratte-
» métaux, que l'on a trop encouragés, nous eussions
» des gratte-terre, bêchant le potager et plantant légumes
» nouveaux et arbres fruitiers! O! la belle toile pour
» exercer son imagination! O la pompeuse idylle! Et
» puisque l'on parle tant des Grecs, qu'on se rappelle
» donc que leurs salles d'étude étaient toutes dans les
» campagnes. « C'est le conventionnel Mercier qui s'exprime ainsi. Ne dirait-on pas qu'il ait voulu écrire d'avance l'histoire de nos jours?

Il en est de même de toutes les grandes productions littéraires du siècle de Léon. Les morceaux les plus admirables de la *Jérusalem délivrée* ne sont que des reflets gracieux de la pensée chrétienne.

5. Mais si l'étude du classicisme païen n'a été pour rien dans les grandeurs des siècles dont nous parlons, elle a été pour beaucoup dans leurs pertes et dans leurs défauts.

D'abord le christianisme avait mis l'Occident sur la voie de l'originalité littéraire et artistique. Il avait produit une littérature et un art qui lui étaient propres; car toute religion, à l'état public, enfante toujours une littérature et un art à son image. Eh bien! la révolution du pédantisme qui, aux époques indiquées, s'opéra dans toutes les branches du savoir, chassa violemment les esprits de la voie de cette originalité si puissante et si féconde, et les jeta dans la voie d'une imitation humiliante et stérile. De maîtres et modèles qu'ils pouvaient être, les savants chrétiens ne rougirent pas de devenir de petits écoliers et des imitateurs serviles des savants gentils. Et comme l'écolier *reste toujours au-dessous de son maître* (*Matth.*) et l'imitateur au-dessous de son modèle, la littérature et l'art chrétien descendirent du premier rang, qui leur appartient, et qu'ils allaient atteindre, au second rang, où ils ne sont pas à leur place et où ils se dégradèrent. Et de là cette infériorité de mérite et de perfection où ils sont remeurés vis-à-vis de la littérature et de l'art païens. Il faut en excepter l'éloquence sacrée et la peinture, dans lesquelles on ne peut contester aux modernes une immense supériorité sur les anciens. Mais l'orateur et l'artiste chrétiens ne sont restés originaux, ne sont restés eux-mêmes, que par suite du manque de modèles à suivre sur ces sujets.

En second lieu, à en juger seulement par la grandeur gigantesque de la *Divine Comédie*, et par le sublime et le gracieux des œuvres du peintre, *Angélique* par le génie aussi bien que par le nom, il est facile de comprendre que la littérature et l'art chrétiens se seraient élevés avec le temps à un point de perfection qui aurait sans aucun doute éclipsé l'éclat de la littérature et de l'art grecs et romains; mais c'était à la condition qu'ils resteraient fidèles à l'esprit qui les avaient créés, et qu'ils n'abandonneraient pas la voie dans laquelle, s'appuyant sur le Vrai, ils marchaient d'un pas libre et assuré à la conquête de la suprématie du Beau.

Car si *le Beau*, ainsi qu'on l'a dit, *n'est que la splendeur du Vrai*, ce n'est que du développement de la vraie religion que peut jaillir la perfection littéraire et artistique.

Or ce n'est que par les études du classicisme païen que la littérature et l'art chrétiens furent arrêtés dans leur marche triomphale; qu'ils furent empêchés de se développer dans leur atmosphère spirituelle, je dirai presque divine; qu'ils commencèrent à faire fausse route, et perdirent de vue leur but naturel qui est l'exposition et l'embellissement, par la parole et par les signes, des grandes épopées de la religion et des nationalités chrétiennes.

En troisième lieu, toujours par l'enivrement qui dans les mêmes siècles poussait les esprits a tout paganiser, en France comme en Italie, il se forma une véritable conspiration pour fausser le génie des langues des deux pays, pour les dépouiller de la forme logique, simple, claire et pleine de grâces que le christianisme leur avait donnée, pour les assujettir à la forme transpositive et aux allures difficiles et affectées des langues païennes. C'était renouveler à leur égard le supplice imaginé par les anciens tyrans, de lier des hommes vivants à des cadavres pour en faire des morts (1).

Et si le sentiment public et les magistratures littéraires, placées à la garde du dépôt des langues nationales (2), ne l'eussent empêché, on serait parvenu à les immoler devant les statues de Virgile, d'Horace et de Cicéron. Ainsi, si la langue française en particulier est devenue la langue de la diplomatie, je dirai presque la langue catholique ou universelle, ce n'est pas la faute des humanistes païens, qui ont tout essayé pour la rapetisser et la faire descendre au rang de simple patois. Loin donc de rien devoir au classicisme païen touchant les beautés de leur originalité, et l'originalité de leurs beautés, les langues modernes non seulement ont été retardées dans leur mouvement ascensionnel vers le sublime; mais harcelées par le pédantisme, elles ont eu bien de la peine à conserver leur existence et leur type traditionnel.

Quatrièmement: C'est sous l'empire du même fanatisme pour le latin païen, que des esprits d'élite furent entraînés à consacrer leur talent et perdre leur temps dans la fabrication d'une foule de tragédies, de comédies et de poèmes latins, dans lesquels l'inanité du but le dispute à la suspecte élégance du langage (3). On eut encore la triste pensée, je dirai presque la pensée sacrilège, d'emprisonner dans la forme virgilienne et de chanter avec des expressions toutes profanes les plus augustes mystères du christianisme (4); et, au moyen d'efforts inouïs,

on parvint à former des Enéides soi-disant chrétiennes: monstrueux assemblage du sacré et du profane, de la mythologie et de l'Evangile, des vérités de la foi et des délires de l'imagination, des pensées chrétiennes et des formes païennes, dont la religion eut à rougir, comme une honnête femme qu'on oblige à revêtir la robe d'une prostituée.

Enfin dans ces siècles dont on a tant vanté la grandeur, on n'accordait le titre de savant et les honneurs du génie qu'aux littérateurs plus ou moins habiles à faire du paganisme pour le fond ou pour la forme, et dans leur manière d'écrire le latin à singer le mieux possible Cicéron et Virgile; ce qui poussa les esprits vaniteux à ne chercher à se distinguer que par l'étude des mots. Les grammairiens prirent la place des philosophes et les rhéteurs profanes furent environnés d'hommages comme de nouveaux Pères de l'Eglise. En cessant d'être chrétien et sérieux, le savoir n'eut plus rien de national; ce fut un savoir d'emprunt, un savoir bâtard, un savoir fictif, vaporeux, qui finit par se perdre dans le néant; ce fut un plagiat honteux des idées et des mœurs des sociétés païennes, qui plus tard produisit le plagiat désastreux de leur forme de gouvernement, de leurs lois, de leurs agitations politiques et de leurs crimes.

Encore une fois donc, l'étude passionnée des auteurs classiques, loin d'avoir été la cause du grand mouvement littéraire du xvie et du xviie siècle, l'a au contraire empêché d'être ce qu'il devait être : national et chrétien. Il en faussa la direction, en profana les tendances, en étouffa l'esprit, et le transforma en un mouvement de décadence et de destruction (1).

Et qu'on ne s'y trompe pas, l'esprit chrétien, qui seul conserve encore parmi nous les restes de cette littérature et de cette civilisation qui est son œuvre, s'affaiblissant toujours davantage au contact de l'esprit païen qu'on rencontre partout, pourrait bien finir par s'éteindre entièrement et par emporter avec lui tout ce que nous devons au christianisme en fait de belles-lettres, de beaux-arts et de culture sociale. Les mêmes causes produisent nécessairement les mêmes effets. Si donc l'Europe moderne s'obstine, à

---

(1) Notre langue, dit Fénélon, manque d'un grand nombre de mots et de phrases; il me semble qu'on l'a *génée et appauvrie depuis environ cent ans*, en voulant la purifier. Il est vrai qu'elle était encore un peu informe et trop verbeuse. Mais le *vieux langage se fait regretter* quand nous le retrouvons dans Marot, dans Amyot, dans le cardinal d'Ossat, dans les ouvrages les plus enjoués et les plus sérieux : il avait je ne sais quoi de *court*, de *naïf*, de *hardi*, de *vif* et de *passionné* (*Lettres sur l'éloquence*). »

(2) L'académie française, œuvre du génie de Richelieu, fondée dans une pensée toute chrétienne et toute nationale, quoiqu'elle n'ait pas toujours été fidèle à sa belle mission. On peut en dire autant de l'Académie de la *Crusca* de Florence.

(3) Qui lit aujourd'hui les *Eglogues piscatoires* de Sannazard, les *Echecs* de Vida, la *Syphilide* de Fracastor. l'*Andromaque* d'Amyot (qui cependant lui a valu une abbaye), les *Jardins* de Rapin, la *Ferme rustique* de Vanière, les tragédies latines des Pères Lejai et Porée? Jamais on n'a fait de plus grands travaux littéraires pour rien.

(4) L'*Enfantement de la Vierge* par Sannazar, la *Christiade* par Vida, l'*Enfant Jésus* par Ceva, les *Eglogues pour les fêtes de la Sainte Vierge* par Rapin, les *Psaumes de David* mis en vers iambiques par Flaminius, etc., etc., tout cela est encore enterré dans les bibliothèques pour servir de pâture aux vers!

(1) « Au lieu de mettre au service du génie chrétien‘ dit le savant auteur de l'*Education de l'homme*, les progrès de l'antiquité dans l'étude du beau, *nous avons mis le génie chrétien à la remorque de la littérature et de l'esthétique païennes*. Qu'en est-il résulté ? Une *littérature neutre, servile*, qui a exercé la plus triste influence *sur les talents et sur les mœurs*. Elle a dégradé le talent en le ravalant au rôle de copiste. Elle a perverti les mœurs, parce qu'au lieu de s'appliquer à cultiver et embellir les mœurs chrétiennes, elle s'est faite l'interprète et l'admiratrice des idées puériles et des mœurs dissolues de l'antiquité.

« Qu'en est-il encore résulté ? *L'affaiblissement de la poésie, de la musique, de la peinture, de la sculpture, de l'architecture*, qui ne vivent que des inspirations de la pensée religieuse et nationale. Aussi voyons-nous les artistes éminents sortir de la triste carrière ouverte à l'époque dite de la Renaissance, et que l'on appellera bientôt le siècle de la dégradation. Obligés de reprendre nos études et de revenir aux traditions de l'école du moyen âge, notre adoration pour l'art antique nous a attardés de trois siècles (MARTINET). »

l'instar des Grecs, à immoler le sens chrétien de
la jeunesse pour la vaine gloriole de conserver
les langues et la littérature païennes, elle doit
s'attendre à être frappée du même châtiment
que les Grecs. Elle finira par perdre, comme on
vient de le voir, le christianisme, et ne conser-
vera pas cette suprématie dans les sciences,
dans les lettres, dans les arts, dans l'industrie
et dans la politique, qui en font la maîtresse de
la civilisation et l'arbitre des destinées du monde.
Comme il a été prédit par des voix puissantes (1),
elle ne cessera d'être chrétienne que pour devenir
cosaque.

L'histoire de son apostasie sera l'histoire de
sa décadence; et sur le tombeau de toutes ses
grandeurs et de toutes ses gloires, une main
redoutable tracera cette épitaphe : « Oh ! le
mauvais calcul d'acheter le temporel au prix de
l'éternel ! car on finit par les perdre tous deux :
*Temporalia amittere timuerunt et vitam æternam
non cogitaverunt, et sic utrumque amiserunt.* »

6. Un pareil malheur n'aurait pas été à craindre,
si, dans les siècles dont nous venons de parler,
on était resté fidèle à la méthode chrétienne, au
lieu de l'avoir, dans un mouvement irréfléchi et
insensé, sacrifiée à la méthode païenne, et si
aujourd'hui même l'on restaurait celle-là sur les
ruines de celle-ci. « Mais ce serait, dit-on, tuer
» la grande littérature, dont les auteurs païens
» sont les modèles les plus parfaits; ce serait
» détruire la belle latinité, qu'il est si important
» de conserver dans l'intérêt de la religion et de
» l'Eglise, aussi bien que dans celui des belles-
» lettres. Car cette latinité ne peut être apprise
» que par des études longues et sérieuses des
» classiques païens, et ces études deviennent
» impossibles si on ne s'y applique dès le premier
» âge. »

Une telle objection n'a pas de valeur, parce
qu'elle n'a pas de fondement : et l'on ne peut la
soutenir sans faire preuve d'une grande légèreté,
d'une grande ignorance, et d'un grand aveuglement, touchant l'évidence des faits présents et
l'expérience du passé.

Comme le cœur de l'homme ne s'élève que par
le sentiment de la vertu, son intelligence ne se
développe que par la connaissance de la vérité ;
car la vérité est en quelque sorte la vertu de
l'intelligence, comme la vertu est la vérité du
cœur. Ce n'est qu'en progressant dans la connaissance de la vérité que l'intelligence se forme,
grandit, se consolide, et parvient à ce degré de
puissance et de perfection qui est nécessaire
pour bien juger des choses, acquérir de nouvelles
connaissances et atteindre à de nouvelles vérités.

Dans les Livres saints et dans les classiques
chrétiens, tout est vertu et vérité, ou tout y
conduit; parce que tout y est la pensée de Dieu
ou son reflet, son commentaire et son développement. Tout en étant donc les livres les plus
propres à former la raison chrétienne, ils sont
aussi les livres les plus propres à former la raison
littéraire et à élever les intelligences à la hauteur
de la grande littérature.

(1) M. Donoso Cortés et Napoléon Ier.

On s'extasie devant les chefs-d'œuvre de l'éloquence païenne. Mais, sans parler des magnifiques discours de Moïse, de Josué, et d'autres
grands personnages de la Bible, soyons sincères :
Peut-on encore admirer Démosthène après qu'on
a lu les homélies de saint Jean Chrysostome, ou
admirer Cicéron après avoir lu les sermons de
saint Léon et de saint Fulgence sur les Mystères ;
les sermons ou les traités de saint Augustin sur
saint Jean, et les homélies de saint Grégoire sur
les Evangiles ?

C'est que l'éloquence chrétienne est surtout
l'éloquence des *pensées*, tandis que l'éloquence
païenne n'est le plus souvent que l'éloquence
des *mots*.

Pour l'éloquence didascalique, les livres *Sapientiaux*, les traités moraux de saint Basile, l'ouvrage
que saint Ambroise a écrit *Sur les devoirs (De
officiis)* pour faire oublier l'ouvrage que Cicéron
avait écrit sous le même titre, et rien que le
livre immortel de l'*Imitation*, indépendamment
du fond, ne l'emportent-ils pas, même par la
forme si exacte, si philosophique, si brillante et
si variée, sur tous les plus éloquents traités des
moralistes du paganisme ?

Quant au style épistolaire, la supériorité des
auteurs chrétiens sur les auteurs païens est un
fait incontestable et incontesté. L'unique recueil
païen réputé classique dans ce genre, c'est la
correspondance de Cicéron. Rien, il est vrai, de
plus élégant au point de vue de la latinité ; mais
rien aussi de plus ennuyeux et de plus fade au
point de vue du goût ; rien de plus vide au point
de vue de l'intérêt ; et rien de moins édifiant au
point de vue de la morale. Tout y respire l'intrigue des plus basses passions, ce sont les épan-
chements les plus cyniques d'amitiés hypocrites,
n'ayant que l'égoïsme pour mobile et pour base.

Il en est bien autrement des Lettres des Pères
de l'Eglise. Voulez-vous de la correspondance
diplomatique ? Pour ne rien dire des Pères grecs,
saint Léon et saint Ambroise en sont un modèle
achevé : ce sont leurs Lettres qui ont créé la
diplomatie chrétienne. Les épîtres de saint Jérôme,
de saint Augustin et de saint Grégoire sont, elles
aussi, des types parfaits de correspondance entre
des amis sincères et des savants chrétiens. C'est
à l'école de saint Bernard que votre France a
puisé ce goût délicat et cette perfection du style
épistolaire dans lesquels elle n'a pas de rivaux.
Enfin, ceux qui connaissent les Lettres des auteurs
chrétiens savent bien qu'aucune lecture n'est en
même temps plus agréable, plus pleine d'intérêt,
plus instructive et plus édifiante.

Je sais bien que le fanatisme classique ne
trouve que dans l'ancienne Athènes et dans
l'ancienne Rome les historiens les plus parfaits ;
mais eût-il à m'en vouloir, je me crois assez
autorisé pour affirmer que les vrais maîtres de la
manière d'écrire l'histoire sont les historiens
sacrés et les historiens ecclésiastiques.

Les biographies des Patriarches, dans la Genèse,
et les appréciations de leurs grandeurs dans
l'Ecclésiastique ; l'histoire de Ruth et de Tobie ;
les histoires politiques des Livres des Rois et
des Macchabées, ne sont-elles pas la perfection

du genre ? Y a-t-il rien de plus attrayant, en fait d'histoire, que les Actes des Martyrs et les Vies des Saints, écrites par des Saints ? Après leur lecture, tout ce qu'ont écrit les historiens les plus célèbres grecs et romains ne devient-il pas insupportable ?

Que devient Tite-Live, ayant écrit l'histoire de Rome au point de vue purement humain, en comparaison de saint Augustin écrivant dans sa *Cité de Dieu* l'histoire des empires au point de vue divin, et par là créant, lui le premier, *la philosophie de l'histoire* ? Pensée immense que seul le plus grand génie de l'ancienne Eglise a pu concevoir, et que seul le plus grand génie de l'Eglise de nos jours (Bossuet) a su comprendre et exposer avec tant de supériorité et d'éclat, dans son immortel *Discours sur l'histoire universelle.*

Sulpice Sévère et Orosius n'ont rien à envier à Salluste et à César, et la verve de Tertullien efface celle de Tacite. C'est que dans nos auteurs seulement on rencontre l'histoire ayant la vérité pour base, l'édification pour but, l'avantage temporel et éternel de l'humanité pour résultat; tandis que les historiens grecs, comme les Latins leur en faisaient le reproche, ne se distinguent que par la hardiesse du mensonge (1); et que les historiens latins ne sont pas plus véridiques. Dans les uns et dans les autres, même le vrai est altéré par les exagérations du langage, par les prétentions à l'esprit et par l'intérêt de la vanité auquel on les fait servir. Aussi ce n'est pas une petite besogne pour la critique que d'y découvrir la vérité, enveloppée et perdue au milieu des nuages du faux et des petites passions.

Que dirai-je de la poésie ? Est-ce que toute la poésie païenne ne pâlit pas devant la poésie des Prophètes ? Est-ce que les odes de Pindare et d'Horace, dans lesquelles la recherche des mots et la difficulté de la phrase tiennent lieu bien des fois de l'élévation de la pensée, et dans lesquelles trop souvent on prend l'ampleur pour de la majesté et l'obscurité pour du sublime, est-ce que ces odes, dis-je, peuvent soutenir la moindre comparaison avec les cantiques de la Bible ? Adam de Saint-Victor, le plus grand poète du moyen âge, ne vaut-il pas à lui seul bien des poètes de l'âge d'Auguste ? Les petits poèmes de saint Bonaventure, que votre fameux Gerson voulut faire entrer dans le nombre des livres classiques de la jeunesse, comme les plus propres à *élever et spiritualiser les âmes*, ne respirent-ils pas une véritable et délicieuse poésie ? N'en est-il pas de même des Hymnes et des Proses de saint Thomas (2) ? Je sais bien qu'un littérateur célèbre du xviiᵉ siècle (Scaliger) a dit : « J'aimerais mieux être l'auteur de l'ode d'Horace *Quem tu Melpomene semel,* que roi de France. » Mais c'était du fanatisme. Un autre littérateur non moins célèbre du même siècle, et par surcroît grand latiniste et grand poète lui-même (Santeuil), a dit à son tour : « Je donnerais toutes mes poésies pour cette strophe du poète *Angélique* : *Se nascens dedit socium, Convescens in edulium, Se moriens in prætium, Se regnans dat in præmium.* » C'est du bon sens. Et moi aussi, car chacun a ses goûts : je renoncerais volontiers à toutes les dignités de l'Eglise, pour l'honneur d'avoir chanté la naissance temporelle du Verbe éternel comme l'a fait saint Ambroise (1), et les grandeurs de la Croix, comme l'a fait votre poète Fortunat (2).

On a beau dire et beau faire, celui qui ne sait pas que la poésie chrétienne est la vraie poésie, où la poésie de l'enthousiasme et du sublime des choses, et qu'à côté d'elle la poésie païenne, ou la poésie de l'enthousiasme et du sublime des formes, n'est qu'un jeu d'enfants, celui-là n'entend rien à la poésie et n'a pas droit à la parole dans la présente question.

7. Or, si l'on faisait passer les huit ans que la jeunesse est forcée de consacrer à l'étude des auteurs païens à expliquer, à méditer, à apprendre par cœur ces chefs-d'œuvre de la littérature chrétienne, ces vrais modèles du beau comme du vrai, nul doute que les jeunes intelligences ne se trouvassent, dans un âge plus avancé, mieux en état de distinguer l'or du fumier dans les auteurs païens; de s'en approprier les formes en en dédaignant les pensées; d'en saisir les élégances et les beautés sans tenir compte de leur doctrine et sans se laisser entacher par le souffle infernal de leur esprit. Nul doute qu'elles ne sussent en juger et en disposer en maîtres, c'est-à-dire qu'elles ne pussent en tirer un profit réel au point de vue du goût littéraire, sans le moindre danger pour leur croyance et leur vertu. C'est ainsi que la méthode chrétienne, tout en formant de vrais disciples de Jésus-Christ, formerait mieux et donnerait en plus grand nombre de vrais littérateurs, et fournirait un nouvel argument en faveur de la vérité de cet axiome de saint Paul : L'ESPRIT DE PIÉTÉ EST UTILE A TOUT; *Pietas ad omnia utilis est.*

Au contraire : l'un des effets les plus certains de l'étude exclusive des auteurs païens, c'est, quoi qu'on dise, d'abaisser l'intelligence et de la renfermer dans le cercle étroit des idées naturelles et humaines, aussi bien que de faire descendre le cœur jusqu'au niveau des intérêts de la matière et du temps. De là la petitesse de l'esprit et l'absence du caractère qu'on déplore si souvent dans les littérateurs modernes, formés au moule du classicisme païen. C'est, chez un grand nombre de ces écrivains, un faux goût littéraire et un enthousiasme factice,

---

(1) « Quidquid Græcia mendax audet in historia (JUVÉN.). »

(2) Nous ne mentionnons pas ici saint Paulin, saint Prosper, Sédulius, Boëce, Helpide et d'autres poètes chrétiens du même âge, car leurs poésies, très chrétiennes par le fond, ne le sont pas toujours par la forme. La poésie, proprement et entièrement chrétienne, est celle des *hymnes* et des *proses* des auteurs que nous citons ici, dans lesquels le mètre païen est mis tout à fait de côté; les vers ne sont pas mesurés par pieds, mais par syllabes, et leur harmonie est rehaussée par la rime : comme on voit, cette poésie a donné naissance à la poésie chrétienne des langues modernes.

(1) Dans l'hymne du jour de Noël : *Jesu, redemptor omnium, Quem lucis ante originem, Parem paternæ gloriæ Pater supremus edidit.*

(2) Dans l'hymne du vendredi-saint : *Vexilla regis prodeunt : Fulget Crucis mysterium, Qua Vita mortem pertulit, Et morte vitam protulit.*

éblouissant le lecteur par la hardiesse et la monstruosité des tropes, et sacrifiant la vérité de la pensée et l'importance des idées au clinquant des mots vides de sens, à l'harmonie de la période et à l'élégance des phrases. Ce sont donc des littérateurs aussi peu sérieux qu'ils sont de pauvres chrétiens.

Le latin en particulier trouverait, lui aussi, son compte dans la restauration de la méthode chrétienne.

D'abord, comme on vient de le démontrer victorieusement (1), le latin chrétien est au moins du latin aussi bon et aussi beau que le latin païen, et par surcroît il est plus simple, plus clair, plus précis, plus substantiel et plus gracieux. Quelle sublimité et quelle pureté d'expressions dans le latin du Livre de Job! Quel charme divin dans le latin des Evangiles! Belle création du génie de saint Jérôme, envoyé d'en haut pour donner aux hommes un échantillon du style de Dieu, style dans lequel la sagesse de Dieu est cachée dans la simplicité de la lettre, et par cela même le seul propre à rendre le grand mystère du Fils de Dieu, revêtu de la faiblesse de l'homme.

Le plus grand latiniste du xvi° siècle, Érasme, à l'âme et à l'esprit tout païens, et par conséquent juge très compétent et témoin non suspect dans la question, n'hésite pas à déclarer, au grand scandale du pédantisme, qu'au point de vue de la belle élégante latinité, saint Jérôme vaut mille fois mieux que Cicéron (2). Et en vérité on ne peut, sans mourir d'ennui, parcourir, par exemple, les *Questions Tusculanes*, le livre le plus élégant de l'orateur romain, tandis que le Solitaire de Bethléem se fait lire avec un constant intérêt jusqu'au bout. Les hypotyposes de saint Ambroise font oublier les morceaux les plus pittoresques de Virgile (3); le latin des Livres moraux de saint Grégoire et des Commentaires de Bède réunit l'élégance, l'harmonie, la souplesse et la grâce à une facilité merveilleuse de rendre clairs et accessibles à toutes les intelligences les plus sublimes mystères et les plus importants devoirs du christianisme. Y a-t-il rien de plus concis et de plus tranchant que le latin de Tertullien? Y a-t-il rien de plus solide et de plus sentencieux que le latin de saint Augustin? Y a-t-il rien de plus coulant et de plus majestueux que le latin de saint Léon? Y a-t-il rien de plus exact, de plus vif, de plus doux et de plus attrayant que le latin de saint Bernard (1)?

N'est-ce donc pas le comble de la déraison d'affirmer qu'en commençant par mettre entre les mains des jeunes gens de pareils modèles, d'une bonne et belle latinité, on n'en ferait que des latinistes pitoyables? Les modernes professeurs de latin ne seraient-ils pas, au contraire, très heureux si, à l'aide de leur méthode païenne, ils parvenaient à former des élèves écrivant le latin de saint Bernard et de saint Jérôme? et ne se croiraient-ils pas bien récompensés par un tel succès de leurs pénibles travaux dans l'enseignement de cette langue?

8. De plus, d'après la belle pensée de Tertullien, l'âme humaine est naturellement chrétienne; *testimonium animæ naturaliter christianæ*. Elle a donc des sympathies profondes, invincibles, pour tout ce qui est chrétien. Elle a un ardent désir, un besoin impérieux de bien connaître les grandeurs, les beautés, les raisons, les harmonies du christianisme. Seule, l'étude des classiques chrétiens lui assure ce résultat. Leurs livres doivent donc l'intéresser et l'intéressent en effet au dernier point.

Attrayants par le fond, ces mêmes livres ont sur les livres païens l'avantage d'être moins transpositifs, plus logiques, plus clairs et d'une intelligence plus facile par rapport à leurs formes. En voilà donc assez pour que la jeunesse se porte à les étudier, à les apprendre par cœur, avec ce transport et cet enthousiasme qui sont les conditions les plus sûres pour en tirer profit.

Ainsi nul doute, et les faits sont là pour le prouver, que, si on commençait par faire étudier dans les écoles le latin dans ces livres, d'abord un plus grand nombre d'élèves s'appliqueraient sérieusement à l'étude de cet idiome; deuxièmement, qu'ils feraient dans une année plus de progrès qu'ils n'en font à présent dans quatre ans par la méthode qu'on leur fait suivre ; et enfin, que, comme nous venons de le remarquer,

---

(1) Voyez la préface qui se trouve à la tête des *Lettres choisies* de saint Bernard, publiées par les frères Gaume. Il est beau de voir dans cette savante pièce le terrible Erasme, d'une part, vengeant dans son style vraiment cicéronien, la légitimité, la pureté et les grâces du latin des écrivains ecclésiastiques; et de l'autre, fustigeant, avec la verve caustique de son langage, le pédantisme ridicule des écrivains de son temps qui avaient l'air de rougir du latin de la Bible et des Pères de l'Eglise, et qui se faisaient scrupule de nommer *Jésus et Marie, la Trinité et l'Incarnation*, parce que ces mots ne se trouvent pas dans Cicéron.

(2) Voici les élégantes paroles d'Erasme sur ce sujet : « Hieronymus phrasi et artificio dicendi non Chris- » tianos modo omnes longo post se intervallo reliquit, » verum etiam cum ipso Cicerone certare videtur. Ego » certe, nisi me sanctissimi viri fallit amor, cum » Hieronymianam orationem cum Ciceroniana confero, » videor mihi nescio quid in ipso eloquentiæ principe » desiderare (*lib. 5, epist.* 19).... Si cæteri, illustres « alioqui, cum hoc conferantur, ob hujus eminentiam » obscurantur. Tot egregiis est cumulatus dotibus, ut » vix ullum habeat vel ipsa docta Græcia quem cum » hoc viro queat componere. Quantum in illo romanæ » facundiæ! Quanta linguarum peritia! Quanta notitia » historiarum omnis antiquitatis! Quam fida memoria! » Quam felix rerum omnium mixtura! Quam absoluta » mysticarum litterarum cognitio! Super omnia, quis » ardor! Quam admirabilis pectoris afflatus, ut una et » plurimum delectet eloquentia, et doceat eruditione et » rapiat sanctimonia (*lib.* 11, *epist. I, ad Leonem* X, P. M)! »

(3) Il en a paru ainsi au savant M. M....., inspecteur général de l'Université. Il sait bien par cœur son Virgile, cependant, invité dernièrement à lire avec nous le martyr de sainte Agnès, de saint Jean-Baptiste, de sainte Thècle, de saint Théodore, etc., par saint Ambroise, il a eu l'honnêteté d'avouer que tout cela est bien au-dessus des plus belles descriptions virgiliennes, au point de vue de la poésie et du style.

(1) Les pédants, voulant calmer leurs scrupules au sujet des solécismes du latin chrétien, peuvent consulter en particulier le bel ouvrage du littérateur allemand Forst, *De latinitate merito et falso suspecta;* et à leur grande surprise, ils trouveront que les mots et les phrases latines qui les scandalisent le plus dans les écrivains chrétiens se trouvent en toutes lettres dans les auteurs païens.

ils se trouveraient mieux disposés et plus aptes à saisir plus tard les vraies beautés des classiques païens.

Il est donc évident que, loin de nuire au vrai progrès de la belle latinité, la méthode que nous soutenons serait le moyen le plus certain et le plus puissant de la rendre plus commune, de la populariser et de la conserver au grand avantage des belles-lettres et de la religion.

Une triste expérience nous apprend, au contraire, que la méthode païenne, loin de donner de semblables résultats pour le latin classique, lui a été et lui est funeste.

Voilà trois siècles déjà qu'un engouement forcené pour les écrivains du siècle de Périclès et d'Auguste est parvenu à introduire dans les écoles chrétiennes la méthode de ne faire apprendre le latin aux enfants qu'à l'aide des classiques païens.

Voilà trois siècles déjà que, maitresse du terrain et soutenue par toute espèce d'encouragements, elle y règne sans opposition.

Voilà trois siècles enfin que, traduits dans toutes les langues, commentés mot par mot comme des oracles, édités sous tous les formats, les auteurs païens ont été mis à la portée de tous les âges, de tous les sexes, de toutes les fortunes et de toutes les intelligences ; et qu'érigés en idoles de tout ce qui a de l'esprit, ils ont été pendant huit ans proposés à l'étude, à la méditation exclusive, à l'admiration forcée, on dirait presque à l'adoration de la jeunesse.

Eh bien, quels ont été les résultats de ces efforts de la pédanterie classique, de ces conditions heureuses où elle s'est trouvée, et de la puissance qu'elle a eue à sa disposition ?

Au XVIᵉ siècle, on vit éclore, il est vrai, comme par enchantement, une foule de nouveaux latinistes à faire envie aux anciens ; d'imitateurs rivalisant avec leurs modèles ; d'écoliers disputant la palme à leurs maitres, touchant la pureté, l'élégance et la grâce du style latin. Mais leur nombre se trouva singulièrement réduit au XVIIᵉ siècle. Le XVIIIᵉ, à son tour, sut le latin dans une proportion bien moindre que le siècle précédent (1) ; et enfin voici notre siècle qui, à de rares exceptions près, ne le sait point du tout (2)

(1) « Au commencement du XVIIᵉ siècle, le P. Judde, » jésuite, disait que les régents de sa compagnie *n'étaient » pas capables de faire un thème corrigé qui valut » quelque chose, à moins d'y mettre un temps considé-* » *rable* (JUDDE, *Œuv. spir.*, t. VI, p. 65).
» Leurs successeurs n'étaient pas plus habiles. En 1785, » Mercier écrivait : Il y a dix collèges de plein exercice » à Paris. On y emploie sept ou huit ans pour apprendre » la langue latine ; *et, sur cent écoliers, quatre-vingt-dix » en sortent sans la savoir.*
» Et l'on a la naïveté d'écrire aujourd'hui que, dans » certaines maisons d'éducation, les humanistes et les » rhétoriciens ont une connaissance approfondie des » principes et des grâces de la langue latine ! *Risum » teneatis* (GAUME). »
(2) Au XVᵉ siècle, tout le monde comprenait, parlait et écrivait le latin, même les femmes. De nos jours le latin est devenu du *grec* même pour des académiciens, même pour des prêtres. Ainsi on leur fait en langue vulgaire des versions des auteurs latins, et des cours non seulement de philosophie, mais encore de théologie dogmatique, et, ce qui ne s'était jamais vu, même de *théologie morale !*

Car n'est-ce pas un fait incontestable que, même parmi les partisans les plus chaleureux, parmi les panégyristes les plus fanatiques de la latinité classique, on ne trouve presque personne en état d'écrire quelques lignes en latin sans s'exposer à se faire lapider ? N'est-ce pas un fait incontestable que la jeunesse, sortant des collèges et des Séminaires, après avoir étudié pendant huit ans les classiques latins, ce qu'elle sait le moins, c'est le latin (1) ? N'est-ce pas un fait incontestable que la belle latinité s'en va à vue d'œil, qu'elle se meurt ? et que, si l'on n'y apporte remède, bientôt on ne trouvera peut-être plus une seule plume capable de faire en bon latin l'épitaphe de la bonne latinité décédée ?

Il est donc positif que la méthode païenne, qu'on veut maintenir en dépit du bon sens et de la conscience publique (2), n'est pas une condition *sine qua non* du progrès du latin classique, puisqu'elle n'a pu empêcher l'état d'agonie auquel on le voit réduit.

9. J'ose même affirmer que cette méthode à laquelle on croit attachée l'existence du latin classique, c'est précisément elle qui le tue.

Contrairement à ce qui, comme on vient de le voir, est propre aux classiques chrétiens, les classiques païens sont difficiles à comprendre ; leurs beautés de style sont au-dessus de la portée des jeunes gens, et ordinairement ils ne peuvent les saisir qu'après avoir atteint l'âge de dix-huit ans au moins. Ces auteurs ne peuvent donc,

(1) On n'a qu'à interroger les préparateurs au baccalauréat, et on les entendra faire cet aveu avec l'accent de l'étonnement et de la douleur. C'est au moins de la simplicité ! Il n'y a pas longtemps que sur mille jeunes gens qui s'étaient présentés quelque part au jury des examens, huit cents ont été renvoyés parce qu'ils ne savaient pas faire la version, et que les autres n'ont été admis que par un sentiment d'indulgence inspiré par la sagesse.
(2) Au XVIᵉ siècle, cette méthode de faire apprendre aux enfants le latin dans les auteurs païens pouvait avoir sinon une raison, au moins une excuse ou un prétexte, dans les usages et dans les préjugés du temps. Le latin était alors la langue usitée par tous les savants ; actes publics et correspondances privées, tout se faisait en latin, et l'on prétendait que ce fût dans le latin du siècle d'Auguste ; et dès lors il fallait bien apprendre une telle latinité. Mais à présent qu'à l'exception près des bulles et des brefs du Souverain Pontife, et des décisions des congrégations romaines, rien nulle part ne s'écrit en latin, nous le demandons, à quoi bon faire perdre huit ans aux enfants pour apprendre, à l'aide de thèmes qui n'ont pas le sens commun, à écrire le latin classique dont il ne leur arrivera pas une seule fois dans la vie de faire le moindre usage ? N'est-ce pas abuser de la crédulité des parents, et trahir les vrais intérêts de leurs enfants ?
Ce serait bien autre chose si, en revenant à la méthode chrétienne, on faisait commencer aux élèves l'étude du latin par les auteurs ecclésiastiques. D'abord on rendrait plus commun et l'on conserverait le latin chrétien, qui par la méthode actuelle s'en va, lui aussi, à la suite du latin païen, au grand détriment de la vraie science et de la vraie foi. Ensuite, l'esprit des jeunes gens grandirait par la connaissance approfondie des sublimes vérités du christianisme ; leur cœur se formerait au goût et à la pratique du bien, par une connaissance semblable des lois de l'Evangile, et ils emporteraient au moins dans la société une intelligence sérieusement cultivée et cette instruction complète de la religion, dont l'usage est si utile et si nécessaire dans toutes les conditions et à tous les instants de la vie, et qui, en faisant le vrai chrétien, fait aussi le bon citoyen.

quant aux formes, être goûtés et aimés par la jeunesse à qui on les impose. Ils ne peuvent l'intéresser non plus par rapport à ce qui en fait le fond et le sujet; car des chrétiens ne peuvent certainement pas prendre le moindre intérêt à la généalogie, aux métamorphoses, aux crimes et aux saletés des divinités du paganisme; et des Français, des Italiens, des Espagnols, ne peuvent prendre qu'un intérêt fort médiocre à l'histoire de l'ancienne Grèce et de l'ancienne Rome, et à la vie des héros de nations et d'une civilisation qui leur sont complètement étrangères (1).

Les professeurs de belles-lettres ont beau s'épuiser à exagérer à leurs élèves cet intérêt, à s'extasier sur chacune des phrases de ces auteurs et des actions de ces prétendus héros, ils ne parviennent à faire partager leur enthousiasme qu'à un très petit nombre d'esprits; et ils doivent se résigner à voir tous leurs efforts se briser devant la froideur et l'insensibilité de l'immense majorité des jeunes gens dont ils veulent faire des Cicéroniens et des Virgiliens.

Le grand mobile d'une application sérieuse et soutenue, à quelque branche de connaissance que ce soit, n'est que dans le progrès bien senti qu'on y fait et dans le succès qu'on y obtient: *Possunt quia posse videntur.*

Or, à l'exception d'un nombre très minime, les jeunes gens que l'on cloue à l'étude des auteurs classiques, malgré tout l'empressement qu'ils y portent et tous les efforts qu'ils font, sentent que, loin de parvenir à s'en approprier le style et le langage, ils n'arrivent pas même à les comprendre. Ils se découragent donc, ils prennent leur parti, ils renoncent à un but qui leur paraît impossible à atteindre; soins, industrie et travaux des maitres, promesses et menaces de la part des parents pour relever et soutenir leur courage, rien n'y fait. Cela nous explique ce fait lamentable, que, sur une classe de cinquante élèves d'humanités, le professeur est bien heureux s'il en trouve dix qui y fassent quelques progrès, tandis que tous les autres y perdent leurs meilleures années, croupissent dans la paresse et dans les désordres qui en sont les conséquences. Or une méthode qui, au moyen des plus grands sacrifices de toute espèce, n'obtient que d'aussi pauvres résultats, n'a pas besoin qu'on la réfute: elle est jugée et condamnée par elle-même.

(1) « Enfin, puisqu'il faut tout dire, l'étude longue, approfondie, de la langue des anciens, serait peut-être plus nuisible qu'utile. *Nous cherchons dans l'éducation à faire connaître des vérités, et les livres des anciens sont remplis d'erreurs. Nous cherchons à former la raison, et ces livres peuvent l'égarer. Nous sommes si éloignés des anciens, qu'il faut avoir sa raison déjà tout armée pour que ces précieuses dépouilles puissent l'enrichir sans la corrompre...*

» LES MODÈLES ANCIENS NE PEUVENT SERVIR QU'AUX ESPRITS DÉJA FORMÉS. *Qu'est-ce, en effet, que des modèles que l'on ne peut imiter sans examiner sans cesse ce que la différence des mœurs, des religions, des idées, oblige d'y changer?*

» *Cette habitude des idées antiques, prise dans notre jeunesse, est peut-être une des principales causes de ce penchant presque général à fonder nos nouvelles vertus politiques sur un enthousiasme inspiré dès l'enfance.* » C'est Condorcet qui vient de parler ainsi (Œuv., t. VII).

Donc, s'obstiner à ce que le latin ne soit appris que dans les classiques païens, c'est mettre un tel apprentissage à des conditions dures, injustes, et même impossibles à remplir, au moins par le plus grand nombre; c'est faire de cet apprentissage un long martyre pour les jeunes gens; c'est leur inspirer le dégoût, la haine et la terreur de cette même latinité qu'on veut leur faire apprendre; c'est travailler à diminuer toujours davantage le nombre de ceux qui voudront s'y appliquer; c'est en amoindrir l'importance et la nécessité, et la faire exclure avec raison des programmes de l'enseignement public.

Nous sommes bien loin d'applaudir à la démarche qu'on vient de faire, et par laquelle il semble qu'on ait voulu inaugurer cette exclusion. Nous verrions avec douleur la jeunesse chrétienne abandonner la culture des lettres, ce moyen si puissant pour adoucir les mœurs, et l'un des traits qui distinguent les sociétés civilisées des sociétés barbares.

Mais, tout en regrettant qu'on eût eu recours à l'expédient de détruire ce qu'il faudrait réformer, et qu'on eût porté une grave atteinte aux belles-lettres au lieu de revenir à l'ancienne *manière de les apprendre et de les enseigner,* nous ne pouvons nous empêcher de reconnaître que la mesure dont il s'agit, a sa raison dans le zèle de l'autorité pour apporter remède à des inconvénients trop réels, et qu'elle est à certains égards, l'expression d'une pensée juste et généreuse.

Dans une circonstance solennelle, on a dit qu'en étudiant les auteurs païens, les jeunes gens apprennent *de nobles et sublimes choses* (1). Mais on en a imposé au public, car rien n'est plus évidemment faux.

Il saute aux yeux de tout le monde que, dans les huit ans de ces études classiques, la jeunesse des écoles ne récolte que des idées fausses ou exagérées sur l'antiquité grecque et romaine; qu'elle ne s'y forme qu'un goût faux et mesquin touchant une littérature étrangère, au préjudice de la littérature nationale; qu'elle n'y fait d'autres emplettes que d'une centaine de phrases latines payées bien cher (2), et dont il ne lui arrivera jamais de faire usage; qu'elle n'en retient que quelques hémistiches d'anciens poèmes qu'elle répétera plus tard à tort et à travers, pour se donner l'air de savoir ce qu'elle ne sait pas; le tout assaisonné par l'esprit d'une grande suffisance et d'un grand orgueil.

Voilà *les nobles et sublimes choses que les enfants apprennent aujourd'hui par leur étude du grec et du latin.* Voilà le triste bagage acheté au prix de ce que l'homme a de plus cher, voilà ce qu'en sortant des écoles ils apportent dans la société. Rien, du reste, à l'exception près d'un peu de français, pour lequel l'étude du latin

(1) En vérité, ces messieurs sont singulièrement clairvoyants; ils voient non seulement ce qui n'est pas mais encore *tout* le contraire de ce qui est.

(2) En terme moyen, l'éducation d'un enfant au collège ne coûte pas à sa famille moins de 12 à 15 000 francs. C'est, comme on voit, payer les phrases latines qu'il en emporte à cent francs la pièce. En vérité, c'est par trop cher.

chrétien serait d'un bien plus grand secours, rien, dis-je, de ce qui lui importe avant tout de savoir, et de ce qui peut lui être vraiment utile dans la carrière de la vie!

10. Si l'on pouvait au moins, par une méthode aussi funeste à la foi, obtenir quelques avantages dans la littérature, ce serait, à la vérité, une compensation bien déplorable, mais enfin c'en serait une. Mais tuer le chrétien et le citoyen dans l'humaniste sans en faire un littérateur (1), étouffer en lui tout sentiment de vertu sans lui donner les vraies notions du beau; fausser son esprit et son cœur au point de vue de la morale et de la religion sans le rendre plus apte à conquérir la science; le façonner de manière à oublier les biens du ciel, sans lui offrir le moindre dédommagement dans les avantages de la terre; lui faire perdre les années les plus précieuses de son existence à n'apprendre que le mal, ou rien; obliger un si grand nombre de familles à se ruiner pour faire passer leurs enfants par de pénibles épreuves, dans lesquelles la moindre perte pour eux est celle du temps, et la plus certaine, celle de la piété; en vérité, c'est par trop cruel!

Voilà ce qu'on a fini par comprendre: et voilà l'immense scandale et la criante injustice auxquels on a voulu porter remède en affranchissant les deux tiers au moins de la jeunesse étudiante de la triste nécessité de passer sous les Fourches Caudines de l'enseignement païen, où elle laisse trop souvent les habitudes et les sentiments les plus précieux, pour n'y ramasser que du clinquant mêlé à de la boue (2).

Une telle pensée, Sire, a été bien digne de votre cœur, si dévoué au soulagement et au bonheur de tout ce qui est français. Mais il est digne de ce cœur de vouloir aussi que votre France, que vous avez élevée si haut, maintienne dans le monde sa suprématie dans la littérature comme dans tout le reste. Il appartient à la première des nations catholiques d'être grande en tout, afin d'accomplir la mission dont Dieu l'a chargée: d'éclairer et de civiliser l'univers. A l'exemple donc du plus illustre de vos prédé-cesseurs, le fondateur de l'empire d'Occident et de la civilisation moderne, vous mettrez au nombre de vos gloires celle de restaurer dans ce beau pays la vraie littérature d'une main, tandis que de l'autre vous y affermirez les bases de l'ordre et de la prospérité publiques. Mais, toujours à l'exemple de Charlemagne, le vrai roi des grands et le plus grand des rois, vous modifierez les lois qui régissent l'enseignement, de manière que la partie la plus noble de la nation ne soit pas forcée d'aller chercher dans les voies du paganisme le progrès littéraire; mais qu'il lui soit libre d'aller puiser dans l'enseignement divin de Jésus-Christ les principes du vrai progrès dans les lettres humaines : *Ipsum audite*. Vous briserez enfin toutes les entraves que d'anciens et déplorables préjugés opposent encore au retour de la méthode chrétienne dans l'éducation de la jeunesse. Cette œuvre est digne de vous, car cette restauration si importante et si nécessaire dans l'intérêt de la littérature nationale ne l'est pas moins dans l'intérêt de la politique. C'est ce qui nous reste à voir dans la dernière partie.

DEUXIÈME PARTIE

11. Tout esprit conservateur, toute âme honnête a applaudi à cette belle parole tombée du haut du trône : *Il faut faire rentrer la révolution dans son lit.* Ce serait certainement un résultat bien important et bien précieux, si l'on parvenait à l'atteindre. Mais ce ne serait pas encore tout ce que l'ordre et le bonheur de la société réclament. Tant qu'un torrent dévastateur coule à travers un pays, quoique rentré dans son lit, il peut toujours en sortir de nouveau, et, lorsqu'on s'y attend le moins, renouveler ses inondations et ses ravages. La sécurité pour le pays qu'il fait trembler ne peut être complète que lorsqu'on en a détourné le cours ou tari la source.

Il en est de même de la révolution. La société ne sera jamais tranquille, à moins qu'on ne fasse disparaître le principe d'où elle découle et la cause qui l'a produite. Or ce principe, cette cause, n'est que le paganisme, qui, administré à la jeunesse pendant son éducation classique, s'est reproduit dans l'homme fait, a envahi tout, la philosophie, la littérature, les arts, la législation, la politique, les mœurs, et a changé des nations jadis chrétiennes en des hordes indisciplinées de maîtres et d'esclaves païens. La révolution vient de là, et non pas d'ailleurs, et c'est là qu'il faut la frapper si l'on veut en avoir sérieusement raison.

L'éducation fait tout, dit Aristote : « *Non parum sed totum est qua quisque disciplina imbuatur a puero.* » L'homme n'est que ce que l'éducation le fait; sur le terrain de son esprit et de son cœur on ne recueille que ce qu'on y a semé. Mais si l'éducation fait l'homme, ce sont les classes éclairées qui, comme on l'a vu dans le discours précèdent, forment la nation, le peuple, la société (1).

(1) En y réfléchissant bien, on est obligé de convenir que l'enseignement classique, à l'exception près des mauvaises impressions qu'il laisse dans les esprits, n'a rien de sérieux. Il s'agit moins par cet enseignement de faire des jeunes gens des hommes instruits, que d'en faire des bacheliers ès lettres; tout y est dirigé dans ce but, pour le reste on y est tout à fait indifférent. On y travaille à faire du jeune homme un être factice pour paraître instruit pendant quelques instants et emporter son diplôme. C'est ainsi qu'on bâtit à grands frais des palais de papier et de toile pour servir de décorations à un feu d'artifice.

(2) « Les rapports des inspecteurs et des doyens de facultés sont unanimes pour constater la résistance, je dirai presque la révolte, contre cette tyrannie. Ils constatent que la jeunesse calcule avec une précision mathématique ce qu'on l'oblige d'apprendre, ce qu'on lui permet d'ignorer, en fait d'études classiques, et qu'elle s'arrête juste à la limite où les grades s'obtiennent. » Ainsi s'exprimait M. Bastiat, député à l'Assemblée de 1850. « Depuis, il a fallu donner une demi-satisfaction au sentiment qu'il signale. On a établi la fameuse *bifurcation*, c'est-à-dire l'exemption d'études classiques pour une moitié des carrières. Qu'on laisse entièrement facultatif le baccalauréat ès lettres, et les Muses n'auront plus un adorateur (l'abbé Vervoæst). » Le classicisme est partout à la baisse!

(1) « La rétrogradation », a dit l'un des plus grands esprits de nos jours (Donoso Cortès), « a commencé en » Europe avec la restauration du paganisme *littéraire*,

Or, ces classes éclairées, nous l'avons prouvé déjà (*ibid.*) par des faits incontestables et par leurs propres aveux, toutes élevées dans la littérature du paganisme, sont malheureusement païennes. C'est donc par elles que la société est devenue païenne, à tel point qu'elles ont pu nous dire par leurs plus fidèles organes: « La société » moderne, surtout la société française, est » pénétrée de l'esprit de l'antiquité; le fond de » ses idées lui a été donné par la littérature clas- » sique. » (1) « Nos idées modernes sont le reflet » des idées de la Grèce et de Rome (2). »

Mais cet *esprit de l'antiquité et ces idées de la Grèce et de Rome* ne sont que l'esprit d'orgueil insensé et d'égoïsme sans bornes, qui altère et détruit chez ceux qui s'en pénètrent tout respect pour l'autorité, tout sentiment de l'ordre, toute intelligence de la vraie liberté (3). C'est l'esprit d'épicurisme abject et de sensualisme pratique qui engendre la passion fiévreuse d'égalité matérielle, du bien-être et des jouissances physiques. C'est, en un mot, l'esprit révolutionnaire.

En paganisant donc la société, ces classes éclairées l'ont révolutionnée; et la révolution française, ainsi que ses propres enfants le reconnaissent et l'avouent tout haut, n'est que l'enfantement hideux du paganisme de la *Renaissance,* que la méthode païenne a perpétué et maintient toujours en vigueur dans les classes éclairées et par elles dans la société tout entière(4).

C'est parce que depuis la *Renaissance* le paganisme avait été stupidement introduit dans l'éducation de la jeunesse, qu'on n'a pendant trois siècles formé que des païens même dans les écoles les plus chrétiennes; et c'est parce qu'on a, pendant toute cette longue période, envoyé la jeunesse chrétienne se former à l'école de l'homme au lieu de l'envoyer se former à l'école de Jésus-Christ, son unique et légitime Maître, que les grandes vérités, bases et garanties de l'ordre politique, que nos pères puisaient dans

» qui a amené successivement les restaurations du » paganisme *philosophique,* du paganisme *religieux* » et du paganisme *politique.* Aujourd'hui le monde » est à la veille de la dernière de ces restaurations, » la restauration du paganisme socialiste (*Lettre* du » 4 juin 1849). »

(1) M. DE RÉMUSAT, *Revue des Deux-Mondes.*

(2) M. RENAN, *ibid.*

(3) « Il est impossible de ne pas reconnaître que ce » qu'on appelle l'esprit moderne n'est que l'esprit de la » Renaissance. Nous sommes révolutionnaires et nous » en sommes fiers. Mais, avant d'être les fils de la » révolution, nous sommes les fils de la Renaissance » (M. ALLOURY, *Journal des Débats*). »

(4) Il est à remarquer aussi que les rhéteurs, les académiciens et les hommes dominés par l'enthousiasme de la littérature classique, sauf les exceptions, nourrissent des sympathies bien arrêtées pour la révolution; et que, pour ne pas conspirer dans les bas-fonds de la société, ils n'en conspirent pas moins, par leurs maximes et par leurs idées, contre l'ordre public; et que, pour n'être pas des révolutionnaires par l'action, ils ne le sont pas moins par l'esprit et par le cœur. C'est qu'il est impossible qu'on ne rapporte de l'étude du latin faite sur des auteurs républicains un goût décidé pour les républiques antiques, et qu'on ne conçoive le désir de voir ressuscitée celle dont on a tant entendu célébrer les prétendus héros et admiré l'histoire.

le catholicisme, se sont presque entièrement effacées de l'esprit de l'homme. « *Quoniam diminutæ sunt veritates a filiis hominum (Psalm.).* »

Par cette éducation toute profane, quoique donnée dans des maisons à l'enseigne de la Croix, que fait-on? De même que sous le rapport de la religion, suivant le mot de saint Augustin que je viens de rappeler, on immole la jeunesse au démon de l'incrédulité; ainsi, sous le rapport de la politique, on la livre au démon de la révolution.

Oui, la révolution avec son horrible et long cortège d'orgies, de meurtre et de sacrilège, n'est que la fille légitime, la conséquence logique de l'enseignement littéraire. On avait appris à la jeunesse que le modèle, le beau idéal d'une société libre et parfaite ne se trouvent que dans les républiques d'Athènes et de Rome; on l'avait nourrie dans l'admiration du paganisme politique et dans le regret qu'il n'existât plus. Ce qui est arrivé ensuite peut-il étonner les esprits logiques et sérieux? Nos Lycurgues de collège ont bouleversé le pays pour ressusciter Athènes et Rome, pour rompre avec le passé chrétien qui avait créé la France et fait sa gloire et sa grandeur.

Mais tâchons de connaître encore mieux l'esprit et les allures de ce grand événement, unique dans l'histoire des égarements des peuples, qu'on appelle « la révolution française. » Seulement, afin qu'on ne pense pas qu'étranger, je ne saurais apprécier d'une manière impartiale et exacte cette lamentable période de votre histoire, je vais m'effacer complètement, pour laisser la parole à vos propres écrivains, et personne n'aura le droit de récuser leurs témoignages.

12. Interrogeons en effet les auteurs les plus compétents, ceux qui ont vu naître la révolution, ceux qui l'ont accueillie de leurs acclamations frénétiques et ceux qui l'ont flétrie de leurs anathèmes; par leurs dépositions unanimes, capables de satisfaire, et au-delà, le jury le plus difficile, ils reconnaissent tous que la France ne se montra point alors complètement païenne parce qu'elle était devenue révolutionnaire, mais qu'elle n'est devenue révolutionnaire que parce qu'elle était déjà païenne; et que son paganisme n'est point sorti de la révolution, mais que c'est la révolution qui est sortie de son paganisme.

D'abord l'écrivain célèbre, aussi distingué par l'élévation de son esprit que par la noblesse de son caractère, le vrai génie de la littérature et par conséquent digne de chanter le *génie du christianisme,* l'homme qui lui a élevé un monument immortel et l'a réconcilié avec l'opinion, en même temps qu'un autre génie ouvrait ses temples et le rappelait dans les mœurs, Chateaubriand a remarqué que la législation de la révolution ne fut dans son ensemble et dans ses détails qu'un calque de l'antiquité païenne, un composé bizarre de mesures empruntées à Sparte, à Athènes, à Rome, formant un habit d'arlequin sur le dos de la république française. Puis le grand homme, s'indignant à la vue de ce qui se faisait toujours sous un gouvernement

soi-disant restaurateur, s'écriait : « Nos écoles
» retentissent des oraisons du consul romain
» contre Catilina, contre Verrès, pour Milon ; des
» harangues mensongères de Tite-Live, des fic-
» tions de Quinte-Curce ; tandis que les discours,
» les combats, les vertus de *nos pères*, ne sem-
» blent pas dignes de nous instruire... *Prétend-*
» *on former des sujets à la monarchie en ne leur*
» *parlant que d'Athènes et de Rome ?... »*

Un autre écrivain (M. Ch. Nodier), dont les
aperçus sur l'histoire contemporaine sont pleins
de justesse, a dit à son tour :

« La révolution française ne fut que la mise
» en scène de nos études de collège. Les plus
» anciens d'entre nous rapportaient qu'à la veille
» des nouveaux événements, le prix de compo-
» sition de rhétorique s'était débattu entre deux
» plaidoyers, à la manière de Sénèque l'Orateur,
» en faveur de Brutus l'Ancien et de Brutus le
» Jeune. Je ne sais qui l'emporta aux yeux des
» juges, de celui qui avait tué son père ou de
» celui qui avait tué ses enfants ; mais le lauréat
» fut encouragé par l'intendant, caressé par le
» premier président, et couronné par l'arche-
» vêque. *Le lendemain, on parla d'une révolution,*
» *et on s'en étonna ; comme si on n'avait pas dû*
» *savoir qu'elle était faite dans l'éducation (Sou-*
» *venirs). »*

Un autre observateur sérieux des causes ca-
chées du grand drame que nous étudions (M. Bastiat) a dit à son tour : « *Sous le nom de Tarquin,*
» *nous détestions la royauté ;* on nous passionnait
» tour à tour pour le peuple et pour la noblesse,
» pour les Gracques et pour Drusus. Et presque
» tous nous prenions parti pour le peuple et ses
» tribuns, et nous sentions naitre en nous la haine
» du pouvoir et la jalousie de toute supériorité de
» noblesse, de fortune.

» Quel est le sujet ordinaire des thèmes et des
» versions, des compositions en vers et en prose ?
» C'est Scévola, qui se brûle la main pour se punir
» d'avoir manqué d'assassiner Porsenna ; c'est le
» premier Brutus qui tue ses enfants soupçonnés
» de complot contre la patrie ; c'est un second
» Brutus qui poignarde César, son bienfaiteur ;
» et d'autres encore qu'on exalte comme les types
» du patriotisme et les adorateurs héroïques de
» la liberté... Combien de fois nos jeunes cœurs
» *n'ont-ils pas palpité d'admiration*, hélas ! et
» *d'émulation à ce spectacle ! C'est ainsi que nos*
» *professeurs, prêtres vénérables*, pleins de science
» et de charité, *nous préparaient à la vie chré-*
» *tienne. (Socialisme et baccalauréat)* (1). »

13. Les promoteurs et les acteurs de la même
catastrophe sont encore plus explicites et plus
énergiques dans la constatation de ce qui en a
été la véritable cause. Avant même que la révolution éclatât, non seulement on la pressentait
mais encore on l'envisageait comme devant néces'

saire ment éclore à la chaleur de l'enseignement
classique.

« Le nom de Rome, disait en 1785 l'auteur du
» *Tableau de Paris* (Mercier), le nom de Rome
» est le premier qui ait frappé mon oreille. Dès
» que j'ai pu tenir un rudiment, on m'a parlé du
» Capitole et du Tibre. Les noms de Brutus, de
» Caton et de Scipion me poursuivaient dans
» mon sommeil ; on entassait dans ma mémoire
» les épitres familières de Cicéron ; de sorte que
» j'étais loin de Paris, étranger à ses murailles,
» et que je vivais à Rome, que je n'ai jamais vue,
» et que probablement je ne verrai jamais.

» Les Décades de Tite-Live ont tellement
» occupé mon cerveau pendant mes études, qu'il
» m'a fallu dans la suite beaucoup de temps pour
» redevenir citoyen de mon pays, tant j'avais
» épousé les fortunes de ces anciens Romains.
» J'étais républicain avec tous les défenseurs de
» la république ; je faisais la guerre avec le Sénat
» contre le redoutable Annibal ; je rasais Carthage
» la superbe ; je suivais la marche des généraux
» romains et le vol triomphant de leurs aigles
» dans les Gaules ; je les voyais sans terreur con-
» quérir le pays où je suis né ; je voulais faire des
» tragédies de toutes les stations de César ; et ce
» n'est que depuis quelques années que je ne
» sais quelle lueur de bon sens m'a rendu Fran-
» çais et habitant de Paris. »

A la différence près que tous les jeunes gens
de cette époque n'ont pas eu le bonheur d'être
rendus plus tard, *par une lueur de bon sens,*
Français et habitants de Paris, les paroles que
vous venez d'entendre sont l'histoire fidèle de
toute la jeunesse contemporaine, que cet auteur
a tracée dans sa propre histoire.

Le 8 janvier 1790, le recteur de l'université de
Paris, l'abbé Dumonchel, à la tête de tous les
professeurs, se présente à la barre de l'Assemblée
nationale, et prononce ce discours, que je livre
à la méditation des directeurs de l'enseignement
public : « *C'est dans notre sein que vous aviez les*
» *plus sincères et les plus zélés admirateurs.*
» *Interrogeant nuit et jour les ombres de tous ces*
» *grands hommes qui ont immortalisé les répu-*
» *bliques de Grèce et d'Italie, nous retrouvions*
» *dans les monuments d'Athènes et de Rome ces*
» *sentiments généreux de liberté et de patrio-*
» *tisme, dont leurs cendres sont encore toutes*
» *brûlantes. Dépositaires du feu sacré, nous*
» *n'avons point à nous reprocher de l'avoir laissé*
» *éteindre entre nos mains. »*

A son tour, un confrère de Dumonchel, l'abbé
Grégoire, s'écrie : « Le génie vertueux est le père
» de la liberté et des révolutions. Aristogiton
» et Brutus n'ont pas été plus utiles à la nôtre
» par leur exemple, *que Démosthène et Cicéron*
» *par leurs ouvrages.* SANS LES EFFORTS DE
» LA REPUBLIQUE DES LETTRES, LA REPU-
» BLIQUE FRANÇAISE SERAIT ENCORE A
» NAITRE (1). »

---

(1) « Avec la Renaissance, écrit un autre témoin,
» l'esprit républicain de l'antiquité reparait en Europe ;
» *la démocratie est sortie des collèges.* Depuis le quin-
» zième siècle, l'instruction scientifique n'a plus eu que
» deux sources, la Grèce et Rome, pays républicain par
» excellence, TERRE NATALE DU RÉGICIDE (PAGÈS, de l'Ariège,
» *Du régicide). »*

(1) « La même année que M. de Boufflers prononçait
» son discours, le P. Cerutti publiait trois odes imitées
» d'Horace. Dans la préface il s'exprime en ces termes :
« *L'esprit littéraire a produit l'esprit philosophique ;*

Voici encore un témoignage non moins éclatant.
L'auteur du *Château des Tuileries* trace le tableau
suivant de la société française au moment où la
révolution éclata : « L'homme des champs, dit-il,
» qui avait amassé quelque argent, envoyait son
» fils au collège dans l'intention d'en faire un
» prêtre, un avocat, un médecin. De la masse de
» ces enfants de cultivateurs qui peuplaient les
» collèges, les trois quarts rentraient dans leurs
» foyers avant d'avoir parcouru les huit années
» consacrées aux études, préférant guider le soc
» de la charrue au défrichement des langues
» mortes ; mais le peu de temps qu'ils avaient
» donné à ce travail avait suffi pour leur inculquer
» quelque teinture de l'histoire ancienne. A la
» veillée, les contes des fées étaient remplacés
» par des récits, des fragments de l'histoire
» grecque et d'une politique sans base. Il n'y
» avait pas grand effort à passer de nos études
» de collège aux débats du *Forum* et à la guerre
» des esclaves. *Notre admiration était gagnée*
» *d'avance aux institutions de Lycurgne et aux*
» *tyrannicides des Panathénées :* on ne nous avait
» jamais parlé que de cela (1). »

14. Ecoutons encore les aveux de ceux qui ont
pris une part active aux crimes de cette époque
de démence.

L'un d'eux nous dit tout haut (Baïot) : « Jadis,
» sur les bancs du collège, nous obéissions aux
» tyrans, mais nous admirions en secret Brutus
» et Chéréas. » Un autre (Dupuis), dans un accès
de délire démagogique, répétait en mourant :
» J'étais républicain avant la révolution, *par*
» *suite de mes études ;* je meurs républicain,
» content et glorieux ; le règne de la justice et de
» la paix est arrivé. » Un troisième (l'auteur de
la *Décade philosophique*) s'écrie : « C'était une
» contradiction bien bizarre de notre éducation
» sous l'ancien régime. On nous mettait dans les
» mains des livres faits pour nous inspirer l'amour
» de la patrie, etc. ; nos jeunes cœurs palpitaient
» à ces traits d'héroïsme des Aristides, des Epa-
» minondas, des Caton, des Brutus ; mais, hors

du collège, on ne trouvait nulle part la réalité
» de ces magnifiques tableaux... C'est mainte-
» nant qu'il peut y avoir un heureux accord
» entre nos lumières et nos mœurs. VOULEZ-
» VOUS FAIRE DES REPUBLICAINS, QUE
» VOS JEUNES GENS LISENT TITE-LIVE,
» SALLUSTE, TACITE ET PLUTARQUE. »

« Mes amis, ajoutait un quatrième (Dumoulins),
» puisque vous lisez Cicéron, je réponds de vous,
» vous serez libres. »

Enfin, l'un des géants de la révolution (Danton),
du haut de la tribune de la Convention, adressa
un jour aux anciennes congrégations religieuses
enseignantes cet éloge, qui devrait leur faire
monter la rougeur au front et navrer leur cœur :
« C'est aux moines, s'écrie-t-il, c'est au siècle
» de Louis XIV que nous devons le siècle de la
» *vraie philosophie.* C'est aux jésuites que nous
» devons *ces élans sublimes, qui font naître l'ad-*
» *miration. La république était dans les esprits*
» *vingt ans au moins avant sa proclamation...*
» Corneille avait parlé en Romain. »

Après avoir entendu les confessions des hommes
de la révolution, arrêtons-nous un instant à considérer leurs projets et leurs actes. L'un d'eux
(Robespierre) ne voulait « qu'élever les âmes à
» la hauteur des vertus républicaines des peuples
» antiques ; » un autre (Saint-Just) ne désirait
que « ramener en France le bonheur de Sparte
» et d'Athènes ; » et, pour y parvenir, il exigeait
« que tous les citoyens portassent sous leur
» habit le *couteau de Brutus.* » Celui-ci (Carrier)
faisait ce vœu : « que la jeunesse ne perdît jamais
» de vue le brasier de Scévola, la ciguë de Socrate,
» la mort de Cicéron et l'épée de Caton. » Celui-
là (Rabaud) proposait « que l'Etat s'emparât de
» l'homme dès le berceau, et même avant la
» naissance, à l'exemple des Crétois et des Spar-
» tiates. » La section des Quinze-Vingts vota
« pour la consécration d'une église à la Liberté
» et pour l'érection d'un autel, sur lequel devait
» brûler un feu perpétuel entretenu par les
» Vestales ; » et la Convention tout entière décida
« que les communes de la France ne devaient
» plus renfermer désormais que des Brutus et
» des Publicolas (1). »

N'est-il donc pas évident que la révolution ne
fut qu'une parodie sanglante et burlesque de
l'antiquité classique ; qu'elle est sortie des
collèges, et que, loin de rentrer dans son lit,
elle continuera toujours à ravager la société tant
qu'on continuera d'enseigner l'antiquité classique
dans les maisons d'éducation ? Enfin, c'est au
nom du paganisme politique et à l'exemple de
ses prétendus grands hommes, que se sont accomplies les plus grandes démences et les crimes
affreux de ces jours de sang. Je n'en citerai qu'un
trait, qui les renferme tous. Souvenez-vous de
l'horrible séance du 16 janvier 1793, qui se tint
non loin de ces lieux sacrés, où je parle devant

» *l'esprit philosophique a produit l'esprit législatif.* »
» Voilà, en trois mots, toute la généalogie de la Révo-
» lution (Gaume). »

(2) « *C'est le collège*, dit, de son côté, Bernardin de
» Saint-Pierre, *qui a produit la révolution avec tous les*
» *maux dont elle est la source.* Notre éducation publique
» *altère le caractère national.* Elle déprave les jeunes
» gens en leur apprenant à toujours parler et à ne
» jamais agir, à voir les beaux discours honorés et les
» belles actions sans récompense. Elle remplit leur esprit
» de contradictions, en insinuant, suivant les auteurs
» qu'on explique, *les maximes républicaines, ambitieuses*
» *et dénaturées.* On rend les hommes chrétiens par le
» catéchisme, *païens*, par les vers de Virgile, *Grecs* ou
» *Romains*, par l'étude de Démosthène ou de Cicéron,
» *jamais Français.*
» L'effet de cette éducation *si contradictoire, si vaine,*
» *si atroce*, est de les rendre pour toute leur vie bavards,
» cruels, trompeurs, hypocrites, sans principes, into-
» lérants... Ils n'ont emporté du collège que *le désir de*
» *remplir la première place en entrant dans la société...*
» Voyant que leurs études ne peuvent leur servir à rien
» pour parvenir, la plupart finissent par une ambition
» négative qui cherche à abattre tout ce qui s'élève pour
» se mettre à sa place ; c'est l'esprit du siècle. Ainsi,
» *tous les maux sortent du collège* (Bernardin de Saint-
» Pierre, *Œuv. posth.*). »

---

(1) Le dernier historien démocrate de la révolution en
a résumé l'esprit dans ces deux mots : « L'imitation
» farouche des républicains de l'antiquité était le point
» de vue qui dominait pendant la révolution (Michelet,
» *Femmes de la révolution*). »

l'un des maîtres du monde. Alors, les pires maîtres que le monde ait connus disaient que le monde n'avait plus de maître ; et poussant leur insolence sacrilège jusqu'à la fatuité, parce que Dieu leur laissait entasser des crimes vengeurs d'autres crimes, ils croyaient avoir vaincu Dieu ; et parce que Dieu les avait ravalés au rang de bourreau, ils s'applaudissaient d'être devenus ses maîtres.

Quelques membres de ce hideux Sénat venaient de voter la réclusion perpétuelle du roi. D'autres se dressent, et au nom de l'antiquité romaine, ils demandent du sang. Après dix-huit siècles de christianisme, qui avait partout fondé la liberté sans répandre d'autre sang que le sien, ils veulent, comme les païens et les barbares, fonder la liberté par le sang des autres. La statue de Brutus trônait au milieu de l'assemblée. L'un d'eux, je ne prononcerai pas leurs noms, mais je cite le procès-verbal qu'ils ont eux-mêmes dressé ; l'un d'eux s'écrie que, si l'on veut se contenter de la réclusion, il faut d'abord voiler la statue de Brutus ; et il vote pour la mort. Ceux qui le suivent tiennent le même langage, invoquent le même nom, font leur offrande de sang à la même idole, et vociférant le nom de Brutus, ils prennent des mains de ce meurtrier païen le poignard avec lequel ils immolent le fils de saint Louis.

Ils étaient sept cents ; bien peu reculèrent devant l'innocence solennellement avouée de la victime. Ce fut ainsi qu'au nom de Caton, de Brutus, de Pompée et de Scévola, en foulant aux pieds toute justice avec toute pudeur, et en colorant leur lâcheté par des souvenirs de collège, ils envoyèrent à l'échafaud le plus honnête des hommes et l'un des rois qui avait le mieux montré le cœur paternel de la royauté chrétienne.

Il en a été de même de tous les assassinats politiques, depuis celui de Galéas, duc de Milan, au quinzième siècle (1), jusqu'à ceux qui, de nos jours, ont ensanglanté et consterné l'Italie. Ils n'ont été inspirés que par les mêmes exemples (2), n'ont été commis qu'à l'ombre des mêmes noms, et n'ont été glorifiés que sous l'impression des mêmes souvenirs (1).

15. Ces faits lugubres n'ont pas besoin de commentaire ; ils en disent plus que les plus éloquents discours sur la triste puissance de l'enseignement classique pour faire tourner toutes les têtes, pour égarer tous les esprits, pour fausser toutes les idées, pour dégrader les plus nobles caractères, et pour inspirer aux âmes les mieux faites, l'horrible pensée de restaurer parmi les peuples chrétiens les sanglantes utopies et les crimes atroces des républiques païennes. Cependant, je ne finirai pas sans rappeler ici l'humiliante leçon que les plus acharnés ennemis de la royauté ont adressée aux rois, au sujet de ce qui nous occupe.

Un jour, l'un des régicides du malheureux Louis XVI (Chazal), en plein directoire, s'exprima ainsi : « Nous-mêmes, nous n'avons relevé nos » fronts courbés sous la servitude de la monar- » chie que parce que L'HEUREUSE INCURIE » DES ROIS NOUS LAISSA NOUS FORMER » AUX ECOLES DE SPARTE, D'ATHENES ET » DE ROME ; *enfants, nous avions fréquenté* » *Lycurgue, Solon et les deux Brutus, et nous les* » *avions admirés ;* HOMMES, NOUS NE POU- » VIONS QUE LES IMITER. Nous n'aurons pas » la *stupidité* des rois : tout sera républicain » dans notre république (2). »

D'autres, parmi ces forcenés démagogues, ont fait des déclarations qui peuvent se traduire ainsi : « Soyons reconnaissants aux rois et aux » prêtres : c'est par l'éducation classique qu'ils » nous ont donnée, que les idées républicaines » se sont glissées dans notre esprit, que la haine » des tyrans a pris racine dans nos cœurs, que

(1) Ce prince a été tué le jour de Noël, dans une église, par un jeune homme de dix-huit ans, dont son maître de rhétorique avait exalté l'imagination par l'exemple de Brutus, et qui, en mourant, se déclara content d'avoir, par ce crime sacrilège, *partagé la gloire de Brutus.*

(2) Personne n'ignore, car tous les journaux ont publié le fait, que le fameux Gallenga, membre du parlement de Turin, avait formé le projet d'assassiner le roi Charles-Albert, et que dans ce dessein il s'était rendu en Piémont. Or, un certain Campanella, son panégyriste, nous dit : « Gallenga était venu de Corse, » né Brutus, grandi Brutus, Brutus déterminé. Bien » loin de l'exciter, Mazzini fit des objections, Brutus » resta inébranlable. » Et Gallenga lui-même, dans une lettre du 1er novembre 1856, a reconnu le crime qu'on lui a imputé, l'a déploré, et en a indiqué la cause dans ces solennelles paroles, que les princes et certains ecclésiastiques feraient bien de ne pas oublier.

« Combien sont grands les vices d'une éducation qui » travaille a nous réchauffer le cœur aux vertus » romaines, et qui exige ensuite que les ames bouillantes » des jeunes gens puissent discerner la différence a » mettre entre la théorie et la pratique ! Que les » maitres qui élèvent la jeunesse prennent exemple et » changent de langage. »

(1) En octobre 1857, l'*Italia del Popolo* a publié ces horribles lignes : « Il est temps que des hommes comme » Brutus, au nom du même principe, accomplissent la » même mission inexorable, fatale. Déjà Pianori et » Agésilas Milano ont commencé la chaîne de ces héros » qui, dégageant la révolution des chaînes du doctrina- » risme, la poussent sur l'unique voie qui soit logique » et qui puisse conduire au salut. Ils sont tombés, » mais leur glorieuse entreprise sera mise au nombre » des plus belles actions de l'histoire contemporaine, » et leur nom sera comme le son de la trompette » guerrière par lequel le monde verra si l'Italie dort » encore ou si elle est éveillée. Ce sera l'hymne qui » sauvera l'Italie rendue *indépendante, une,* républi- » caine ! »
Est-ce clair ? *et nunc, Reges, intelligite.*

(2) Un autre écrivain non suspect (l'auteur de la *Décade historique*) a flétri dans ces termes cette incon- séquence des anciens régimes : « Par une singulière » inconséquence, les monarques et leurs ministres, » voulant conserver l'autorité absolue, laissaient re- » cevoir à la jeunesse *une éducation républicaine.* » Thémistocle, Aristide, Epaminondas, Solon, Cicéron, » Caton, Cincinnatus, Scipion, étaient les modèles » qu'on lui proposait. Les rois applaudissaient Brutus. » Les leçons des sages de l'antiquité répandues par de » savants traducteurs, les législations de Sparte, d'Athènes » et de Rome commentées par des politiques éclairés, » avaient achevé de changer totalement les idées, le » caractère et le langage. *Les institutions étaient monar-* » *chiques et les habitudes républicaines.* Les prétentions » et les privilèges étaient aristocratiques, les opinions » et les mœurs devenaient démocratiques. Les avocats, » tous les hommes de lettres, avec quelque fondement, » les clercs les plus obscurs, avec démence, ne con- » cevaient pas pourquoi ils ne seraient pas des Lycur- » gues et des Cicérons. »

» le sang romain coule encore dans nos veines,
» et que nous pouvons faire ce que nous faisons. »

Tels sont les reproches sanglants, mais bien mérités, que la révolution elle-même a jetés à la figure des anciens rois. Faites, ô mon Dieu ! que les nouveaux en fassent leur profit, il y va de leur salut et du nôtre.

Eh quoi ! on continue, en vertu de certains usages, de certains règlements existants, de saturer la jeunesse d'idées, de principes, de doctrines républicaines ; et l'on se plaint ensuite que les rois s'en vont et que l'Europe n'est plus monarchiste !

Quelle simplicité, ou, pour mieux dire, quelle inconséquence et quel aveuglement ! Bien plus encore : on exige que, pendant huit ans, les jeunes gens soient sans cesse exposés à apprendre dans les auteurs païens des théories révolutionnaires, et on punit ceux qui traduisent ces théories dans la pratique ; on veut que les jeunes gens s'extasient devant les exemples d'assassinats politiques, et on punit ceux qui les imitent ; on exige que le souffle de l'anarchie et du mépris de l'autorité ne tarisse jamais dans les maisons d'éducation publiques (1), et on punit ceux qui se laissent entraîner par lui jusqu'à conspirer contre la société !

Que le ciel me garde de vouloir atténuer la culpabilité des enfants de la révolution, qui, par des attentats sauvages, épouvantent le monde et bouleversent les empires. Ce que je prétends, c'est que ceux qui les commettent ne sont pas les seuls coupables ; mais que ceux qui les font enseigner sont coupables, eux aussi, à un certain degré ; et c'est pour cela, ainsi que l'histoire contemporaine le prouve, que bien souvent la justice de Dieu les enveloppe tous dans le même arrêt de mort et les écrase sous la même punition.

Ce que je prétends, c'est que, comme on n'a pas le droit de crier contre le progrès toujours croissant de l'incrédulité, tant qu'on en dépose, sans s'en douter, les germes dans l'esprit des jeunes gens par l'instruction païenne qu'on leur administre ; de même, on s'abuse étrangement en croyant que les rigueurs légales pourront, à elles seules, arrêter les forfaits dont on ménage à tout le monde la possibilité de puiser la théorie et d'entendre la glorification dans les écoles de l'État. Ce que je prétends, enfin, c'est que la révolution est dans les écoles avant de descendre dans les clubs ; et que c'est là que la jeunesse se

(1) « Quoi ! ces classiques en lambeaux seraient des
» conspirateurs dangereux ? Eh ! mon Dieu, oui ! ce
» sont eux qui rendent votre jeunesse sceptique, incré-
» dule, ingouvernable. Ils conseillent les révoltes de
» collège comme les émeutes de la rue. Ils proclament
» le malheur et la honte de la servitude, c'est-à-dire de
» l'obéissance, la gloire de l'insurrection, le droit de la
» force, la sainteté de la victoire. Etonnez-vous mainte-
» nant si toutes les sympathies de cette jeunesse sont
» pour ce qui résiste, pour ce qui brave le gouverne-
» ment ! Rappelons nos souvenirs d'alors ; nous l'avons
» vue, la *jeune France* d'alors, nous l'avons rencontrée,
» traversant en bandes joyeuses les rues de la capitale,
» assiégeant les abords de la Chambre, couvrant de ses
» huées la voix des orateurs royalistes, et ramenant
» en triomphe le général Foy, Manuel ou Benjamin
» Constant (VERVORST). »

fait à la pensée des attentats politiques dont on a la naïveté de s'étonner.

16. Sire, c'est assez de l'impôt de l'argent et de l'impôt du sang que tout État est obligé de demander aux citoyens pour les gouverner et les défendre ; qu'on n'y ajoute pas encore l'impôt des croyances et des mœurs chrétiennes au profit du paganisme : impôt odieux, tyrannique, barbare, impôt qu'aucune raison ne justifie, qu'aucun prétexte n'excuse, et que même tous les intérêts sociaux, l'intérêt de la religion, de la littérature et de la politique condamnent. En semant le vent, on ne peut recueillir que la tempête.

La révolution religieuse, morale, sociale qui a accumulé sur l'Europe tant de malheurs, et qui, si Dieu n'y met la main, lui en prépare de plus grands encore, n'a sa cause que dans cet engouement aussi ridicule que sacrilège pour la littérature païenne, qui a égaré et corrompu pendant trois siècles les générations chrétiennes et qui leur a fait oublier les enseignements de celui qui est la vérité et la vie. C'est pour avoir étouffé sa voix céleste sous le bruit de ces voix frivoles et impures du paganisme, qui remuent et affermissent tous les mauvais instincts de l'âme, qu'on est si peu à l'aise dans le présent et qu'on tremble pour l'avenir. La révolution n'a commencé que parce que l'homme a écouté les enseignements des enfants de Satan, et elle ne peut finir et ne finira que par la liberté rendue à l'enseignement chrétien, et lorsque l'homme écoutera le Fils bien-aimé de Dieu ; *Ipsum audite.* AINSI-SOIT-IL.

QUELQUES NOTES

(1) Le gouvernement de juillet a eu, on le sait, le tort de tenir au monopole universitaire au point d'avoir manqué à sa promesse de la liberté d'enseignement, l'une des conditions de son existence. Or, voici comment l'auteur de *L'ère des Césars* (M. ROMIEU), préfet sous Louis-Philippe, a stigmatisé ce monopole de ses maîtres, et voici les cris de désespoir qu'il a poussés, à propos de la triste condition où l'enseignement de l'Université a placé la France. A l'exception près de l'injustice, de la part de cet écrivain, d'attribuer à l'Université seule les ravages d'un enseignement qui a été presque partout le même, les lignes qu'on va lire sont pleines de sens et de vérité :

« Après la crise de 1814, on ne trouva sous les ruines
» qu'une race bourgeoise élevée au culte universitaire,
» c'est-à-dire *à la phrase et au moi.*

» Tant que vivra la génération présente, il ne sera
» possible de rien fonder, car, pour fonder quelque
» chose qui dure et qui ait sa raison de durer, il faut
» que ceux chez qui l'on fonde, soient préparés à l'idée
» de l'établissement. Or, l'Université, les écoles pri-
» maires, les journaux, la famille elle-même, ont élevé
» la génération de si singulière sorte, qu'il ne lui est pas
» possible d'être satisfaite par quelque institution que
» ce soit. A peine nés, on nous a enseignés l'athéisme,
» ou peu s'en faut, on nous a nourris de sarcasmes et
» d'épigrammes contre tout pouvoir.

» On nous a préparé l'esprit à cette unique faculté de
» briser ce qui est haut, d'édifier ce qui est bas. On
» nous a donné comme éducation l'inverse de ce qui
» consolide, en couronnant, dès nos premières études,
» les thèmes qui célébraient le renversement.

» Le désordre de notre éducation, qui semble disposée
» avec un soin complet pour produire le faux dans les
» idées de l'enfance et la révolte dans celles de la jeu-
» nesse, a créé, pour tout un âge d'hommes, les inso-
» lubles difficultés dans lesquelles nous nous débattons.
» Au fond du repos qui endort la bourgeoisie, bouillonne
» un volcan toujours prêt à la dévorer de sa lave. Elle

» même a creusé l'abîme *et la grande compagnie d'ou-*
» vriers qu'elle y employait, sous le nom de l'Université,
» continue son service malgré ses maîtres, qui croient
» avoir arrêté les travaux. »

(2) On a dit : *La révolution, c'est l'orléanisme.* C'est rapetisser un événement immense et le réduire à de petites proportions. C'est faire d'une question de principes une question de personnes. La révolution, nous ne cesserons de le redire, n'est pas d'hier ; elle date de la Renaissance. Elle n'a commencé que par la restauration du paganisme dans l'éducation, au xve siècle, et par l'irruption qu'à l'aide de ce moyen le paganisme a faite dans la littérature, dans les arts, dans les sciences, dans la politique, dans les mœurs, dans la société chrétienne tout entière. Donc : LA RÉVOLUTION C'EST LE PAGANISME. Et la lutte actuelle n'est qu'entre le paganisme et le christianisme. Il s'agit de savoir si l'Europe doit revenir au christianisme des siècles de foi, ou bien si elle doit continuer à marcher dans les voies de l'apostasie où elle se *trouve engagée,* pour redevenir entièrement païenne et par la *cosaque.* Les hommes d'ordre et de religion devraient donc réunir leurs efforts contre le paganisme partout où il se trouve : c'est *le vrai infâme* et *la vraie superstition* qu'il faut *écraser.*

(3) Nous sommes heureux de trouver dans un grave et important recueil (LE RÉVEIL) un article très remarquable de M. Garnier de Cassagnac en faveur de la thèse soutenue dans les diseours qui précèdent. Le publiciste éminent se livre dans cet article aux considérations les plus élevées, et les exprime avec toute la force de l'éloquence et avec l'éclat du style qu'on lui connaît. Nous regrettons seulement qu'il propose ne soit pas à la hauteur du mal immense qu'il signale ; mais cela n'ôte rien à la force de ses arguments en faveur de cette vérité, que d'accord avec nous, et mieux que nous, il proclame tout haut, savoir : *Que la méthode actuelle d'enseigner la jeunesse est fausse, absurde et funeste,* au point de vue politique aussi bien qu'au point de vue religieux. C'est un témoignage de plus à ajouter aux nombreux et graves témoignages que nous venons de produire. Décidément la grande question de la réforme de l'enseignement, dans un sens plus chrétien, gagne toujours davantage du terrain, et l'acharnement avec lequel on l'a combattue ne servira qu'à rendre plus éclatant son triomphe.

Voici un extrait de l'article de l'honorable M. de Cassagnac :

« Que l'antiquité classique, versée dans les jeunes intelligences, sans réserve et sans correctifs, ait sur les âmes des effets habituellement regrettables et souvent corrupteurs, c'est ce qui ne saurait être nié sans blesser également le bon sens et l'évidence.

» Les livres anciens, comme tous les livres, sont les miroirs d'une civilisation. Ils reflètent, à ce titre, l'état de la société domestique, de la société civile, de la société politique, de la société religieuse, chez les deux plus grandes nations de l'antiquité ; et, quand ils s'emparent de l'esprit de la jeunesse, laissée sans garde et sans guides, ils y substituent les principes d'une civilisation d'ordre inférieur aux principes d'une civilisation d'ordre élevé.

» Les effets naturels de l'esprit de l'antiquité, inoculé à la jeunesse sans précaution, sont donc d'abaisser le niveau moral auquel la maintenait l'esprit chrétien de la famille moderne, et, par conséquent, quelque dur que soit le mot, de l'égarer et de la corrompre. Un tel résultat, que la plus rapide réflexion fait entrevoir, et que l'expérience confirme, est d'ailleurs inhérent à la nature même des lettres antiques, et il n'est pas de prudence, si grande qu'on la suppose, qui pût, non pas le détruire, mais l'atténuer sérieusement.

» Certes, nous savons par nous-même avec quelle précaution sont généralement choisis et expliqués les livres des anciens. Jamais aucun professeur sensé n'exposa aux yeux de ses élèves le tableau naïvement hideux tracé dans telle épigramme de Martial ou dans telle églogue de Virgile ; mais il n'existe pas au monde une seule composition littéraire qui ne porte, en quelques-unes de ses parties, la date des mœurs de son temps ; et, pendant les huit années que dure l'éducation classique d'un enfant, il charge sa mémoire des œuvres de vingt auteurs qui portent cette date à toutes leurs pages.

» Combien ne voit-on pas de pères de familles, sans lettres eux-mêmes, mais pratiques et sensés, s'étonner, sans en comprendre la cause, de cet isolement du monde réel et des sentiments chrétiens où l'éducation classique donnée sans réserve, jette peu à peu l'âme de la jeunesse? Le collège prend aux familles des enfants affectueux et soumis, et il leur rend des philosophes prétentieux et rogues. La raison de ce changement, souvent si dangereux et toujours si triste, c'est que l'inoculation imprudente des principes de l'antiquité a changé le milieu moral où s'était épanoui d'abord le cœur de l'élève. On l'a fait Romain, Athénien ou Crétois ; il n'aime plus instinctivement son pays ; il le juge.

» Cette expérience si générale et si fréquente des pères de famille, qui leur fait désirer que leurs enfants oublient, la neuvième année, une bonne partie de ce qu'ils ont appris dans les huit autres, reçoit d'ailleurs de l'histoire une bien décisive et bien terrible confirmation.

» Que sont, en effet, les grands traités de socialisme composés au seizième, au dix-septième, au dix-huitième et au dix-neuvième siècle, si ce n'est des essais de restitution de telles ou telles parties des sociétés antiques, peintes dans les livres classiques ?

» L'*Utopie,* du chancelier Thomas Moore, n'est-elle pas un reflet des lois et des mœurs de Sparte ?

» La *Cité du Soleil,* de Campanella, n'est-elle pas un résumé des rêves de Platon ?

» Le *Télémaque,* dans l'organisation du royaume de Salente, n'offre-t-il pas l'image de l'île de Crète, moins régie qu'abrutie par les lois de Minos ?

» Le *Télèphe,* de Pechméja, les Traités de Brissot, sont-ils autre chose que l'écho des insultes faites à la dignité humaine par le régime des cités grecques ?

» Et le *Nouveau Monde,* de M. Louis Blanc, qu'est-il, si ce n'est l'exhumation maladroite du communisme administratif des Romains, consignés dans le code de Théodose !

» L'antiquité est donc un pays qui ne peut pas être parcouru avec trop de précautions, puisque les bons esprits eux-mêmes en reviennent ainsi chargés d'idées manifestement dangereuses. C'est pour transformer l'antiquité, c'est pour rectifier ses idées, c'est pour purifier sa morale, c'est pour ennoblir ses croyances, que le christianisme a été prêché et que les martyrs sont morts. Faire obstacle, par l'éducation, à l'accomplissement de cette œuvre admirable et divine, et relever ce que Dieu a si manifestement et si utilement abattu, ce ne serait pas seulement vouloir être impie, comme chrétiens, ce serait vouloir être insensés, comme hommes.

» Ainsi le problème est grand, et à sa solution sont attachées l'aggravation ou la fin de cette perturbation morale jetée, par l'éducation classique, dans l'âme de la jeunesse. La famille, les institutions civiles, les mœurs générales poussent les générations en avant ; les livres du collège, comme autant de missionnaires du paganisme, viennent prêcher les jeunes esprits, les éblouissent, les égarent, et les ramènent souvent, comme des néophytes, à cette civilisation du passé que le christianisme a détrônée... »

Décret du Ve Concile œcuménique de Latran, sous la direction de Léon X, sur l'Enseignement.

4° « Mais, comme l'étude trop prolongée de la philosophie humaine, que Dieu lui-même a convaincue de vanité et de folie, lorsqu'elle se fait sans l'assaisonnement de la divine sagesse et sans la lumière révélée, conduit bien plus à l'erreur qu'à l'élucidation de la vérité, nous ordonnons et nous décrétons par cette constitution, *que tous ceux qui sont* DANS LES ORDRES SACRÉS, ou qui doivent y être appelés, séculiers ou réguliers, ne s'appliquent *pas plus de cinq ans* à étudier la philosophie ou la poésie, après la grammaire et la dialectique, sans y joindre quelque étude de la théologie ou du droit canonique ; *sine aliquo studio théologiæ aut juris pontificii.* »

5° « Si après cinq ans, ils veulent continuer les mêmes études, ils en auront la liberté, pourvu que, soit simultanément, soit séparément, ils s'appliquent à l'étude de la théologie ou des saints canons, afin que dans ces sains et salutaires enseignements, les prêtres du Seigneur puissent trouver le moyen *de purifier et d'assainir les* RACINES VICIÉES DE LA PHILOSOPHIE ET DE LA POÉSIE ; *unde infectas philosophiæ ac poesis radices purgare et sanare valeant.* »

— N. B. Nous avons tenu à reproduire ce document parce qu'on a souvent voulu s'appuyer sur l'autorité de Léon X, pour justifier la thèse des païens.

LETTRE DE MGR D'AVANZO

Nous donnons maintenant la fameuse lettre du cardinal d'Avanzo qui complète, avec une autorité et une compétence indiscutables, tout ce que nous venons de voir.

Voici d'abord l'approbation du Pape donnée à cette lettre.

PIE IX PAPE

VÉNÉRABLE FRÈRE, SALUT ET BÉNÉDICTION APOSTOLIQUE

Nous avons pour très agréable la lettre pleine d'érudition, que vous avez si élégamment écrite sur l'enseignement mixte de la langue latine. Car elle venge fort habilement l'honneur de la latinité chrétienne, que beaucoup ont accusée d'être la corruption de l'ancienne langue, tandis qu'il est évident que la langue, expression de l'esprit, des mœurs, des besoins publics, dut nécessairement revêtir une forme nouvelle, après que le Christ eut apporté sa loi.

Cette loi avait élevé l'humanité jusqu'aux choses spirituelles et l'y avait façonnée; elle ne pouvait donc se passer d'un langage distinct, par sa nouveauté, de celui que le génie d'une société charnelle, attachée aux seuls biens de la terre, avait longtemps parlé. Et cette observation, les monuments de chaque siècle de l'Eglise que vous énumérez avec un heureux choix, la confirment d'eux-mêmes; ils mettent sous les yeux les commencements de cette forme nouvelle, ses progrès, sa supériorité, et, en même temps, ils montrent que la coutume constante de l'Eglise a été d'apprendre le latin aux enfants par l'étude mixte des auteurs sacrés et classiques.

Votre travail assurément, en jetant une lumière plus vive sur une discussion déjà terminée, persuadera plus efficacement aux maîtres de la jeunesse qu'il faut employer à son usage les œuvres des écrivains des deux catégories. Nous présageons ce succès à votre lettre, et en attendant, comme gage de la faveur divine et comme témoignage de Notre particulière bienveillance, Nous vous accordons très affectueusement à vous, Vénérable Frère, à tout votre clergé et à votre peuple, la Bénédiction Apostolique.

Donné à Rome, près Saint-Pierre, le premier jour d'avril de l'an 1875, de Notre Pontificat le vingt-neuvième.

PIE IX PAPE.

LETTRE DU CARDINAL D'AVANZO

AUX PROFESSEURS DU SÉMINAIRE APOSTOLIQUE DE CALVI

Notre Saint-Père ayant fait entendre de nouveau sa parole si pleine d'autorité sur l'enseignement des auteurs classiques chrétiens et païens, et l'éminent éditeur catholique, M. le Chevalier Marietti, ayant promis de faire imprimer une bibliothèque d'écrivains ecclésiastiques latins à l'usage des écoles, vous nous avez prié avec de vives instances, mes très chers fils, de résumer les phases successives de cette question, et de vous faire connaître en même temps si, en dehors de ce que nous avons déjà écrit autrefois sur cette matière pour le Séminaire de Castellancta (1), cette question avait fait jusqu'à ce jour de nouveaux progrès. Pénétré de l'importance d'un sujet, dont l'influence est si considérable sur l'éducation même de la jeunesse catholique, nous nous sommes proposé de satisfaire votre légitime désir, autant que pourra nous le permettre le peu de loisir que nous laissent les nombreuses occupations de notre diocèse.

I. — Pour prendre les choses à leur origine, on sait parfaitement que le xve siècle avec son culte presque idolâtrique et toujours croissant pour le latin du siècle d'Auguste, fut fortement soutenu ensuite par les Jansénistes du xviie, qui, en haine de tout ce qui venait de Rome, crièrent *tolle* au latin du Bréviaire Romain, c'est-à-dire au latin de la Bible, des Actes des Martyrs, des Saints-Pères, des Vies des Saints, des Hymnes composées en grande partie par les Pères eux-mêmes et les écrivains ecclésiastiques du moyen-âge. Ainsi fut ouverte la voie au xviiie siècle, siècle de la dérision et du mépris pour tout ce qu'il y avait de bon et de beau dans la société chrétienne. Vint alors le sycophante de ce siècle avec l'impiété de ses bouffonneries. Tirant les dernières conséquences de ces prémisses, il déclara du haut de son trépied que « pendant » neuf cents ans, le génie des Français a été » presque toujours rétréci sous un gouvernement » gothique, changeant de deux siècles en deux » siècles un langage toujours grossier ! » et il continua à déverser le ridicule et la plaisanterie sur la langue barbare de l'église de Rome ou sur *la rusticité gothique* de la langue latine du moyen-âge. Toute la tourbe de ses sectateurs lui fit écho, en criant à la barbarie, à la corruption de la langue latine ecclésiastique, jusqu'à ce qu'elle fût enfin éliminée de l'enseignement classique. Par grâce on voulut bien en conserver la trace dans le Bréviaire non plus romain, mais réformé, c'est-à-dire que dans ce Bréviaire, aux hymnes immortelles de saint Ambroise, de Prudence et autres écrivains ecclésiastiques, que l'on accusait d'être écrites en une langue barbare, on substitua les hymnes de Santeuil et autres pareils, comme écrites dans une langue que l'on qualifiait de pure langue d'Horace, imitatrice du siècle d'Auguste.

II. — Depuis lors, les études du Collège laissèrent complètement ignorer les écrivains chrétiens, et, sans daigner les étudier, on ne manquait pas à l'occasion de les signaler comme les fruits d'une littérature barbare, digne du temps de la décadence du latin, constituant en un mot la littérature ecclésiastique.

III. — Aussi, quand le savant M. Félix Clément publiait en 1854 son livre « *Carmina é poetis christianis ad usum Scholarum* », précieux recueil où il réunit un choix des plus belles compositions de plus de quarante poètes chrétiens ayant vécu du IVᵉ au XIVᵉ siècle, on crut tout d'abord qu'il voulait introduire la jeunesse des écoles dans un monde vieilli et oublié. Aussitôt les nouveaux fils de Voltaire de reprendre la vieille pratique du ridicule et du mépris, et de crier en chœur « qu'il était vraiment inexplicable que M. Clément eût eu le courage d'exhumer de l'oubli profond où elles gisaient ensevelies, des poésies surannées, qui contiennent des kyrielles d'iambes, d'une structure grossière et dure, des vers pleins d'âpreté et capables d'effrayer les oreilles les moins sensibles à l'harmonie », et, avec un ton de pitié, ils concluaient que l'admiration de M. Clément provenait uniquement de ce que chez lui le chrétien et l'archéologue avaient éteint tout sentiment de musique et de poésie.

IV. — Mais le siècle du mépris est désormais tombé dans le mépris; l'*ipse dixit* de Voltaire ne fait plus foi. La question des classiques, ressuscitée par l'admirable lettre de l'éloquent et savant évêque de Langres, puis d'Arras, Mgr Parisis, aux Professeurs de son Séminaire, avait déjà sa solution de la bouche du grand Pie IX, lorsque, du haut de sa chair infaillible de vérité, il imposa silence aux adversaires, en déclarant que les œuvres excellentes des Saints Pères, loin d'être écrites dans une langue barbare, renferment « la véritable éloquence de la parole et du style », et qu'en conséquence, il fallait puiser cette éloquence « non seulement dans les plus illustres écrivains du paganisme préalablement expurgés de toute souillure, mais encore dans les chefs-d'œuvre des Saints Pères ». Et quelque temps après, lorsque le Clergé de Paris, par l'entremise de son archevêque, Mgr Sibour, faisait instance auprès du Saint-Père, pour que l'on corrigeât, sous le rapport de la langue, le Bréviaire Romain, le Pape, après avoir entendu une commission *ad hoc*, faisait répondre *Reponantur acta*, et repoussait toute réforme. Encouragés ainsi une seconde fois par la parole infaillible du Vatican, des hommes compétents et de bonne foi révisèrent et examinèrent à nouveau avec le plus grand soin, dans ce dernier quart de siècle, le procès contre la littérature latine ecclésiastique, qui avait été jugée avec tant de prévention et de déloyauté. En fin de compte, de même que pour le Bréviaire, non seulement le Clergé de Paris, mais aussi les prêtres de tous les diocèses de France ont eu le louable esprit de revenir à la récitation du Bréviaire Romain dont ils n'auraient jamais dû se départir; ainsi pour les études classiques, le retour pur et simple à l'ancienne méthode *mixte* a été résolu. En effet, le Conseil supérieur de l'instruction publique en France a décrété qu'à partir de 1875, l'étude des *Pères grecs* en troisième et des *Pères latins* en seconde, deviendrait obligatoire pour tous les établissements d'instruction publique, et qu'on en tiendrait compte dans les examens de la licence (1). Ainsi demeurait acquis par cet acte éclatant le retour à la méthode mixte. Cette méthode en elle-même, par son antériorité, a la prescription sur les autres; elle est aussi la plus raisonnable de toutes, puisque la langue du Latium présente non pas une seule, mais deux littératures, c'est-à-dire qu'en dehors de la littérature païenne, il y a une littérature latine chrétienne, qui n'est point du tout une corruption de la première, comme on se plaît à le répéter, en haine de l'Eglise, depuis la prétendue Renaissance, mais qui en est au contraire une *sublime transformation*.

V. — Et pour en dire quelque chose en passant, cette seconde littérature trouve son origine et sa raison d'être essentielle dans le fond même de la religion chrétienne. La preuve en est dans saint Augustin, ce vaste et sublime génie, Père et Docteur de l'Eglise. Dans son œuvre admirable de la *Cité de Dieu*, où le premier, après l'auteur inspiré de la Genèse, expliquant l'ordre présent de la création, il esquissa la philosophie de l'histoire, comme on l'appelle aujourd'hui, il en établit pour fondement et base inébranlable l'existence dans l'homme de deux amours: l'amour de Dieu et du prochain, jusqu'au sacrifice de soi-même et l'amour de soi-même jusqu'à la négation de Dieu et le sacrifice du prochain. D'où il conclut que ces deux amours se sont créé deux cités, et qu'il n'y a dans le monde, qu'une cité, Babylone et une autre cité, Jérusalem, et qu'un roi, le Démon et un autre roi, Jésus-Christ. Tous ceux qui ne goûtent que les choses d'ici-bas et préfèrent à Dieu les faux plaisirs de la terre, dédaignant les joies de Jésus-Christ, appartiennent à la cité mystérieusement appelée Babylone, c'est-à-dire Confusion. Tous ceux au contraire qui, toujours appliqués aux biens éternels, ne goûtent que les choses du ciel, qui sont justes, saints et purs, appartiennent à l'autre cité, dont Jésus-Christ est le Roi. Ces deux cités depuis le commencement du monde marchent ensemble, dans une confusion qui durera jusqu'à la consommation des siècles. Elles se font une guerre continuelle, l'une par l'iniquité, l'autre par la justice, l'une par la vanité, l'autre par la vertu. De là, chacune de ces deux cités s'est formé une civilisation qui lui est propre. La civilisation du siècle, celle de Babylone, repose, selon Saint-Jean, dans l'*orgueil*, dans l'*avarice*, dans la *luxure*; la civilisation de Jérusalem, au

---

(1) Citons en preuve, pour le bréviaire, l'illustre Dom Guéranger, *Année liturgique*, et pour le programme des études, le savant et éloquent Mgr Freppel, ancien professeur d'éloquence sacrée à la Sorbonne, aujourd'hui évêque d'Angers et l'un des quatre Prélats membres du Conseil supérieur de l'Instruction publique, lequel, à la distribution des prix du Petit Séminaire de Beaupréau, s'exprimait ainsi: « Le Conseil supérieur de l'Instruc- » tion Publique n'a pas hésité à entrer dans cette voie. » Déjà l'année dernière les *Pères de l'Eglise* prenaient » place pour la première fois dans le programme *de la » licence ès-lettres*. A partir de l'année prochaine, l'étude » des *Pères grecs* en 3ᵐᵉ et des *Pères latins* en 2ᵐᵉ » deviendra obligatoire pour tous les établissements » d'instruction publique. »

contraire, consiste dans les vertus opposées, comme l'enseigne l'Apôtre, c'est-à-dire dans *l'humilité*, dans la *justice*, dans la *sobriété* (1). Or comme le *style c'est l'homme*, le langage, la littérature ne peut être que le reflet de l'une ou l'autre civilisation. Ainsi, selon que dans l'homme, dans la société, dans la religion, domine l'amour du vrai et du saint, ou bien au contraire l'amour des choses extérieures et sensibles, on donnera dans le langage, dans la littérature, plus d'attention à l'idée, au sentiment, ou bien on cultivera de préférence la forme et le style uniquement pour eux-mêmes.

VI. — A peine donc, à la lumière de l'Evangile, la civilisation chrétienne eût-elle commencé à se répandre dans la société romaine, avec l'amour de Dieu et du prochain, qu'il fut absolument nécessaire que la forme du langage du siècle d'Auguste, laquelle exprimait si parfaitement la civilisation païenne, subit une modification substantielle. En d'autres termes, pour le dire avec le célèbre professeur Vallauri, dont l'autorité n'est pas suspecte. « La langue latine » païenne ayant été formée par un peuple positif, » occupé exclusivement d'intérêts matériels et des » plaisirs des sens, devait nécessairement être » bien peu propre à exprimer les idées surna- » turelles abstraites et spirituelles, comme celles » qui faisaient la base de la nouvelle sagesse » chrétienne. » Force fut donc pour les écrivains chrétiens de changer et de transformer le caractère et la physionomie de la langue païenne primitive. Et voilà comment, sous l'influence des idées chrétiennes, sans presque s'en apercevoir, la transformation, par une mystérieuse économie de la divine Providence, s'opéra graduellement.

VII. — Dans toute langue, il faut distinguer trois éléments : les mots, les idées qui en sont le fond, et la forme qui n'en est pour ainsi dire que le vêtement. Or dans la transformation chrétienne, la grammaire, la syntaxe, aussi bien que les mots, restent comme auparavant, les constructions propres à la langue n'éprouvent aucune altération (2) ; mais les idées ayant changé, le fond et la forme se renouvellent nécessairement. En effet, autre est le langage de l'homme orgueilleux et superbe, autre est celui de l'humble et du doux ; autre est la manière de s'exprimer de *l'homme animal*, comme parle l'apôtre, autre est celle de *l'homme spirituel* (1). Les païens étaient des *animaux de gloire*. Leur langage a une allure enflée, prétentieuse, altière, leur phrase recherche l'ornement de la période, elle est sonore, avec des inversions artistement cadencées ; en un mot le luxe de la forme y cache la pauvreté du fond, cela suffit au païen. Mais le chrétien dit à Dieu : Vous êtes ma gloire, et moi je suis votre vile créature. C'est pourquoi son langage est celui d'un homme qui sent son néant et qui implore le pardon de Dieu et des hommes. Aussi, ses paroles sont simples, ses expressions nettes et solides, et sa phrase, construite sans inversion (comme dans l'Hébreu), suit l'ordre logique de la pensée (2).

VIII. — Mais pour que l'on ne croie pas que cette différence de l'un à l'autre langage soit une invention tardive, nous la voyons formulée par saint Augustin lui-même, qui s'y entendait si bien, lui qui, avant sa conversion, avait professé la rhétorique. Voulant donc déterminer le mode d'élocution à employer dans l'enseignement

---

(1) *Omne quod in mundo est concupiscentia carnis est, concupiscentia oculorum, superbia vitæ*, Joan II, 16 — *Sobrie, Juste ac pie vivamus in hoc sæculo.* Tit. II, 12.

(2) C'est un préjugé répandu et accrédité depuis ce qu'on est convenu d'appeler la Renaissance, que le latin des auteurs chrétiens et incorrect, quant aux mots et à la syntaxe païenne. Mais la vérité sur ce point s'éclaircit tous les jours, maintenant que des hommes très compétents et de bonne foi, après un examen consciencieux et profond, ont dû enfin conclure, malgré les préventions contraires, que les mots d'abord réputés barbares, que les constructions grammaticales, qui semblaient vicieuses à première vue, avaient des exemples chez les auteurs païens les plus accrédités. Parmi ces savants, signalons M. Mounier, professeur agrégé de l'Université de Paris, qui en fait lui-même formellement l'aveu. Voyez cette déclaration et autres semblables au t. I de l'excellente *Revue de l'enseignement chrétien*, an. 1851, page 751. Voyez aussi la préface aux Homélies choisies de saint Grégoire-le-Grand, dans la *bibliothèque des Classiques* de Mgr Gaume. Denys de Sainte-Marthe en avait déjà le premier fait la remarque en tête des Homélies du saint pape. Voyez *cours de Patrologie*, édit. Migne, tome 75. — Op. saint Grégor. M. t. I, page 36, où on conclut que la prétendue

---

barbarie de la latinité chrétienne, dont se montrent scandalisés des latinistes modernes, est semblable à celle que les contemporains de Cicéron auraient pu aussi reprocher à Térence, qui, dans ses drames, avait adopté des mots inusités au siècle d'Auguste comme, par ex., *ipsus* pour *ipse* — *scibo* pour *sciam* — *Face* pour *Fac* (voir MOTET, p. 9).

(1) *Animalis homo non percipit ea quæ spiritus, spiritualis judicat omnia* — I Cor. 11, 14.

(2) La distinction essentielle et nécessaire entre la double forme latine païenne et chrétienne n'a pas été seulement admise, mais encore vengée, par Erasme, ce patriarche de la Renaissance, aussi fameux, par sa coupable sympathie pour Luther que par son enthousiasme en faveur de la belle antiquité, au point d'être tenté, comme il l'écrivit dans ses colloques, de bien augurer de l'âme de Virgile ! et de s'écrier : *sancte Socrates, ora pro nobis* (sic !!!) Il s'indigne contre ceux qui, n'admettant pas cette distinction essentielle, auraient voulu que la pensée chrétienne s'exprimât dans le latin de Cicéron ; et pour en faire toucher du doigt l'absurdité, il leur propose à l'essai le paragraphe suivant de la langue latine chrétienne : « *Jesus Christus, Verbum et Filius æterni Patris, juxta prophetias venit in mundum, ac factus homo, sponte se in mortem tradidit, ac redemit Ecclesiam suam, offensique Patris iram avertit a nobis, eique nos reconciliavit, ut per gratiam Dei justificati, et a tyrannide diaboli liberati inseramur Ecclesiæ; et in Ecclesiæ communione perseverantes, post hanc vitam consequamur regnum cœlorum.* » Or, dit Erasme, ce paragraphe, *écrit en latin barbare*, essayons de le traduire dans le pur latin du siècle d'Auguste, et voyons ce qu'il aura gagné en harmonie, en convenance et en beauté, non pas seulement pour le fond, mais aussi pour la forme : — *optimi maximique Jovis interpres ac Filius, Servator Rex, juxta vatum responsa ex olympo devolavit in terras, et hominis assumpta figura sese pro salute Reipublicæ sponte devovit Diis manibus, atque ita Rempublicam suam asseruit in libertatem, ac Jovis optimi maximi vibratum in nostra capita fulmen retinxit, nosque cum illo redegit in gratiam, ut persuasionis munificentia ad innocentiam reparati, et a sicophantis dominatu manumissi cooptemur in civitatem : et in Reipublicæ societate perseverantes, quum fata nos evocarint ex hac vita, in Deorum immortalium consortio, rerum summa potiamur ! ! !* ».

de ladoctrine chrétienne, il cite certaine période d'unelettreque saintCyprien, jadis lui aussi maître d'éloquence païenne, avait écrite à Donat, dans un style. trop recherché, *spumeo verborum ambitu ornata*, et fait observer que le saint évêque et martyr n'en avait écrit qu'une seule dans ce genre, sans doute pour montrer qu'il savait l'écrire, mais qu'il s'en était abstenu dans la suite, parce que la trop grande profusion déplaît à la gravité, *profusione nimia gravitati displicet;* et il conclut qu'on doit apprendre par là quelle langue la pureté de la doctrine chrétienne a ainsi substituée à la *redondance vaine,* en la réduisant à une élocution plus *modeste* et plus *grave.* Voilà bien la différence entre la première langue latine et la seconde clairement définie. Saint Jérôme lui-même, si versé dans la langue de Cicéron ou plutôt si passionné pour elle, la déclare incompatible avec l'éloquence d'Eglise. Il flagelle « le discours fardé d'une rhétorique menteuse, qui s'étale en public, comme une courtisane, moins pour instruire les peuples que pour en capter la faveur et flatter les sens de ceux qui l'écoutent. » Puis il s'écrie dans son indignation: « Qu'ils aillent à Cicéron, à Polémon, » à Quintilien, ceux qui cherchent la faconde, les » déclamations. L'Eglise du Christ n'est pas « sortie de l'Académie ou du Lycée, mais d'une » vile plèbe; et la folie de Dieu l'a emporté sur » la sagesse de l'homme. » Et il tire de là cette conclusion que c'est avec un langage simple qu'il convient d'expliquer les paroles simples des Apôtres. Elle est donc vraie et essentielle la distinction entre la langue latine chrétienne et la langue païenne, comme est vraie et essentielle la distinction entre la civilisation païenne et la civilisation chrétienne.

IX. — Et c'est à cause de cette différence substantielle que les destinées de l'une marchent en sens inverse de celles de l'autre. Considérez en effet les siècles postérieurs à celui d'Auguste, vous voyez d'un côté s'opérer dans la langue latine païenne un travail de véritable décomposition, et la littérature antique, comme l'empire romain lui-même, s'abaisse précipitamment et tombe en décadence ; le génie qui avait été resplendissant dans les anciens écrivains, s'affaiblit et s'éteint au milieu de la chute universelle des mœurs, des invasions étrangères, des disputes violentes, de la corruption générale, du lâche énervement des païens. Mais d'un autre côté, à mesure que la civilisation païenne marche à sa ruine, s'élève et grandit comme un géant à côté d'elle et se substituant à elle, la civilisation chrétienne ; et la langue, qui, dans les auteurs païens, avait servi de vêtement à des idées surannées déjà et vieillies, se renouvelle dans les écrivains de l'Eglise, à mesure qu'à la lumière du christianisme elle s'enrichit de nouvelles idées; elle se transforme elle-même sans périr, et, nouvelle chrysalide, elle rajeunit et se perpétue, embellie d'une phraséologie nouvelle, que lui fournit le christianisme avec ses dogmes sublimes et surnaturels, avec les vertus admirables que lui seul a créées et pratiquées, grâce à l'Esprit de Dieu, qui lui a été promis et envoyé, et

qui de son souffle puissant crée toutes les choses, triomphe de tous les obstacles et renouvelle la face de la terre. Cette transformation ou rajeunissement de la langue latine commence à Tertullien, qui christianise Tacite; elle s'épanouit en saint Grégoire-le-Grand; qui, sans pompe oratoire, fait cependant prier avec éloquence la langue de Tullius, et atteint sa perfection dans saint Bernard. Les admirables lettres de ce docteur, sans parler de ses sermons, si elles n'ont pas, à l'égal de celles de Cicéron, le poli du marbre, elles n'en ont point du moins la glace ; elles respirent au contraire une chaleur pénétrante que leur communiquent cette onction et cette charité incohnues aux païens. Cette langue latine ainsi rajeunie par le génie chrétien offrait, il est vrai, un caractère moins *artistique* que celle du siècle d'Auguste, laquelle en son temps, avec l'abondance parasite des mots, les phrases sonores, les périodes retentissantes, était très propre à exprimer la civilisation païenne. Mais par contre elle devenait plus populaire, plus naïve, plus simple, mieux faite en un mot pour rendre la civilisation chrétienne, *ut sobrie, et juste et pie vivamus.*

X. — Voilà, mes fils et très chers coopérateurs dans la vigne choisie du Seigneur, voilà esquissée à grands traits la philosophie de l'histoire de cette littérature latine tout à fait distincte de la littérature païenne. C'est une seconde littérature qui reconnaît son principe et sa raison d'être dans la propagation du christianisme en Occident, et qui, entièrement complète et autonome, se glorifie chaque jour avec plus de raison de ses propres écrivains, historiens, philosophes, orateurs et poètes. A la vérité, ses commencements furent très humbles comme ceux du christianisme lui-même. La langue grecque, dans les premiers siècles de l'Eglise, était la langue internationale de l'Orient et de l'Occident. Aussi est-ce dans l'idiome grec que les apôtres ont écrit cette partie même du nouveau Testament qui fut rédigée à Rome ou adressée aux Romains; c'est en grec qu'ont écrit les Hérésiarques et les Apologistes, jusqu'à Origène, qui prêchait lui-même en grec à Rome, au commencement du troisième siècle (1). De telle sorte que la littérature latine chrétienne se bornait dans ses commencements à la traduction latine de la Bible et aux Actes des martyrs qui, par une sage prévoyance des Pontifes romains, à partir de saint Clément, disciple de saint Pierre, étaient

(1) Le mot d'Horace (l. II. Epist. 5): *Græcia capta ferum victorem capit*, se vérifiait depuis lors tellement à la lettre, que les Romains se passionnèrent pour la mode grecque en toutes choses, jusqu'à négliger même leur langue nationale pour s'adonner à la langue grecque. Qu'on entende Juvénal, qui, après leur avoir reproché leur « *omnia græce* » ajoute (satyr. VI vers. 185) :
Cum sit turpe magis nostris nescire latine.
Hoc sermone pavent, hoc iram, gaudia, curas
Hoc cuncta effundunt animi secreta. Quid ultra ?
Voy. Valsecchi *De fondamenti della Religione*. lib. II, cap. 14. Pourquoi les écrivains sacrés ont-ils employé la langue grecque. Voy. Rohrbacher, Hist. de l'Eglise, liv. XXXVI, t IV, p. 148, édit. de Turin, 1860, et l'illustre P. Perrone, *Prælection, Theologicæ*, etc, Tractat. *de Trinitate*, cap. II, Prop. 2, dans deux notes importantes concernant *la famille* Africaine des manuscrits de la sainte Ecriture.

rédigés par les notaires et les diacres région-
naires et soumis à la révision et à l'approbation
des Pontifes romains et des prélats respectifs.

XI. — Voilà comment fut déterminée, dès le
principe, la forme de la langue latine de l'Eglise.
Quel livre, en effet, et pour le fond et pour la
forme, est plus simple à la fois et plus sublime
que la Bible ? Et après elle, non moins sublimes
que simples étaient les Actes des martyrs, qui
contiennent le récit spontané des supplices si
variés et si cruels soufferts par eux, et les dialo-
gues si pleins de naturel entre les bourreaux et
les victimes, qui reflètent de plus la grandeur surnaturelle inspirée d'on haut aux confesseurs et
aux vierges, selon la promesse du divin Maître (1).
Or, la sainte Bible et les Actes des martyrs com-
posant dès l'âge le plus tendre l'aliment spirituel
et quotidien des fidèles dans les premiers siècles,
et l'éducation étant tout l'homme, la physionomie
de la langue latine chrétienne se déterminait par
ce moyen dans une forme en tout distincte et
différente de la vieille langue païenne. Telle est
précisément l'opinion du grand docteur saint
Jérôme. Dans sa lettre au jeune Paulin, si avancé
déjà dans la connaissance des lettres païennes,
il lui recommande, au début de sa conversion,
d'étudier les Pères de la littérature chrétienne.
Il les énumère et les juge. A la tête des écrivains
latins de l'Eglise, il compte Tertullien « riche de
» pensées, mais dur de style ; puis le bienheureux
» Cyprien qui, semblable à une source très pure,
» coule avec douceur et bénignité ; Victorin,
» couronné de la gloire du martyre ; Lactance,
» qui semble une fontaine d'éloquence cicéro-
» nienne ; Arnobe, inégal et prolixe ; Minucius
» Félix, avocat romain ; Hilaire qui s'élève avec
» une grandeur toute française et se pare des
» fleurs de la Grèce, et il finit en disant : Je me
» tais sur les autres ou morts ou vivants encore,
» et laisse à ceux qui viendront après le soin
» de leur décerner l'éloge ou le blâme. » Et ceux
qui alors vivaient encore, et sur lesquels la
postérité a prononcé un jugement des plus favorables, sont le grand archevêque de Milan, saint
Ambroise, et le docteur de la grâce, saint Augustin, et le solitaire de Bethléem saint Jérôme
lui-même, et saint Paulin, évêque de Nole,
auquel est adressée cette lettre, et Sulpice-Sévère,
et saint Prosper, et les écrivains de l'école de
Lérins avec Cassien, tous contemporains, unis
par l'indissoluble lien de l'amitié véritable fondée
sur la grande humilité chrétienne, qui égalait
en eux la vaste étendue de la science et cimentée
par la charité, qui se fait tout à tous pour les
gagner tous à Jésus-Christ. Celui qui voudrait
continuer de parcourir cette chaîne d'or des
auteurs latins chrétiens, qui constituent la seconde littérature latine jusqu'au xiii° siècle, n'aurait qu'à consulter la bibliothèque de l'abbé
Migne, qui, en non moins de *deux cent vingt-
deux* volumes, en a recueilli les trésors d'éloquence, de science et de sagesse.

XII. — Mais l'admirable transformation du

latin païen en latin chrétien ne se montre nulle
part plus éclatante que dans les poètes latins de
l'Eglise. Il est vrai que la seconde littérature
latine ne commença qu'assez tard à avoir des
poètes, parce que la poésie de la civilisation
païenne se présentait, beaucoup plus que le
prose, en opposition avec la civilisation chrétienne. On sait, en effet, que les Romains seuls
ont introduit la mesure dans leur poésie, à l'imitation des Grecs inventeurs de la quantité
longue ou brève des syllabes. Les autres nations
de l'Orient, de l'Afrique, aussi bien que du nord
de l'Europe, n'ont pas connu la quantité. Or cette
quantité longue ou brève des syllabes, en créant
une difficulté spéciale, fit quo la poésie métrique
chez les Romains ne fut le patrimoine que de
quelques beaux esprits. Aussi, les compositions
poétiques ne se lisaient-elles que dans des
réunions privées, ouvertes exclusivement à des
hommes instruits. Ils venaient pour se faire
applaudir, ou encore pour obtenir une récompense, qui, décernée généreusement aux uns,
excitait l'émulation des autres. C'est pour cela
même que la poésie ne fut jamais populaire chez
les Romains, pas plus la poésie héroïque et
lyrique, que la poésie dramatique, pour laquelle
le peuple n'avait aucun goût, comme s'en plaint
Horace lui-même (Ep. I, lib. 2), à tel point que
souvent le peuple immense, qui accourait aux
théâtres avec une furie digne des bacchantes,
au milieu même de l'action, ennuyé de la poésie,
demandait qu'on interrompît la pièce et qu'on
lui donnât des spectacles. Ce qui arrachait à
Quintilien cet aveu *in comœdia maxime claudi-
camus*, parce que la langue elle-même, *sermo
ipse romanus*, ne se prêtait pas à la comédie (1).
Les qualités de la poésie métrique étaient donc
chez les Romains une difficulté extrême et
entraînaient une grande impopularité.

XIII. — Et la difficulté augmentait immensé-
ment pour les poètes chrétiens. Car la quantité
des longues et des brèves obligeait fréquemment
à changer l'expression, et l'on sait comment le
changement de l'expression amène la modification et souvent l'altération de la pensée conçue
dans le premier enthousiasme. Les païens
n'avaient pas sujets de s'en dire mécontents ; car
si on retranche de leurs poésies l'éclat de la
forme et la quantité, qui constituait chez eux
le grand mérite de l'art, on ne trouve en tout
le reste qu'un fond aride, vain, souvent laid
et immoral. D'ailleurs, le génie du poète n'était
pas tellement enflammé d'enthousiasme sous

---

(1) *Nolite cogitare quomodo aut quid loquamini, dabitur
enim vobis in illa hora quid loquamini.* Math. X. 10.

(1) Voy. Tiraboschi « Storia detta letteratura italiana »
vol. 1, part. III, lib. VI, et 51, n. 9. Aussi, pour se rendre
populaires, les comiques avaient-ils l'habitude de s'écarter
de la quantité, afin que leur discours paraisse presque
de la prose. Passant sous silence le témoignage de
Cicéron, de Priscien, etc., nous citerons seulement le
passage suivant de Terentianus Maurus :

Sed qui pedestres fabulas socco premunt,
Ut quæ loquuntur sumpta de vita putes
Vitiant jambon tractibus spondaicis,
Et in secundis et in cœteris æque locis
Fidemque fictis dum procurant fabulis
In *metro peccant arte, non inscitia*
Ne sint sonora verba consuetudinis
Paulumque rursus à solutis different.

l'influence du faux dieu (est Deus in nobis ! ! !), qu'il ne pût se plier aux combinaisons minutieuses du rhythme. Mais il n'en était pas de même pour le poète chrétien ; il se trouvait dans des conditions bien différentes. D'un côté, il était assujetti par des lois sévères, à l'emploi de paroles et de formules sacrées, qu'il ne pouvait changer sans être coupable, et il ne lui était pas permis comme aux païens de s'aider de circonlocutions. D'un autre côté, son enthousiasme s'inspirait non plus, comme celui du poète païen, de la vaine influence d'Euterpe, de Terpsichore et de toutes ces divinités chimériques que s'était forgées l'aveugle paganisme, mais de l'action impétueuse de l'esprit du vrai Dieu (Major Deus), qui souffle où il veut, et qui souvent avec la *force du torrent* transporte l'homme au sommet du véritable enthousiasme, par la contemplation des impénétrables mystères divins, ou à la vue des grandes et sublimes magnificences du Seigneur (1).

XIV. — La poésie métrique des païens ne pouvait donc pas elle-même avoir grand attrait pour les chrétiens, et ce ne fut qu'assez tard que quelques-uns s'y essayèrent. Juvencus, le premier, vers le iii* siècle, osa, comme s'exprime saint Jérôme, assujettir aux lois du mètre (hexamètre) *la majesté de l'Evangile.* Saint Paulin de Nole, qui fut grand orateur et grand poète, entreprit également de célébrer en vers héroïques la naissance du thaumaturge saint Félix, prêtre de Nole, et composa encore, en ses autres poésies, un magnifique *Carmen contra Gentiles,* où il démontre la vanité des dieux. Plus tard au v* siècle, Sédulius, qui pour la langue et le vers égala la renommée de Juvencus, écrivit en se servant du même mètre, et ainsi dans les siècles suivants, il y eut parmi les écrivains chrétiens nombre de poètes, qui retenant encore, pour les vers comme pour la prose, les anciennes règles de la grammaire, de la phrase, de la quantité, célébrèrent en poésie métrique des sujets sacrés, mais en faisant subir à la langue païenne la transformation chrétienne, comme ils avaient soin de le déclarer eux-mêmes ; cela est évident d'ailleurs pour quiconque voudra seulement comparer entre eux le style des compositions poétiques de saint Paulin avant sa conversion et celui de ses écrits postérieurs (2).

Aussi Scaliger parlant du vers iambique, employé par saint Paulin dans son poème X à Ausone, le caractérise-t-il *jambus divinus, elegans, Euditus, christianus* (1).

XV. — Mais ce qui devait surtout tenir éloignés de la poésie métrique les écrivains chrétiens, fut sa grande impopularité. Les poètes du siècle d'Auguste, qui mendiaient dans leurs compositions les applaudissements, la vaine renommée, la protection des Mécènes, sans exclure les sesterces, les jardins les villas, se faisaient même gloire de l'impopularité (2). Mais les poètes chrétiens avaient d'autres visées. Pour eux, la fin suprême de la poésie était la glorification de Jésus-Christ, seigneur et maître de toutes les créatures. Ils ne pouvaient se proposer d'autre but, dans leurs chants, que de propager la doctrine chrétienne pour gagner les multitudes au divin Maître, et d'offrir dans leurs vers l'antidote contre les blasphèms de l'hérésie que des maîtres de mensonge et d'astuce cherchaient à répandre dans le peuple. Pour arriver ensuite à la popularité, ils se mirent

---

(1) On connaît ce mot de Bossuet, que le véritable enthousiasme se rencontre seulement dans la religion mosaïque et chrétienne, lesquelles reposent seules sur la révélation divine ; et Fénelon, parlant de la poésie inspirée des prophètes, ajoute qu'il y a autant de différence entre eux et les poètes païens, qu'il y en a entre le *vrai* et le *faux enthousiasme.* Si le poète païen disait avec Ovide : *Est Deus in nobis, agitante calescimus illo ;* le poète chrétien répétait, mais lui avec raison, comme saint Paulin à Ausone : *Nunc alia mentem vis agit, Major Deus.*
Spiritus ubi vult spirat. Joan, III, 8.
Spiritus Domini velut torrens inundans. Is. XXX, 28.
(2) Le *Carmen contra Gentiles* de saint Paulin, évêque de Nole, eut un si grand retentissement que, du fond de l'Afrique, saint Augustin lui écrivit deux lettres pour le prier de le lui envoyer. Ce poème a été publié pour la première fois par Muratori, dans l'élégante édition qu'il a donnée de toutes les œuvres de saint Paulin, en prose et en vers, en un volume in-folio, Vérone 1756, et reproduit dans le vol. 61 de la collection Migne.

(1) Saint Paulin, comme s'exprime Ozanam (tom. II, *La civilisation chrétienne au v* siècle, leçon 18*), est avec Prudence le représentant de la poésie chrétienne en Occident, ayant écrit tous les deux dans les divers genres lyrique, épique, didactique. Or, le Saint, dans ses réponses à Ausone, jadis son maître, et qu'il lui avait écrit pour le rappeler au culte des muses, mais spécialement dans son *Carmen* à Jovius, auquel il voulait persuader d'abandonner la poésie profane pour se consacrer à la poésie chrétienne, enseigne, pourrait-on presque dire, la manière dont l'une se transforme en l'autre : 1º La poésie chrétienne exclut en principe tous les ornements païens (dont Ausone avait usé à profusion) ; 2º Elle n'invoque que Jésus-Christ, créateur de toutes choses ; 3º Elle ne chante pas les aventures fabuleuses, mais la vérité, c'est-à-dire les sujets sacrés que lui fournit en abondance la révélation ; 4º Elle affirme que l'art dans le christianisme est la foi, que le type de l'harmonie est le Christ, qui a établi l'harmonie universelle en unissant en lui-même ce qui était séparé infiniment, c'est-à-dire la nature divine et la nature humaine ; 5º Qu'en exerçant l'esprit elle doit agir sur le cœur de telle sorte qu'en célébrant les œuvres merveilleuses de Dieu, elle passe de la foi à l'admiration et de l'admiration à l'amour, afin qu'en aimant Dieu on soit aimé de lui. Pour saint Paulin ensuite le type du poète est David, le chantre de l'ancien Testament. Au moyen âge, saint Paulin fut étudié comme un des premiers maîtres de la poésie, et encore depuis la renaissance païenne, Erasme (nota in Hieronym. p. 107) l'appelle le Cicéron chrétien ; Gronovius le compare à Virgile ; et Heinsius le dit *un écrivain d'une excellente latinité.* Voy. *saint Paulin, évêque de Nole, et son temps* (an, 350 à 450) par le docteur Ad. Busé, professeur au Séminaire de Cologne ; traduit de l'allemand. Paris 1858, chap. VII, p. 145, 175. D'après ces règles tracées par le saint Evêque, on voit clairement ce qu'il faut penser de ces écrivains qui, depuis la Renaissance, tout en prétendant être des poètes chrétiens, commencent par invoquer les Muses, Apollon, Phébus, Pégase et jusqu'à Mercure, et qui ensuite, après avoir imité Horace dans le mètre et grapillé chez lui quelques phrases détachées çà et là, se croient, comme dit Erasme (loc. oit.) *non jam Ciceroniani, sed ipsi Cicerones, non Horatiani, sed totidem Horatii !* C'est bien justice, en vérité, qu'ils soient la risée des auteurs profanes eux-mêmes. Tout le monde connaît la spirituelle satire de Boileau, contre les latinistes modernes, dans laquelle Apollon finit par chasser du Parnasse Santeuil avec ses *hymni novi et sacri,* et autres semblables. Voy. l'infatigable Bonnety dans ses *Annales de Philosophie chrétienne,* tom. X., série IV, sept. 1854.
(2) *Odi profanum vulgus et arceo* (Horat.)

à s'exercer dans la poésie lyrique, en employant le pied iambique, comme plus goûté du public (1), mais en donnant tout à la fois au vers et à la strophe la mesure et la disposition qui s'adaptassent le mieux au chant populaire ; et, comme ce chant veut naturellement la même cadence, l'assonance, la rime (qui ne fut pas ignorée des Grecs ni des Romains) (2), ils s'étudièrent précisément à établir cette dernière dans la strophe et composèrent ces hymnes admirables et sublimes, qui, introduites pour la première fois par saint Ambroise dans les chants liturgiques destinés à être chantés dans l'église de Milan, furent ensuite adoptés partout et devinrent le moyen le plus populaire et le plus efficace pour propager la doctrine de l'Evangile et développer le culte de Dieu, de sa divine mère, Marie, et de ses saints. Que, si les païens ne se sont pas fait faute de s'écarter de la rigueur de la quantité, en récitant sur la scène dans le but de se rendre plus populaires : « In metro peccant *arte*, non inscitia » dit Ter. Maurus, on comprend facilement comment et pourquoi nos poètes ont toujours été en s'écartant de plus en plus de la rigueur de la quantité pour se raprocher de la rime, soit à la fin, soit au milieu du vers, jusqu'à inventer et composer ces chants splendides et harmonieux du *Lauda Sion Salvatorem*, du *Stabat Mater dolorosa* et autres séquences et hymnes de même genre, complétant ainsi l'admirable transformation de la poésie métrique païenne en la poésie syllabique chrétienne. Et pour faire toucher du doigt ce résultat, il importe à notre sujet de suivre pas à pas nos écrivains dans ce travail progressif et constant, qui ne leur a pas demandé moins de dix siècles. Car il eût été impossible de créer et de perfectionner d'un seul jet la nouvelle forme de poésie.

XVI. — Le vers iambique réputé le plus populaire chez les Romains eux-mêmes, comme il a été dit, le *dimètre* surtout et le *tétramètre*, a été manifestement choisi de préférence par nos poètes. Quant aux dimètres, c'était une espèce de vers que les païens n'employaient jamais seuls, mais combinés le plus souvent avec des trimètres et des hexamètres. Mais nos poètes les employèrent seuls, en les disposant en strophes de quatre vers, en les terminant toujours par des mots de trois syllabes, terminaison plus gracieuse, ou bien par des mots, dans lesquels le dernier pied, qui était un iambe, devait être précédé au moins d'un autre demi-pied, comme nos *sdruccioli*, et en y ajoutant tantôt l'harmonie de l'assonance, premier pas vers la rime, tantôt la rime elle-même à deux ou à quatre. C'est

(1) « *Hunc socci cæpere pedem grandesque cothurni.*
» *Alternis aptum sermonibus et popularem.* »
(Horat. Art. poet. v. 80.)
(2) Les classiques Grecs et Latins n'ignorèrent pas la rime, mais la méprisèrent. Cependant les consonnances se trouvent quelquefois si accumulées dans leurs compositions, qu'on ne peut les attribuer à l'inadvertance, comme l'observe très bien C. Cantu dans sa *Storia della litteratura italiana* p. 539, où il produit plusieurs exemples dans l'une et l'autre langue, et il fait observer que la 1re ode d'Horace « Mœcenas atavis » est presque toute d'assonances et de rimes imparfaites.

ainsi qu'ils procédèrent dans le principe en observant rigoureusement la quantité. Dans la suite, pour rendre la poésie plus libre, ils s'en écartèrent peu à peu, comme les Romains eux-mêmes (v. le n° précéd.), jusqu'à s'en affranchir complètement, sans jamais perdre de vue toutefois la numération des syllabes, les accents, l'assonance et la rime, qui sont les bases de la poésie nouvelle (1). Ils ne se distinguèrent pas seulement dans l'iambique dimètre parfait, mais encore dans le dimètre imparfait, manquant soit d'un pied à la fin, soit d'une syllabe au commencement, ou bien l'une et l'autre espèce alternant ensemble (2).

(1) En voici un exemple dans l'hymne in *Epiphania Domini* composée par S. Hilaire, évêque de Poitiers vers 363 :

Jesus refulsit omnium
Pius Redemptor gentium
Totum genus fidelium
Laudes celebret drammatum.

Les hymnes que peu après (vers 397) composait saint Ambroise à Milan, et dont l'Eglise se sert dans l'office divin, sont presque toutes de la même structure. Et pour ne pas laisser s'accréditer l'imputation calomnieuse que c'est par *ignorance* et non à dessein que les poètes chrétiens ont répudié peu à peu la rigueur de la quantité, faisons observer que les mêmes écrivains sacrés, saint Hilaire et saint Ambroise, qui ont composé des hymnes selon toute la rigueur de la quantité, en ont aussi composé d'autres, où ils se sont assujettis de préférence à l'accent et à l'assonance.

En voici un exemple :

S. Hilar. in Quadrag.	S. Ambros. in Fest, Pasch
Jesu quadragenar*iæ*	Aurora lucis rutil*at*
Dicator abstinen*tiæ*	Cœlum laudibus inton*at*
Qui ad salutem men*tium*	Mundus exultans jubil*at*
Hoc sanxeras jeju*nium.*	Gemens infernus ulul*at.*

Et cette liberté de passer de la poésie métrique esclave de la quantité à la poésie syllabique rimée, allant toujours croissant de plus en plus, on arriva au x° siècle à la substitution complète de la poésie syllabique rimée à la poésie métrique. On en voit des exemples dans saint Odon, et plus tard dans saint Thomas d'Aquin.

S. Odon Cluniacensis (an 927)	S. Thomas d'Aquin.
Maria soror Laz*ari*	Verbum supernum pro-[*diens*
Quæ tot commisit crim*ina*	Nec Patris liquens dex-[*teram*
Ab ipsa fauce tart*ari*	
Redit ad vitae lum*ina.*	Ad opus suum *exiens*
	Venit ad vitæ vesperam.

(2) L'hymne si populaire *Ave maris stella*, offre un exemple du dimètre imparfait, comme dans l'ode d'Horace « *Musae Jovis notae* ». On en trouve un second conforme à cette autre ode du même poète : « *Non ebur neque aureum* » dans cette hymne, qui, par l'élévation des pensées et par la majesté du style, surpasse toutes les productions païennes dans le genre lyrique ; en voici le commencement :

« Veni sancte Spiri*tus*
» Et emitte cœli*tus*
» Lucis tuae rad*ium*
» Veni Pater paup*erum*
» Veni dator mun*erum*
» Veni lumen cord*ium*, etc.

Comme exemple de l'un et de l'autre vers alternés, on a les strophes si simples et si tendres de la célèbre *Philomena* de saint Bonaventure.

Philomena praevia
Temporis am*œni*
Quae recessum nun*tias*
Imbris atque c*œni*
Dum mulcessis animos
Tuo cantu laeni
Ave prudentissima
Ad me, quaeso, *veni*.

XVII. — Mais le mode de transformation de la poésie métrique en poésie syllabique ne se montre dans aucun autre vers mieux caractérisé que dans le *tétramètre iambique* imparfait (1), lequel était long de quinze demi-pieds, employé seulement par les comiques, comme plus populaire. Térence en fournit un exemple en disant :

Pro peccato gravi paulum supplicii satis est pati.

Nos poètes s'emparèrent de ce vers, en formèrent d'abord des hymnes, qui, bien que composées avec *la rigueur de la quantité*, sont cependant plus harmonieuses, grâce au charme de l'accent, et aussi à la terminaison par un mot de trois syllabes (sdrucciola) comme il a été dit plus haut. L'hymne de Prudence *De miraculis Christi* (vers l'an 403) en est un exemple :

« Facta nos et jam probata pangimus miracula. »

Mais ici encore les entraves de la quantité étaient trop étroites. Aussi voit-on parmi nos poètes les uns s'en écarter toujours davantage, et les autres prendre plus souci, dans le vers en question, de l'harmonie, du nombre, de l'accent et de la cadence, et composer des strophes de trois vers ornés de l'assonance et quelquefois aussi de la rime. Que l'on compare ces vers de Prudence avec la strophe suivante du même mètre tirée de l'hymne *De Gaudiis Paradisi* d'un auteur incertain et tournée ainsi.

Ad perennis — Vitae fontem — mens sitivit — arida :
Clausa carnis — praesto frangi — clausa quaerit — anima ;
Gliscit, ambit — eluctatur — exul frui — patria.

On reconnaît ici le même vers de quinze demi-pieds, qui, chez Térence, n'a aucune harmonie, divisé maintenant à raison de l'accent en trois parties, les deux premières de quatre demi-pieds ou syllabes et la dernière de sept. Si la quantité propre du tétramètre n'y est pas observée rigoureusement, comme dans Prudence, on le voit en échange finir toujours strictement par un mot de trois syllabes, avec l'assonance et la rime, qui est constamment identique pour toute strophe de trois vers. Ainsi, du vers *iambique tétramètre* imparfait des comiques païens naissait le vers appelé plus tard *politique* (2), et qui peut être regardé comme le germe de toute la poésie lyrique à la fin du moyen âge, c'est-à-dire à l'époque où le xiie siècle entièrement affranchi des lourdes entraves de la quantité, nos poètes chré-

(1) On a coutume d'appeler ce genre de vers *trochaïques catalectiques*, mais l'auteur de la *Nouvelle Méthode* de Port-Royal, dans son Traité de la poésie, a démontré que ce sont des vers *iambiques* qui manquent d'un demi-pied, non pas à la fin, mais au commencement du vers.

(2) Les vers politiques furent assez usités au moyen âge chez les Grecs et les Latins, mais on ne sait pas au juste pourquoi ils ont été ainsi appelés *Politici* c'est-à-dire peut-être *politi*, dans le sens qu'on dit quelquefois *politi sermones*, mais plus probablement *politici*, c'est-à-dire *civiles et populares*. Martin Crusius a dit de ces vers : « Quindenis syllabis constant ex duobus iambicis dimetris versiculis priore acatalecto, posteriore catalectico anacreontico, in quibus *potius tonorum*, ut apte et leniter inter metiendum cadant, *quam quantitatis* syllabarum ratio habetur. » Loe Allatins (in Diatriba de Simeonum scriptis) en parle de même. V. aussi du Cange (Gloss. etc., au mot *Politici*).

ties avec la division multiple de ce vers, la disposition variée des rimes, la construction diverse des strophes, surent faire briller dans toute sa magnificence l'ancienne poésie métrique de la première littérature latine transformée, comme une merveilleuse chrysalide, en cette belle harmonieuse et sublime poésie syllabique chrétienne (1).

XVIII. — D'après le court exposé que nous

(1) Le docteur de l'Eglise saint Bernard le suave (il Mellifluo) composa ses hymnes *De laudibus Virginis* avec cette sorte de vers. Prenons au hasard deux strophes de l'hymne vi :

Margarita — summi sita — Regis diademate,
Quæ cunctarum — gratiarum — es ornata stemmate,
Maris stella — Dei cella — virtutisque speculum,
Quam miratur — et precatur — universum sæcu-
[lum, etc.

Qu'on admire ici non seulement la division des vers en trois coupures, mais encore, en outre de la rime, à la désinence si rapide des deux vers dont se compose la strophe, celle des deux premières parties du vers qui se font écho entre elles. Cette façon de couper le vers *politique* lui imprime une merveilleuse beauté et semble particulièrement propre aux élans d'une âme qui, enflammée d'amour, est dans une continuelle aspiration ou extase vers l'objet de son chant. Cette autre lumière du moyen âge, l'angélique saint Thomas, qui a précisément employé ce même vers dans la composition de l'une de ses plus belles hymnes eucharistiques, nous la présente avec une nouvelle modification :

« Pange, lingua — *gloriosi* — corporis mysterium
» Sanguinisque — *pretiosi* — quem in mundi pretium
» Fructus ventris — *generosi* — Rex effudit gentium.

On retrouve ici la même division du vers *politique* en trois parties, mais la strophe, qui se compose de trois vers, présente la rime autrement disposée, c'est-à-dire ce sont les secondes parties qui riment entre elles, aussi bien que les trois *sdruccioli* qui finissent les vers.

Mais pour comprendre toutes les beautés que nos poètes ont su tirer de ce genre de vers, il faudrait parcourir les admirables poésies d'Adam de saint Victor, sur lesquelles M. Léon Gautier a publié une étude très importante sous le titre d'*Œuvre poétique d'Adam de Saint Victor, Paris 1858*. On y lit plus de cent pièces inédites, parmi lesquelles se trouvent les modèles de nos vers *Martelliani*. Adam est sans contredit le plus grand poète du Moyen Age, qui a fait resplendir dans tout son éclat au xiie siècle la merveilleuse harmonie de la poésie syllabique rimée ; et par les formes diverses dont il a disposé les parties du vers tétramètre *politique*, il a obtenu les vers de quatre, de huit et de sept syllabes, dans lesquels il intercale ordinairement encore le dimètre, soit parfait soit imparfait, et par la construction variée des strophes de trois, de quatre, cinq, six et sept vers, et par la disposition changeante de la rime tantôt couplée, tantôt alternante, tantôt fermée, et par la désinence des vers ici lents, là rapides, il a égalé en fécondité n'importe quel poète lyrique des temps passés.

Parmi les autres pièces de son invention, la plus populaire, la plus en usage fut le sixain, dans lequel quatre vers de huit syllabes et deux de sept alternent en rimant ensemble, mais ces derniers avec la pénultième brève, ou bien deux vers de huit syllabes rimant par paire, et quatre de sept rimant fermés. Prenons pour exemple les strophes 1 § 4 de la belle hymne en l'honneur de saint Etienne :

Heri mundus exulta*vit*	Agonista, nulli *cede*
Et exultans celebra*vit*	Certa certus de mer*cede*
Christi natali*tia*	Persevera Stepha*ne* :
Heri chorus ange*lorum*	Insta falsis test*ibus*
Prosecutus est cœl*orum*	Confuta sermo*nibus*
Regem cum læti*tia*	Synagogam sata*næ*, etc.

C'est à l'imitation de cette pièce que le docteur angélique a écrit l'admirable prose *Lauda Sion Salvatorem*, et qu'un siècle après, Fra Jacopone a composé l'harmonieuse et touchante complainte de la bienheureuse Vierge Marie, *Stabat Mater Dolorosa*.

avons fait jusqu'ici, touchant l'origine de la poésie syllabique chrétienne, il est évident : 1° que les poètes chrétiens ont dû, non point par ignorance, mais par un besoin réel et une intelligente appréciation des choses, transformer la versification du siècle d'Auguste ; 2° que la poésie syllabique inventée par eux et substituée par un long et persévérant effort à la poésie métrique, l'emporte sur cette dernière par l'harmonie et la cadence ; 3° qu'elle la surpasse encore par sa liberté plus grande de développer la pensée politique, 4° et surtout par son immense popularité (1). Il demeure donc encore évident que rien ne rend plus ridicules les vieux et nouveaux voltairiens que la dérision qu'ils ont voulu déverser sur la poésie de notre seconde littérature latine. Et il faut ajouter qu'ils se montrent encore souverainement ingrats. En effet, si quelqu'un demandait de qui les Italiens ont appris à rimer leurs compositions poétiques, personne, après ce court exposé, ne pourrait répondre avec Tiraboschi, « qu'il faut interroger ceux-là mêmes qui, les premiers de tous, ont usé de la rime ! » De bonne foi, la réponse devrait être plus nette et plus précise. Les accents, les rimes, les strophes, nos acrostiches, la rime médiane, en un mot tout ce qui sert à la grâce, à l'accord, à la majesté, à l'art de la poésie lyrique, que son exquise harmonie a fait surnommer *Melica*, et qui donne à l'Italie une primauté si tranchée sur les nations civilisées anciennes et modernes, a été pris entièrement dans nos poètes chrétiens, et ces voltairiens voudraient, malgré cela, qu'ils fussent flétris de l'appellation de barbares.

XIX. — Concluons : il y a une première langue, une première littérature latine, dont le point culminant est le siècle d'Auguste. Expression parfaite d'une société tout adonnée à la gloire mondaine, aux plaisirs des sens et aux intérêts matériels, elle était le reflet le plus vif de la civilisation païenne, représentée par ses écrivains, ses historiens, ses orateurs et ses poètes. Mais subissant les phases mêmes de l'empire romain, cette civilisation déchoit et s'éteint avec lui. Il y a une seconde langue, une seconde littérature latine, qui reconnaît son origine et sa raison d'être dans la société chrétienne, dont elle exprime la civilisation, représentée également par ses propres écrivains, ses historiens, ses orateurs et ses poètes. Quand cette langue cesse d'être vulgaire pour faire place aux langues modernes issues d'elle et non point de la langue

païenne, elle ne périt pas, mais elle vit immortelle, à côté d'elles, dans les actes émanés de l'autorité de l'Eglise catholique romaine, dans les Bulles, les lettres apostoliques, les brefs, les conciles généraux aussi bien que dans la liturgie romaine.

XX. — Maintenant que l'existence de la première et de la seconde littérature est solidement établie, une double question se présente d'elle-même à l'esprit : d'abord dans laquelle des deux gisent les trésors du sublime et du beau ? La réponse est facile et claire. Si le beau et le sublime naturels ne peuvent être refusés à la première littérature latine, en rapport avec la civilisation païenne, spécialement aux écrivains du siècle d'Auguste, envers lequel, depuis la prétendue Renaissance, on se plaît à professer un culte outré ; qui serait assez osé pour les dénier à la littérature chrétienne, qui représente si parfaitement la civilisation de l'Eglise? Eh quoi ! l'Eglise n'est-elle pas l'extension et la continuation de l'Incarnation du Verbe ? et l'art de bien dire considéré dans sa source primitive, n'est-il pas encore une merveilleuse émanation du Verbe, de la parole de Dieu le Père ? Comment donc pourrait-on croire que le Verbe incarné, qui avait daigné dispenser le don de la parole à ses ennemis, c'est-à-dire à l'Eglise de Satan, l'aurait ensuite refusé à l'Eglise, son épouse, qu'il s'est acquise au prix de son sang très précieux (1).

D'ailleurs, le beau n'est-il pas la splendeur du vrai ? *Pulchrum est splendor veri*, a dit Platon. Là donc où le vrai abonde, le beau pourrait-il jamais faire défaut ? Mais pour taire les autres raisons, l'Eglise qui a renouvelé et perfectionné toutes choses, les idées, les mœurs, les sciences, les arts, etc., sera-t-elle restée barbare et inférieure au paganisme sous le seul rapport du langage, de telle sorte qu'il suffise de dire *latin ecclésiastique*, pour dire latin *bas et infime*? « Mes » chers fils, nous savons pour la consolation de » notre foi, et nous proclamons pour la décharge » de notre conscience que cela *n'est pas vrai*, » répéterons-nous avec l'illustre prélat qui, le premier, a soulevé cette discussion (V. N. IV.) De même que le beau naturel propre à la civilisation païenne se rencontre dans la première

(1) Qu'on entende saint Augustin, qui, voulant composer un psaume, pour être chanté de mémoire même par le peuple des fidèles, afin de réfuter les erreurs des Donatistes, déclare expressément : « *Non aliquo carminis genere id fieri volui ideo, ne me necessitas metrica ad aliqua verba vulgo minus usitata compelleret.* » Aussi (faisant un grand pas vers la poésie syllabique) donne-t-il à ce psaume, au lieu du mètre classique, la forme *acrostique-abécédaire* (comme dans les lamentations), c'est-à-dire qu'il le divise en autant de strophes qu'il y a de lettres dans l'alphabet. Chaque strophe était composée de douze vers, chaque vers de seize syllabes, et le vers est comme divisé, à raison de l'accent, en deux cadences et tous les vers ont la même finale en E, qui est l'assonance la plus populaire V. S. Aug., lib. Rétrac. cap. XX. *in Psalmun contra partem Donati.*

(1) Le docte Moehler, dans sa symbolique, § XXXVI (p. 336 édit. de la Bibl. cat, à Naples) a dit : L'Eglise visible c'est Jésus-Christ qui se renouvelle continuellement, qui, à chaque instant, rajeunit et qui toujours sous la forme humaine apparaît parmi les hommes : « *c'est l'Incarnation permanente du Fils de Dieu.* » Et bien avant lui S. Athanase (lib. de incarnat. § 21, édit. Maur, op. t. p. II, p. 887) avait écrit : non de Divinitate Christi dicit (Petrus) quod Dominum ipsum et Christum fecerit sed de Humanitate ejus quae est Universa Ecclesia, quae in ipso dominatur et regnat... Et néanmoins pendant plus de dix siècles cette Eglise n'aurait pas su parler ! Le Concile provincial de Reims, tenu à Amiens, en 1853, revu et approuvé par le Saint Siège, a formulé la proposition suivante : « Opinio qua uti *barbara* despicitur lingua illa, quæ apud excellentissimos Patres usitata, ab ipsa Ecclesiæ liturgia est consecrata, rejicienda est ut non minus a decentia quam a veritate abhorrens, et in sanctam Ecclesiam contumeliosa. » V. Acta et decreta Conc. Prov Rhemensis in civ. Ambianensi. — Ambiani 1853, p. 59.

littérature latine, de même le beau, le sublime naturel et surnaturel abonde et resplendit dans la seconde.

XXI. — A laquelle donc de ces deux littératures convient-il mieux à la jeunesse studieuse de s'appliquer ? La réponse à cette seconde question, après ce que nous avons dit, vient encore d'elle-même sur les lèvres. Si la seconde littérature exprime complètement la civilisation chrétienne, qui sera assez insensé pour nier que l'étude principale de la jeunesse chrétienne doive se porter surtout sur la littérature chrétienne. Ce n'est pas à dire pour cela qu'il faille abandonner la première, car il est avantageux d'étudier le beau et le sublime partout où ils se rencontrent, et on doit tenir compte des hommes de génie, alors même qu'ils n'ont pas eu le bonheur de professer la vérité. C'est pourquoi Homère et Virgile seront toujours un sujet d'admiration, tant que la poésie continuera à être une des préoccupations du genre humain, et aussi longtemps qu'il sera question d'enseigner les préceptes de l'éloquence, les modèles indiqués seront toujours Démosthènes et Cicéron. Et tel a été sans contredit l'enseignement traditionnel et constant de l'Eglise.

XXII. — Personne assurément ne songera à mettre en doute l'étude des auteurs païens dans les quatre premiers siècles, puisque nos écrivains venaient du paganisme en majeure partie et qu'ils étaient pour cette raison fort instruits dans sa littérature. De plus, c'était une maxime chez eux qu'il importait grandement à la défense de la religion chrétienne de se servir même, selon le temps et le lieu, de l'érudition païenne, comme les Hébreux, qui tirèrent profit des vases d'or des Egyptiens, et comme David qui trancha la tête à Goliath avec l'épée qu'il avait arrachée à ce géant. De fait, sans parler de Tertullien, ni d'autres plus anciens, saint Ambroise complète ses discours de tours et de pensées empruntés aux classiques païens ; et saint Jérôme, tout en exhortant saint Paulin comme nous l'avons dit, à l'étude des auteurs chrétiens, écrit une de ses lettres à l'orateur Magnus, précisément pour se défendre contre l'accusation de faire usage de la sagesse profane, et il cite en sa faveur l'autorité de nombreux et très graves écrivains chrétiens de l'Orient non moins que de l'Occident, qui avaient tenu la même conduite. Et saint Augustin, particulièrement dans son livre de la Cité de Dieu, se montre richement pourvu d'érudition profane. Seulement saint Jérôme veut que l'enseignement chrétien commence dès *l'enfance* par la Sainte Ecriture, qu'on lise ensuite les *traités des Docteurs*, et qu'on réserve pour la fin les auteurs païens. Saint Augustin confirme cette méthode en considérant que l'étude des auteurs païens mis aux mains de la jeunesse est toute pleine de dangers, et qu'elle finit par lui inspirer un funeste attrait pour la civilisation païenne, ce qu'il prouve, par son propre exemple, en nous apprenant que *le récit des Aventures d'Enée* avait été une pierre d'achoppement pour ses mœurs, et que la lecture de Cicéron lui rendait nauséabonde celle de la Bible. Saint Jérôme

atteste aussi la même chose de lui, et raconte qu'il s'attira un châtiment corporel au tribunal du souverain Juge, parce qu'il était *cicéronien*.

XXIII. — Telle fut aussi la pratique constante dans toute la durée du moyen âge, où l'étude de l'une et de l'autre littérature ne cessa pas d'être en vigueur. Et comme personne ne soulève de doute sur la part principale qui était faite alors à la littérature chrétienne, mais seulement qu'on a coutume de déclarer cette période entièrement privée de la littérature païenne, afin d'attribuer ensuite la résurrection de cette littérature au xv° siècle seulement, nous donnons comme garants d'un usage contraire les témoignages au-dessus de toute contestation de saint Grégoire le Grand, du Concile romain, de Charlemagne et d'Alcuin (1). Arrivés ensuite au siècle de la prétendue Renaissance, nous n'avons pas besoin de constater l'étude qu'on y faisait des écrivains latins païens ; nous savons trop qu'à cette époque la société était presque envahie tout entière par l'amour de la *belle antiquité*. Malgré cela, nous affirmons que la tradition constante ne fut pas

---

(1) Le Diacre Jean rapporte que Grégoire le Grand avait appelé autour de lui les hommes les plus doctes de son temps et fondé l'école romaine, la première de toutes et la plus renommée, d'où plus tard Charlemagne fit venir en France des maîtres en tous genres de discipline et de science. On vit alors se multiplier partout les écoles gratuites, qui, en s'appelant Paroissiales, Abbatiales, Archidiaconales ou Episcopales, indiquaient par là ceux qui les avaient fondées et dirigées. Ces écoles n'avaient pas seulement pour but l'étude des Lettres sacrées, mais encore toutes les sciences et les arts alors vraiment *libéraux*, puisqu'ils n'avaient pour fin que d'introduire ceux qui les cultivaient à la connaissance de Jésus-Christ, qui est la *vérité* seule *libératrice*, (*et veritas liberabit vos*. Joan. VIII, 32). Les Papes et les Conciles mettaient leur sollicitude à instituer non seulement des théologiens, mais aussi des maîtres de belles lettres et de beaux arts, autrement dit de grammaire, dans le sens large où ce mot s'entendait alors. Et pour parler seulement de l'école de Rome, le susdit biographe de saint Grégoire lui rend ce témoignage : « Refloruerunt ibi diversarum artium studia » ; et le concile tenu à Rome sous Eugène II, l'an 862, porta ce décret : « Magistri et Doctores constituantur, qui studia » litterarum, liberaliumque artium, ac sancta habentes » dogmata assidue doceant ». (V. Thomass. Vetus et nova Eccles. Disciplina part. II, lib. I, cap. 101, n. 3 seq.) Quant aux temps d'Alcuin (vers l'an 804), la passion de Charlemagne et de ses savants pour l'étude non seulement des lettres divines, mais des lettres humaines était portée si loin, que dans leurs conversations familières ils se plaisaient à prendre le nom des auteurs anciens. Ainsi Charlemagne s'appelait *David*, Alcuin *Flaccus*, Adalhard, petit-fils de Charles-Martel, *Augustin*, Gondrade, sa sœur, *Eulalie*, Engilbert *Homère*, Riculfe, plus tard Archevêque de Mayence, *Dametas*, (V. Rohrbacher Hist. univ. de l'Eglise, t. VI. liv. 54. page 319. Turin 1860.) On étudiait donc les lettres profanes au moyen âge ; seulement cette étude était subordonnée et proportionnée aux besoins de la Religion, et comme une utile préparation à l'intelligence des lettres divines, selon l'expression de saint Grégoire le Grand (lib. V. in I Reg. 3,30). C'est pourquoi toute la méthode des études était désignée par le nom de *Trivium* et *Quadrivium*, c'est-à-dire triplex aut quadruplex via ad Theologiam. (V. Thomassin. in. loc. cit.) De là les doléances adressées par saint Grégoire lui-même à Didier, évêque de Vienne, accusé de s'appliquer de préférence à la lecture et à l'exposition des poètes profanes ; de là aussi ce doux reproche d'Alcuin à Rigbod archev. de Trèves « Utinam Evangelia quatuor, non Aeneidos duodecim pectus compleant tuum » (V. Mabill. *Annal Bened.* .t. II, p. 236. — Rohrbach. *Hist.* loc. cit. Tom. V. le v, 47, p. 357.)

totalement interrompue, et que l'étude de la littérature chrétienne, bien que grandement affaiblie, ne fut pas tout à fait bannie des écoles : témoin le v⁰ concile de Latran, et Alde Manuce, dit l'ancien, ce typographe si cher à Léon X (1). Pour le xvi⁰ siècle le fait est attesté par le célèbre humaniste Louis Vivès entre autres, mais d'une manière beaucoup plus expresse par Silvio Antoniano, appelé le prodige de son temps (2). Enfin au xvii⁰ siècle nous avons le témoignage de Fleury et de l'auteur même du Télémaque, Fénelon, le plus grand amateur, sous Louis XIV, de la *belle antiquité*. Dans un plan d'études qu'ils élaborèrent ensemble, et qui n'était nullement destiné à la jeunesse cléricale, ils proposent un choix de livres extraits de la Bible, des Pères et des écrivains chrétiens (3).

(1) Le V⁰ Concile de Latran, tenu sous Léon X, formule, dans sa IX⁰ session, le décret suivant : « Statuimus » ut magistri scholarum, et præceptores *pueros* suos » sive adolescentes nedum in grammatica et rethorica... » instruere debeant, sed etiam *docere teneantur* eaquæ » ad Religionem pertinent, uti sunt sacri *hymni* et » *psalmi*, et *sanctorum Vitæ*. » (Apud Labb. t. XIV, p. 226.) Parmi les premières éditions d'Alde Manuce, furent publiés, en 1501 et 1502, deux volumes avec ce titre : *Poetæ christiani veteres*, qui contiennent Prudence, etc. Dans la préface il fait cette réflexion : « Statui » Christianos poetas cura nostra impressos duplicare, » ut loco fabularum et librorum gentilium *infirma* » *puerorum aetas* illis imbueretur, et vera pro veris et » falsa pro falsis cognosceret ; atque ita adolescentuli » non in pravos et infideles quales hodie plurimi, sed » in probos atque orthodoxos viros evaderent, qui adeo » a *teneris* assuescere multum est. »

(2) Vivès recommande les poètes chrétiens, saint Paulin entre autres, dans le même sens qu'Alde Manuce, cité plus haut, et il conclut : « Multa habent quibus » elegantia et venustate carminis certent cum antiquis ; » nonnulla quibus etiam *eos vincant* » — Silvio Antoniano, né à Penne (Abruzze), en 1540, professa avec distinction la réthorique, d'abord à Ferrare et ensuite à Rome ; il fut en grand honneur aux cours ducales des Médicis et d'Este. Secrétaire des Brefs sous Clément VIII, il fut en 1599 créé Cardinal de la S. E. R. par ce pape. — Etant auparavant secrétaire pour les lettres latines, à la prière du modèle des évêques, saint Charles Borromée, il écrivit son traité aussi érudit qu'élégant avec ce titre : Tre libri della Educazione christiana de Figliuioli. Or au chap. 37., 41, où il enseigne que les ouvrages des auteurs profanes ne doivent pas être exclus des écoles chrétiennes, il avertit en même temps les maîtres d'y joindre ceux des auteurs chrétiens, et il cite en exemple les vies *de saint Paul*, premier ermite, et *de saint Hilarion* écrites par saint Jérôme, celle de saint Martin écrite par Sulpice-Sévère avec l'*histoire ecclésiastique* du même auteur : comme saint Basile, il propose aussi *les Livres historiques* de la Sainte Ecriture, *les Proverbes* et l'*Ecclésiastique*, et il recommande pour la rhétorique de préférence à tous les autres le traité de Mgr Augustin Valerio, évêque de Vérone, parce que les *préceptes de l'art y sont expliqués par les exemples chrétiens et les sentences les plus utiles des Pères.* L'ouvrage de Silvius a été traduit en français et publié à Paris, 1858. Comme il est maintenant devenu très rare en Italie, il serait à désirer qu'on fît une nouvelle édition, qui ne pourrait être que très profitable aux pères de famille et aux maîtres.

(3) Le plan d'études n'était pas destiné aux jeunes clercs, mais au duc de Bourgogne. Il avait été rédigé par l'abbé Fleury, auquel Fénelon répondit de Cambrai le 19 mars 1696 :... « Je commencerais par les *livres* » *Sapientiaux*, la *Sagesse*, l'*Ecclésiastique*... Pour les » *livres poétiques* on en peut faire un essai... J'approuve » fort la lecture des livres choisis de *saint Jérôme*, de » *saint Augustin*, de *saint Cyprien* et de *saint Ambroise*. » Les *confessions* de saint Augustin ont un grand charme » en ce qu'elles sont pleines de peintures variées et

XXIV. — Il demeure donc surabondamment prouvé que depuis l'origine de la seconde littérature latine chrétienne, l'Eglise n'a jamais proscrit l'étude de la première littérature latine païenne. Mais, durant la période des Apologistes et des Pères, on en usa comme du glaive que David arracha des mains de Goliath pour le faire servir contre lui à la défense d'Israël. Dans la seconde période dite du moyen âge, elle fut employée encore comme un *moyen* pour arriver à l'intelligence de la Sainte Ecriture et des œuvres des Saints Pères. Il en fut de même dans la troisième époque appelée Renaissance ; mais alors les rôles furent intervertis ; la littérature païenne étant proclamée non plus comme *voie* conduisant à la science, mais comme *fin* à elle-même à cause de sa sublimité et de sa beauté propre, l'ardeur pour l'étude de la littérature chrétienne ne put que se ralentir progressivement, jusqu'à ce que les révolutions antireligieuses et antisociales du xviii⁰ siècle et du suivant, rompant la chaîne traditionnelle qui avait toujours été la règle des maîtres chrétiens, on bannit tout à fait de l'enseignement la seconde littérature latine ; et, en la faisant presque oublier, il en est résulté logiquement de nos jours comme dernière conséquence la *sécularisation* complète de la société moderne, qui se déclare désormais étrangère non seulement à la littérature de l'Eglise, mais à Dieu lui-même et à son Christ béni.

XXV. — Le débat dans ce dernier demi-siècle sur la question de l'enseignement des classiques, que la parole infaillible du Vatican est venue, par une double déclaration, heureusement terminer (V. n. IV), n'a pas fait autre chose que de renouer les fils de la tradition primitive, et ramenant la méthode *mixte*, c'est-à-dire l'enseignement de l'une et de l'autre littérature, et en remettant chacune d'elles à sa place d'autrefois, de telle sorte que, selon l'expression de saint Jérôme, la littérature païenne soit à la littérature chrétienne, comme la raison l'est à la foi, *servante et subordonnée* (1). Pour atteindre sûrement

» sentiments tendres... Quelques endroits choisis de » *Prudence* et de *saint Paulin* seront excellents, etc... » Dans une autre lettre, parlant de son élève lui-même, il écrit : « Il traduisit l'*histoire de Sulpice-Sévère*. » Ces deux lettres, jusque-là inédites, furent publiées dans les *Archives des missions scientifiques et littéraires*, livraison d'août 1850, et dans les *Annales* cit. tom. XV, p. 159 suiv. an. 1857.

(1) Hieron. ad Magnum Orator. Rom. « Quid ergo mirum si et ego sapientiam sæcularem propter eloquii venustatem et membrorum pulchritudinem de *ancilla* et *captiva* Israelitidem facere cupio. » C'est là le but que se propose la méthode appelée mixte, à cause de l'emploi qu'elle fait des auteurs chrétiens et païens. Dans la pratique cette méthode s'applique diversement, ou bien en commençant l'éducation par les auteurs païens et en la terminant avec les auteurs chrétiens, comme le voudrait Vallauri ; ou bien en commençant par les auteurs chrétiens et en réservant les païens pour les deux dernières classes, d'après Mgr Gaume : ou bien en les employant parallèlement les uns et les autres, mais en donnant toujours la prépondérance aux auteurs chrétiens, ainsi que le pratiquait Mgr Audisio au Séminaire du Vatican, dont il fut le si digne Recteur. D'autres ensuite avec le P. Dumas, s'appuyant sur l'exemple des anciens, tel que le Vén. Bède, Riccardo

ce but, vous le savez, mes très chers fils, il faut que les auteurs païens destinés à l'instruction de la jeunesse soient d'abord, autant qu'il est possible, expurgés de toute souillure *ab omni labe purgati* (V. n. IV) ; et en second lieu surtout enseignés par des maîtres chrétiens. Nos pères

etc., pensent qu'il faut compléter le cours ordinaire de littérature avec les auteurs chrétiens, y joindre l'étude des sciences rationnelles, et, avant d'aborder les sciences spéciales, terminer par un cours d'éloquence, laquelle est dans son rapport avec les sciences ce que la forme est à la matière. Dans cette dernière année, on expliquerait exclusivement les classiques païens, car, selon la remarque du savant P. Ventura, dans son deuxième discours aux Tuileries, ce n'est pas avant l'âge de dix-huit à vingt ans que le jeune homme est en état de comprendre la beauté du style des classiques, la philosophie de leur langue, et de comparer sa propre langue à lui avec la langue latine des païens, qui est une langue morte. C'est donc à la prudence et à la sagesse de ceux qui règlent les études qu'est laissé le soin d'adopter la méthode mixte aux circonstances du temps, des lieux et des personnes. Il est toujours à désirer néanmoins que l'enseignement commence par le latin des auteurs chrétiens. La langue de ces auteurs, indépendamment de ses beautés propres, exprime des idées dont la mère chrétienne a déjà nourri l'esprit de l'adolescent, et qui sont pour cela plus en harmonie avec ses tendances. Et puis comme elle a donné naissance à la langue nationale de l'élève, celui-ci, en la cultivant d'abord, pourra plus facilement remonter à celle du siècle d'Auguste, dont elle a retenu la grammaire, la syntaxe, les constructions propres, et qui n'en diffère que par la forme.

dans la foi le pratiquaient ainsi : c'est pour cela sans doute que Julien l'apostat, voulant prendre la défense des faux dieux des Gentils, faisait interdire d'une manière absolue aux chrétiens de les enseigner, parce que ceux-ci, tout en mettant en relief la beauté artistique de leurs écrits, en faisaient en même temps ressortir la grande infériorité en religion et en morale; et concluaient en démontrant comment et pourquoi le Christ Créateur, voyant l'œuvre de ses mains si dégradée par l'astuce de Satan, avait dû, *en sage architecte, lui rendre sa forme première*; puis, interprétant les auteurs païens, ils faisaient soigneusement remarquer que ces auteurs *cherchant toujours la vérité sans jamais la trouver* eurent besoin de *Jésus*, la *Vérité* par essence; qu'oscillant entre le doute et l'erreur, il leur fallut *Jésus*, *la voie* droite et sacrée, et *qu'assis à l'ombre de la mort*, ils ne purent être ressuscités que par *Jésus*, la *vie* véritable. Avec de pareilles leçons, les élèves chrétiens sauront unir le fond à la forme, compléter le sentiment du beau par l'intelligence du vrai et du bon. Alors toute chose sera à sa place et en harmonie avec sa fin dernière, selon l'enseignement de l'apôtre : *Tout pour l'homme, l'homme pour le Christ, le Christ pour Dieu...*

BARTHÉLEMY D'AVANZO.

TABLE

RÉFLEXIONS PRATIQUES

AUX PÈRES ET MÈRES DE FAMILLE

Plus que personne, les parents sont intéressés à savoir si l'enseignement qu'on donne à leurs enfants est conforme aux règles tracées par le Saint-Siège. Ils savent, ou du moins ils doivent savoir, que de l'enseignement classique dépendent, neuf fois sur dix, la conduite future de leurs fils, l'honneur ou le déshonneur, le vice ou la vertu, la conservation ou la ruine de la fortune, le salut ou la perte éternelle de ce qu'ils ont de plus cher.

C'est pourquoi ils seraient inexcusables de s'en rapporter aveuglément aux prospectus de tel ou tel établissement, à la réputation et au caractère de tels ou tels instituteurs. En plaçant leur fils dans une maison d'éducation, *telle qu'elle soit*, le plus sacré de leurs devoirs est de se renseigner sur les doctrines dont on nourrira sa jeune âme; d'exiger qu'on éloigne de lui tout auteur dont le commerce pourrait lui fausser l'esprit, par de fausses admirations pour de fausses vertus et de faux grands hommes; ou lui corrompre le cœur par l'étude de choses qui, suivant l'Apôtre, ne doivent pas même être nommées parmi les chrétiens : *Nec nominetur in vobis*; d'exiger enfin qu'on ne le laisse pas grandir dans l'ignorance de tout ce qu'il lui importe de connaître : le christianisme, avec ses bienfaits, son histoire, ses gloires morales, artistiques, intellectuelles et ses admirables lois.

Que ces renseignements, obtenus dans un sens favorable, soient la condition *sine qua non* de l'entrée de l'enfant. Dans le cas contraire, que le père reprenne son enfant et se retire, en disant la noble parole que nous avons entendue : « Puisqu'il en est ainsi, mon fils ne sera pas bachelier, mais il sera chrétien. »

Père vraiment digne de ce nom, ne craignez pas : si vous le voulez, votre fils sera bachelier et chrétien. Pour devenir bachelier, il n'est pas nécessaire d'être empoisonné de paganisme. Jointe à la parole du Saint-Père, l'expérience le prouve : nous vous le montrerons. En tous cas, s'il y a dans le monde un bachelier de moins, il y aura un homme de plus.

AUX INSTITUTEURS DE LA JEUNESSE

Prêtres, religieux et laïques, songez devant Dieu à toute la responsabilité qui pèse sur vous. C'est entre vos mains, plus encore que sur les genoux de la mère, que se forme l'avenir de l'enfant et de la société.

L'enfant vous est remis à l'âge de la formation. Suivant qu'elle sera bonne ou mauvaise, chrétienne ou païenne, l'éducation que vous lui donnerez développera ou étouffera celle de la mère. En preuve de ce que je dis, rappelez-vous ce terrible exemple. Tous les impies du dernier siècle, tous les démocrates de 93, avaient eu, trois exceptés, d'Alembert, d'Holbach et Helvétius, des mères chrétiennes. Eux-mêmes furent chrétiens jusqu'à leur entrée au collège. L'éducation qu'ils y reçurent en fit des Brutus, des régicides, de vrais païens. Il n'en pouvait, il n'en pourra jamais être autrement, les mêmes circonstances étant données. Dis-moi qui tu fréquentes, je te dirai qui tu es. Aussi, *quand une génération fait fausse route, on demande aussitôt par qui elle a été élevée.*

Désormais, comment pourriez-vous dormir tranquilles si, vous croyant plus sages que le Pape, vous éliminiez des études l'élément littéraire chrétien, ou si vous ne le donniez que dans la proportion d'un verre de bon vin, versé dans un tonneau de vinaigre? si, trahissant et votre conscience et la confiance des parents chrétiens, vous laissiez entre les mains des enfants confiés à votre sollicitude des auteurs non purgés de toutes ces souillures, dont une seule peut ternir pour jamais l'innocence d'un jeune cœur, et si vous leur faisiez étudier en latin ce que vous rougiriez de leur laisser lire en français?

A TOUS

L'Europe n'est plus ce qu'elle fut autrefois. D'où est venu ce déplorable changement? Quand on veut faire disparaître un arbre, on le déracine. Pour faire disparaître la vieille Europe, l'Europe si puissamment catholique, qu'a-t-on fait? on a coupé la chaîne de ses traditions. Les traditions se conservent par l'enseignement. L'enseignement, c'est la parole et l'exemple des pères, fidèlement transmis aux enfants et par eux religieusement gardés.

Tant que l'enseignement fut catholique, exclusivement catholique, l'Europe demeura catholique. C'est ainsi que le juif est resté juif; l'Arabe, mahométan; le Chinois, chinois, et qu'ils resteront tels, tant que leur enseignement sera exclusivement juif, mahométan, chinois.

Ce qui est vrai d'un peuple quelconque est vrai de la famille. Qu'un fils abjure les traditions paternelles, il coupe la chaîne qui l'unit au passé, et la famille qu'il forme ne sera plus la famille de laquelle il est sorti. Le nom restera, mais la chose aura disparu.

Pour l'Europe, au lieu de lui conserver par l'enseignement, ses antiques traditions catholiques, on l'en a dégoûtée. Un nouvel enseignement religieux, politique, historique, philosophique, artistique et littéraire lui a été donné. De là lui sont venues des tendances nouvelles, une *civilisation* nouvelle, et l'Europe a cessé d'être ce qu'elle était pour devenir ce qu'elle est, une lépreuse qui fait peur et pitié.

Quand, comment et par qui ce malheureux enseignement lui a-t-il été donné? Il est venu non du voltairianisme, non du protestantisme, non du rationalisme; il est venu d'une cause antérieure, mère de toutes ces erreurs, la Renaissance. « J'ai pondu l'œuf, disait Erasme, Luther l'a fait éclore : *Ego peperi ovum, Lutherus exclusit.* » Il est venu de la Renaissance, parce que la Renaissance, essentiellement pédagogique, inspira de son esprit et forma à son image les jeunes générations, devenues plus tard, et très logiquement, anticatholiques, voltairiennes, protestantes, rationalistes et païennes.

Le mal venu de l'enseignement ne peut être guéri que par l'enseignement, et, entendons-le bien, par l'enseignement des classes sociales qui, par leur supériorité, font le peuple à leur image et conduisent le monde. « C'est la pensée des sages, disait Raynal, qui prépare les révolutions ; et c'est le bras du peuple qui les exécute. »

POURQUOI TARDE-T-ON

A FAIRE CETTE RÉFORME DES ÉTUDES CLASSIQUES?

Ce que nous allons dire, comme une partie de de ce qui vient d'être dit, est tiré, du moins en substance, du dernier opuscule de Mgr Gaume : *Pie IX et les Études classiques.*

Nous supplions seulement nos lecteurs de faire l'application des vérités qu'ils vont lire à toutes les formes de l'enseignement.

Le paganisme n'est qu'une des espèces du naturalisme et le mal qu'il nous fait vient surtout de ce qu'il nous prive des influences sacrées du surnaturel.

Le naturalisme fait, dans les écoles des Frères et des Sœurs, ou plutôt dans l'enseignement primaire, les mêmes ravages que le paganisme dans l'enseignement secondaire et dans l'enseignement supérieur.

L'essentiel est de revenir à l'Evangile parce qu'on récolte ce qu'on sème.

LES PRÉTEXTES

D'après les prescriptions de l'Encyclique et du Bref, les chefs d'établissement ont, pour se mettre en règle avec le Saint-Siège, plusieurs choses à faire, à faire loyalement et sans délai : 1° Introduire largement l'élément littéraire chrétien dans les études ; 2° expurger complètement les auteurs païens. Ces deux choses sont explicitement commandées. Il en est deux autres qui le sont implicitement, parce qu'elles entrent dans l'esprit de la loi : enseigner chrétiennement les auteurs païens et supprimer dans les collèges les représentations théâtrales.

A l'accomplissement de ces devoirs, plus impérieux aujourd'hui que jamais, s'opposeront peut-être dans l'esprit de quelques-uns, d'ailleurs disposés à la soumission la plus filiale, différents prétextes, dont il importe de faire justice. Le premier : *Les exigences du baccalauréat ;* le second, *l'inutilité et les inconvénients de la réforme ;* le troisième, *le manque de classiques chrétiens ;* le quatrième, *l'intérêt de la belle latinité.* Nous ne parlons ni de la routine, ni du parti pris, ni de l'esprit de corps. Ces prétextes, n'étant ni avoués ni avouables, échappent à la réfutation. La conscience seule doit en faire justice.

PREMIER PRÉTEXTE : EXIGENCES DU BACCALAURÉAT

Dans un éloquent discours, M. Chesnelong disait : « L'éducation chrétienne est l'instru-

ment nécessaire de la régénération de notre pays. »

A qui appartient l'éducation, appartiendra l'avenir. De là, ce mot de Leibnitz : « Celui qui réformera l'éducation, réformera le monde. » La raison est facile à comprendre : l'homme étant un être enseigné, l'éducation fait l'homme, et l'homme fait la société.

Que l'homme soit un être enseigné, nous en sommes tous la preuve. En venant au monde, l'âme humaine est comme une table rase, prête à recevoir, sans opposition, tous les caractères qu'on veut y imprimer. Pourquoi sommes-nous catholiques ? Parce qu'on a écrit dans nos jeunes âmes le Catholicisme. Pourquoi d'autres sont-ils Luthériens, Calvinistes, Juifs, Mahométans, Idolâtres ? Parce qu'on a gravé dans leurs âmes ces différentes erreurs.

Si donc on veut que la France et l'Europe redeviennent chrétiennes, il leur faut avant tout une éducation chrétienne.

C'est dans ce but que les comités catholiques demandent avec instance la liberté d'enseignement. Pour eux, cette liberté capitale consiste dans la fondation d'universités catholiques, jouissant du privilège de conférer des grades reconnus par le gouvernement, et la suppression du baccalauréat. Rien de mieux ; mais ne l'oublions pas. Il y a 60 ans qu'on lutte avec énergie pour obtenir ces concessions et toujours en vain.

Aujourd'hui même elles sont tellement opposées à l'esprit qui domine la France officielle et même l'Europe, que les efforts des catholiques n'aboutiront, si même ils aboutissent, qu'après beaucoup de longueurs et avec de grandes difficultés. Ce n'est pas une raison de se décourager : au contraire, c'est une raison de s'armer d'une indomptable persévérance. En attendant le succès désiré, une chose est *immédiatement possible ;* et cette chose est bien plus nécessaire que la pleine liberté d'enseigner, c'est de rendre l'éducation, *qui dépend du clergé,* complètement chrétienne.

L'éducation qui dépend du clergé est celle qui se donne dans les nombreux établissements, soustraits, du moins en grande partie, au despotisme universitaire, et tenus par des prêtres séculiers ou par des congrégations religieuses : institutions, collèges catholiques, petits séminaires. L'éducation sera complètement chrétienne, lorsqu'elle sera conforme aux prescriptions du Souverain Pontife.

Depuis 60 ans surtout, l'expérience démontre avec la clarté du jour l'indispensable nécessité de pratiquer loyalement la réforme demandée. Si, au lieu de faire la sourde oreille, on l'avait prise au sérieux, nous aurions aujourd'hui trois générations qui nous serviraient de point d'appui, tandis que nous ne sommes entourés que d'ennemis ou de lépreux, au milieu d'une société qui tombe en lambeaux.

Nous le disons à regret : on n'a tenu presque aucun compte de la volonté du Saint-Père. Dans les huit dixièmes des maisons d'éducation, même dirigées par des prêtres séculiers et réguliers, les programmes ne présentent pas un *seul* auteur latin chrétien ; et les Pères grecs y figurent à peine, pour un ou deux discours de saint Chrysostome et de saint Basile, admis plutôt pour la forme que pour le fond et destinés à une ou deux classes.

Quant à l'expurgation, *consciencieusement obligatoire*, des auteurs païens, même oubli des ordres du Saint-Père. A peu de choses près, ces auteurs sont ce qu'ils étaient avant l'Encyclique. Un des plus dangereux, au jugement d'Ovide lui-même, bon juge en matière d'immoralité, Virgile, n'a subi aucun retranchement, et il se trouve tout entier entre les mains des élèves. Il en est ainsi d'Homère, que Platon excluait sévèrement de toutes les écoles de sa république. Sans suppressions, les différents livres de l'Iliade sont entre les mains de jeunes chrétiens, auxquels des maîtres *pieux* expliquent, sans rougir, le double enlèvement d'Hélène et de Briséis, base de tout le poème.

Une pareille conduite est-elle catholique ? Dieu peut-il la bénir ?

Ajoutons que la réforme demandée par le Souverain Pontife et par tous les hommes désintéressés, qui ont quelque souci de l'avenir, est immédiatement applicable. Qu'on ne réponde pas que le baccalauréat s'y oppose. Prétendre qu'en introduisant largement les auteurs chrétiens dans les études et en expurgeant complètement les auteurs païens, on ne peut pas faire des bacheliers : un pareil raisonnement n'est pas seulement faux, il est impie.

Il est faux : il ne repose que sur un préjugé, fruit de la routine, et nullement sur l'expérience. S'il est une seule maison qui ait mis sérieusement en pratique les prescriptions pontificales, et qui ait vu ses élèves échouer au baccalauréat, dans des proportions plus fortes que ceux des autres établissements, qu'on la nomme. Nous soutenons, au contraire, et nous le soutenons hardiment, qu'avec des auteurs chrétiens et des classiques païens purgés de toute souillure, on fera non seulement des bacheliers tant qu'on voudra, mais surtout, ce qui ne se fera jamais avec le système actuel, des hommes vraiment grands, et des générations chrétiennes dignes de ce nom.

RÉFUTATION PLUS COMPLÈTE DU PREMIER PRÉTEXTE

Les auteurs païens, exigés pour le baccalauréat, sont ceux qu'on voit dans les trois classes supérieures. Ainsi, jusqu'à la quatrième *inclusivement*, il y a toute liberté de faire étudier exclusivement des auteurs chrétiens. Sous le rapport littéraire, comme sous le rapport moral, c'est même la meilleure préparation à l'étude des auteurs païens. D'une part, l'étude du latin chrétien ARME, en la développant, la foi de l'enfant ; d'autre part, elle lui facilite singulièrement l'étude des auteurs profanes.

Pour plusieurs raisons, le latin chrétien est plus facile à apprendre que le latin païen : 1° il est moins elliptique et moins transpositif ; 2° il est le père de nos langues modernes, particulièrement de la langue française, qui conserve de nombreuses traces de sa glorieuse généalogie ; 3° il exprime des idées dont le germe, plus ou moins développé, existe dans l'âme de l'enfant, soit par le baptême, soit par les instructions maternelles, soit par le catéchisme paroissial ; 4° en retrouvant dans ses auteurs ces idées vraies et en rapport avec les siennes, le commençant trouve ainsi la satisfaction de la tendance innée dans l'homme pour la vérité, par conséquent la rémunération de son labeur, c'est-à-dire une augmentation de vie : bienfait de premier ordre que ne lui procurera jamais le latin païen. Au lieu de le désorienter, de l'ennuyer, de le dégoûter, l'étude lui plaît ; et, en assurant les progrès de l'élève, elle dispense le professeur de la pénible obligation de le faire marcher à coups de pensums ou de retenues.

Le raisonnement en question n'est pas seulement faux, nous osons dire qu'il est impie. Prétendre que pour assurer le succès du baccalauréat, il faut exclure de l'enseignement les auteurs chrétiens et laisser sans une complète expurgation les auteurs classiques païens, en sorte que les jeunes chrétiens puissent, contrairement à la volonté formelle du Saint-Père, et au risque de perdre la foi, les mœurs et même le sens social, lire les erreurs et les obscénités, répandues dans ces différents auteurs : n'est-ce pas une impiété ?

Croit-on se justifier en disant, comme nous l'avons entendu, qu'il est nécessaire de laisser, *tels qu'ils sont*, les classiques païens entre les mains des jeunes gens, dans la crainte de les voir échouer au baccalauréat, s'ils venaient à être interrogés sur quelque passage qu'ils n'auraient pas expliqués ? Cette prétendue justification suppose qu'on explique *d'un bout à l'autre*, les auteurs désignés pour le baccalauréat : ce qui est absolument faux.

Elle suppose, en outre, que le jeune homme, après avoir étudié longtemps les principales parties d'un auteur, sera incapable d'expliquer, sans l'avoir appris, un passage quelconque du même auteur. S'il en est ainsi, il faut convenir qu'en étudiant, pendant plusieurs années, les auteurs païens, on ne devient pas très fort en latinité ; et que s'il n'y a rien à gagner en adoptant les classiques chrétiens, il n'y a du moins rien à perdre.

Dans son discours synodal du 23 juin 1853, Mgr de Salinis, expliquant les actes du dernier concile d'Amiens, s'exprimait en ces termes : « *L'expérience faite à Saint-Riquier est bien significative.*

» Ceux de nos élèves, et ce ne sont pas les plus distingués, qui se sont présentés pour le baccalauréat, ont été reçus *dans une proportion plus forte* que celle qu'on observe dans d'autres collèges. Ce résultat ne m'a pas étonné. Le commerce journalier avec les auteurs chrétiens fortifie la raison des élèves, parce qu'il la nourrit de notions plus saines, et aussi parce que ces notions touchent à toutes les réalités de la société au milieu de laquelle ils doivent vivre ; tandis qu'ils rencontrent dans les auteurs païens une foule de choses, qui ne sont pour eux que des abstractions stériles, des idées mortes, tout à fait étrangères au monde social créé par le christianisme. Leur esprit acquiert plus de sève, parcequ'il plonge des racines dans un sol plus fécond, et il s'opère en eux, sous ce rapport, une plus grande végétation intellectuelle, qui se fait sentir à toutes les branches des études. »

Or, une expérience de quarante ans, ayant démontré que vouloir obtenir du gouvernement la suppression du baccalauréat, c'est se casser la tête contre un mur, il reste à trouver un moyen de tourner la difficulté : c'est de pratiquer sérieusement les prescriptions pontificales. Ne mettre jusqu'à la quatrième inclusivement, entre les mains des enfants que des auteurs chrétiens : et purger de toute souillure les auteurs païens, réservés pour les classes supérieures, tout en faisant marcher de front l'étude des auteurs chrétiens. Cette expurgation, soit dit en passant, ne regarde pas seulement les auteurs de littérature ; elle doit s'étendre à la plupart des cours de philosophie qui prétendent démontrer, à l'aide de la raison seule, les plus importantes vérités métaphysiques et pratiques, sans parler de Notre-Seigneur Jésus-Christ, le précepteur du genre humain. C'est la séparation systématique de l'homme d'avec Dieu.

Contre l'emploi du moyen indiqué, qu'on n'objecte pas que deux ou trois ans d'étude des auteurs païens, sont insuffisants pour préparer un jeune homme au baccalauréat. Une pareille objection n'est pas sérieuse. 1° Le terrible examen se réduit à une simple version d'une page ou d'une page et demie avec une dissertation latine ou française.

2° Les examinateurs ne sont pas *très féroces*. Fils de leur éducation, ils n'ignorent pas dans quel abaissement sont tombées parmi nous les études latines, et ils ont égard à la faiblesse connue des candidats.

3° Quand, malgré tout, un jeune homme échoue au baccalauréat, que fait le père ? Afin de ne pas perdre le fruit de ses sacrifices, il le confie à un *préparateur*, qui s'engage à le faire recevoir dans trois ou six mois : et huit fois sur dix, il réussit. Comment donc, même en admettant les conditions les moins favorables, ne pourrait-on pas, après deux années d'étude des auteurs païens, obtenir ce que l'on obtient en quatre fois moins de temps ?

Au reste, il y a quelque chose de plus nécessaire que la suppression du baccalauréat et la *liberté* de l'enseignement ; c'est la *christianisation* de l'enseignement. Puisqu'on ne peut avoir, pour le moment, qu'une demi-liberté, c'est un devoir plus pressant que jamais d'en profiter afin de christianiser, dans la mesure du possible, l'enseignement secondaire.

Qu'on ne l'oublie pas, la France n'a pas sombré en 93, parce que l'éducation n'avait pas été libre ; mais parce qu'elle n'avait pas été assez chrétienne. La Révolution, qui ne fut que la *mise en scène des études de collèges*, en est la terrible et immortelle preuve. « C'est, dit Charles Nodier, un témoignage que la philosophie du xviii° siècle ne put s'empêcher de rendre aux jésuites, à la Sorbonne et à l'Université. »

Par l'organe du Père Grou, les jésuites, il est juste de le rappeler, se rendirent, quoiqu'un peu tard, le même témoignage. Dans le passage que nous avons cité, l'ancien professeur reconnaît que le goût du paganisme, contracté dans l'éducation, s'était répandu dans la société, en sorte que la plupart des lettrés n'étaient plus chrétiens qu'à l'extérieur ; et que dans le fond ils étaient de vrais païens.

Sans doute, ajoutait-il, *nous ne sommes point idolâtres !* Patience, mon révérend Père ; attendez quelques années, et vous verrez la France officielle, la France formée dans les collèges, *matériellement idolâtres*, adorant la déesse Raison sur l'autel de Notre-Dame, et bâtissant un temple à Cybèle, au carré des Champs-Elysées. Cela devait être ; l'éducation fait l'homme et le culte intérieur appelle le culte extérieur.

Ce fait écrasant pour l'éducation classique fut rappelé, avec une éloquence impitoyable, dans la discussion de la loi de 1850, sur la liberté d'enseignement. Mgr Parisis, plaidant contre le monopole, fit un tableau effrayant de la génération élevée par l'Université, l'accusant d'impiété, d'immoralité, et notamment d'avoir fait les journées de juin, où Paris avait failli s'engloutir dans le sang.

Il n'avait pas fini qu'une voix s'élève et crie : Je demande la parole ; c'était M. Crémieux.

« L'honorable préopinant, dit-il, vous a tracé un tableau effrayant de la génération élevée par l'Université, l'accusant entre autres d'avoir fait les journées de juin. Il a oublié de nous dire qui avait élevé la génération qui fit 93 ! Alors, l'Université n'existait pas. Alors il n'y avait pas de monopole, ou, s'il y en avait un, c'était en faveur du clergé. Alors toute l'éducation était entre les mains des prêtres et des Ordres religieux. Alors vous étiez riches ; vous aviez des hommes capables, vous jouissiez de la sympathie des familles et de l'appui du gouvernement ; et vous avez fait 93 ! Cessez donc de récriminer : si l'Université ne fait pas mieux que vous, elle ne fera jamais plus mal. »

Et l'évêque se tut. Mgr Gaume l'ayant vu après lui dit : Il suffisait de vous rappeler ce que vous avez si bien écrit contre l'éducation classique, et de dire : « On a mal saisi ma pensée. Ce n'est ni l'Université actuelle qui a fait les journées de juin, ni l'ancien clergé qui a fait 93 : c'est le système d'enseignement. Aux deux époques, les vrais éducateurs de la jeunesse ont été les démocrates de la Grèce et de Rome. Les professeurs en toge ou en soutane n'ont été et ils ne seront jamais que des répétiteurs. »

Terminons par un fait actuel, qui confirme tous les précédents. Ce fait, qui met au-dessus de toute discussion, la nécessité plus urgente que jamais de christianiser l'enseignement secondaire, dans la mesure immédiatement possible : quel est-il ? *C'est Léon XIII prisonnier au Vatican, et la Louve de Romulus trônant au Capitole.*

En 93, la déesse Raison sur l'autel de Notre-

Dame ; en 1874, la Louve de Romulus au Capitole, c'est-à-dire, le paganisme en chair et en os, présenté à l'admiration du monde. Aux deux époques, et après dix-huit siècles de christianisme, voilà, qu'on en convienne ou non, le dernier mot logique des études classiques : *et nunc intelligite*.

On récolte ce qu'on sème : *quæ seminaverit homo, hæc et metet*. Ils reçoivent donc un éclatant démenti, ceux qui disent que tout le mal vient du protestantisme. S'il en était ainsi, la Révolution qui sait ce qu'elle est, et qui, mieux que personne, connaît sa généalogie, aurait placé au Capitole la statue de Luther, ou de Calvin, ou de quelque autre Père de la réforme ; mais non, elle y a placé la Louve de Romulus.

SECOND PRÉTEXTE : L'INUTILITÉ ET LES INCONVÉNIENTS DE LA RÉFORME

On nous dit : Il est trop tard !

Il est trop tard ! Il n'est jamais trop tard d'obéir, et de reconnaître qu'on a fait fausse route. Mieux vaut tard que jamais ; et l'homme qui avoue franchement une faute, mérite plus d'estime que celui qui en est exempt.

Il est trop tard ! Si le présent est condamné, est-il permis d'être indifférent au salut de l'avenir ? Si la réforme chrétienne ne prépare pas de nobles vainqueurs, elle préparera de nobles victimes.

Il est trop tard ! S'il en est ainsi : A qui la faute ? qui a honni, repoussé, persécuté les courageux apôtres de la réforme ? qui s'est opiniâtrément refusé à l'embrasser ? qui est allé jusqu'à interdire la vente des ouvrages qui la soutenaient ! Il y a de longues et très longues années, que les hommes graves, en observant le mouvement des esprits et la marche des choses, ne cessent de répéter que le système moderne d'éducation conduit l'Europe à la Barbarie. Le roi Louis-Philippe disait : à l'*Antropophagie*.

Il est trop tard ! Malgré l'expérience, vous allez donc continuer *ad majorem Dei gloriam*, une méthode d'enseignement, improuvée par le Vicaire de Jésus-Christ ! Et vous dormirez tranquilles !

Venons aux prétendus inconvénients de la réforme, envisagée en elle-même : on les cherche et on ne les trouve pas. La réforme consiste à obéir avec une docilité filiale au Souverain Pontife, chargé de la direction intellectuelle et morale de l'humanité, et qui, mieux que personne, connaît les besoins de la société et le remède à ses maux.

Où est l'inconvénient ?

Elle consiste à faire connaître, au lieu des narrations mensongères des historiens profanes, *quid non audet in historia Græcia mendax ?* les véridiques récits de nos livres saints, trame merveilleusement tissue de l'histoire universelle.

Où est l'inconvénient ?

Elle consiste à nourrir la jeunesse, au lieu des fables homériques, virgiliennes, ovidiennes, fables absurdes et malpropres, des vérités sublimes, contenues dans nos auteurs chrétiens, surtout dans les actes des martyrs : vérités toujours anciennes et toujours nouvelles, éloquemment soutenues devant les tribunaux païens, et signées du sang de nos pères.

Où est l'inconvénient ?

Elle consiste en un mot, tout en faisant des bacheliers, à former de solides chrétiens, en développant les âmes dans le sens de leur baptême ; à les faire vivre dans le surnaturel et non dans le naturalisme ; à les diriger sérieusement, pendant les années décisives de la vie, vers le but immortel pour lequel elles ont été créées : et à leur faire mieux connaître, plus aimer, plus admirer, plus fidèlement pratiquer la religion, qui a tiré le monde de la barbarie ; qui l'empêche d'y retomber, et qui est, pour le présent, comme pour l'avenir des individus et des peuples, la source unique de toutes les vertus, de toutes les félicités et de toutes les gloires.

Où est l'inconvénient ?

Vous craignez cependant, dites-vous, que la réforme ne soit pas du goût des gens du monde, et qu'ils ne vous retirent leurs enfants pour les placer dans les établissements universitaires. Non, vous ne le craignez pas sérieusement. Quoi ! un genre d'éducation, seul propre à former des enfants instruits, vraiment chrétiens, respectueux, affectionnés, soumis, laborieux, s'il était connu des pères et surtout des mères de famille, ferait déserter les maisons où il serait mis en pratique ! c'est le contraire qui aurait lieu. Pour retenir ses élèves, l'Université s'empresserait de modifier son enseignement. Je le répète, ce prétexte n'est pas sérieux, et des faits authentiques m'autorisent à y donner un démenti absolu.

Cela étant, on se demande d'où vient l'engouement pour l'antiquité païenne ? Pourquoi on exalte par-dessus tout les auteurs païens ? Pourquoi on s'efforce de trouver dans leurs ouvrages des beautés, qu'eux-mêmes n'ont peut-être jamais soupçonnées ? Pourquoi on ne souffre pas qu'en dise du mal d'eux ? Pourquoi on les aime comme Michas aimait ses dieux, au point de se lamenter lorsqu'on craint de les voir descendre du rang qu'ils occupent dans l'éducation des jeunes chrétiens ?

Un pareil engouement est-il inspiré par le Saint-Esprit ? Trouve-t-il sa justification dans l'exemple des saints Pères, dans les approbations de l'Église, dans les résultats qu'il a produits ? La conscience, l'histoire, l'expérience ont répondu.

TROISIÈME PRÉTEXTE : LE MANQUE DE CLASSIQUES CHRÉTIENS

Bien qu'il ait été combattu avec autant d'ardeur, que s'il avait attaqué le mystère de la Très Sainte Trinité, le *ver rongeur* n'a pas été sans influence. Dans toutes les classes de la société, en France et à l'étranger, des hommes non aveuglés par le parti pris, ont reconnu hautement le danger de l'étude, à peu près exclusive, des auteurs païens. Avec une loyauté qui les honore, d'éminents professeurs eux-mêmes ont demandé pardon à Dieu et aux hommes, du mal qu'ils avaient fait en les enseignant. D'autres se sont mis à l'œuvre pour éditer les classiques chrétiens.

Au nom des premiers, nous citerons seulement la lettre suivante, qui parut au plus fort de la lutte.

Valensole, le 13 août 1852.

Messieurs,

« Ayant été supérieur de deux petits Séminaires, Forcalquier et Ajaccio, j'ai suivi avec un vif intérêt la polémique que vous soutenez sur le choix des ouvrages qu'on doit mettre entre les mains de la jeunesse. J'adhère complètement à la doctrine du *ver rongeur* de M. Gaume et à la thèse que vous avez développée avec tant de savoir.

» Combien de fois, professant les humanités, n'avais-je pas dit à mes élèves : Mes enfants, je jette le poison à pleines mains dans vos poitrines! Et pourquoi inclinons-nous nos fronts marqués du signe du Christ, devant les prétendus chefs-d'œuvre des siècles de Périclès et d'Auguste, tandis que nous avons là, sous nos mains, dans les Pères de l'Eglise, toute une littérature chrétienne? C'est là que nous pourrions recueillir l'or à pleines mains, si nous n'étions pas esclaves de vains préjugés.

» Oh! comme mon cœur de prêtre gémissait, alors que j'avais à expliquer les odes, les satires et les épîtres de celui qui, se rendant justice à lui-même, disait : *Ego de grege porcorum Epicuri!* Jusque dans cet Homère tant vanté, dans ce Virgile estimé si sage, je trouvais des pages infectées de luxure. Combien de fois, au tribunal de la pénitence, n'étais-je pas condamné à combattre dans mes pauvres enfants, les impressions funestes qu'ils avaient reçues en classe, de l'étude des auteurs païens! Du moins, que, pendant les classes de grammaire, c'est-à-dire jusqu'à la *troisième inclusivement*, on tienne nos jeunes chrétiens loin de ces sources impures, loin de ces livres qui, sous de belles formes, cachent le venin le plus mortel, véritables sirènes qui, avec leur voix enchanteresse, entraînent tant de malheureux à leur perte!

» J'ai pris la peine de faire un extrait de tous les livres classiques que le paganisme nous a légués, et qui se trouvent disséminés dans toutes les classes, à commencer par Phèdre lui-même, et de les envoyer à quelqu'un de nos illustres devanciers, avec prière de m'en donner la traduction.

» Je ne sais quel sens catholique on pourrait donner à ce vers :

Et matronarum casta delibo oscula

» Comment expliquerait-il la *Marte gravis* de Virgile et *in eamdem devenere speluncam*, du même; et la scène hideuse qui se passa sur le mont Ida entre Jupiter et Junon, parée de la ceinture de Vénus; et ce vers si souvent répété dans Homère :

μιγέναι εὐνῇ καὶ φιλότητι;

et tout l'Olympe, convoqué au spectacle des turpitudes de Mars et de Vénus; et le persiflage de Lucien, et les saletés de Juvénal, etc., etc. ?

» Je disais ces jours-ci toute ma pensée à un des plus savants évêques de France, et je vis avec bonheur qu'il gémissait sur l'étrange thèse soutenue par de si bons catholiques.

» Pendant plus de vingt ans, j'ai été condamné à feuilleter ces livres déplorables. Je connais tout le poison qu'ils renferment, et ce serait calmer un remords de ma conscience, si, avant de mourir, il m'était donné de réparer le mal que j'ai fait à mes chers et bien-aimés élèves, alors que, me laissant entraîner par un fatal courant, je les initiais aux funestes doctrines de ceux que saint Paul a si bien caractérisés lorsqu'il a dit : *Volentes esse sapientes stulti facti sunt.*

» Si vous croyez que ces courtes réflexions, inspirées par une longue expérience, puissent être publiées, je vous donne toute liberté de faire usage de ma signature. Vous me feriez même plaisir, en temps que ce serait une protestation contre un enseignement, auquel je me suis associé de trop longues années contre le cri de ma conscience. »

SILVE, chanoine, curé (1).

Une fois les yeux dessillés par l'apparition du *ver rongeur*, d'autres personnes voulurent rendre pratiques les prescriptions pontificales. Dans ce but, on a édité un certain nombre de classiques chrétiens. Nous n'avons pas à faire l'éloge de ces ouvrages. Conçus dans d'excellentes intentions, ils sont dignes du zèle et du bon goût des auteurs, dont ils prouvent les connaissances en matière d'enseignement. Toutefois on nous permettra de le dire : quelque estimables qu'ils soient, ces ouvrages de plusieurs mains ne forment ni un tout complet, ni un enchaînement logique, tel, ce nous semble, que doit être un plan d'éducation pour donner des résultats sérieux.

Cette lacune regrettable, Mgr Gaume a su la combler, en publiant, en trente volumes, sa belle *Bibliothèque des classiques chrétiens, latins et grecs, pour toutes les classes.* Voici la pensée mère de ce grand travail : elle fera juger s'il n'a pas réussi pleinement.

Tout peuple a été fait par un livre, et par un livre religieux, dont il est devenu la vivante incarnation. Le juif a été fait par la Bible; le Chinois, par les livres de Confucius; l'Indien, par les Védas; le Parsis, par les livres de Zoroastre; le Grec et le Romain, par leur mythologie; le Turc et l'Arabe, par le Coran : ainsi des autres peuples.

Pour chaque peuple, son livre originel a été le foyer de la vie dans toutes ses manifestations : vie religieuse, vie politique, sociale, domestique, philosophique, scientifique, artistique et littéraire. Tout part de ce principe vital, et tout y ramène. De là vient que ces peuples sont tout

(1) Cette excellente lettre ne donne qu'un très léger échantillon des souillures morales, sans compter les souillures intellectuelles, répandues dans les classiques. Si on veut en avoir une connaissance moins incomplète, on peut lire *Les lettres à Mgr Dupanloup*, in-8, 1852. On y trouvera des confessions semblables à celle du vénérable supérieur, entre autres, celle du célèbre Père Thomassin.

d'une pièce; et tant qu'on ne leur a pas ôté ce livre, qu'on ne les en aura pas dégoûtés; tant qu'il sera l'élément exclusif de leur éducation, ils resteront ce qu'ils furent.

A son tour, le peuple chrétien a été formé par l'Evangile.

Si de nos jours, toutes ces choses sont déformées; c'est que l'Evangile a cessé d'être le livre vital des peuples chrétiens, que dans l'éducation on l'a fortement mélangé d'idées étrangères. Il faut de toute nécessité que l'Evangile redevienne notre foyer vital, notre éducateur. *Tout doit en partir, tout doit y ramener.*

Parce qu'il est le foyer de la vie, l'Evangile est une loi. Toute loi a besoin de commentaire. Il y a deux sortes de commentaires: le commentaire *oral* et le commentaire *pratique.* C'est d'après ces principes incontestables qu'a été composée la bibliothèque de Mgr Gaume.

L'Ancien Testament est à l'Evangile, ce qu'est la rose en bouton à la rose épanouie; la racine à l'arbre; la figure à la réalité; le commencement, à la fin. De là cette parole de Notre-Seigneur: « Je ne suis pas venu abolir la loi, mais la compléter. »

Aussi, le premier livre que nous mettons aux mains de l'enfant est la petite Bible: *Biblia parvula.* Ecrite non en latin du dix-huitième siècle, comme l'*Epitome historiæ sacræ,* mais en latin de saint Jérôme, elle offre le texte même de la Vulgate, révisé avec soin, débarrassé de tout ce qui ne pourrait convenir, et accompagné de notes qui en éclaircissent les parties obscures. Elle comprend les plus intéressants récits depuis la Création du Monde jusqu'aux Rois.

Avec elle, l'enfant marche en plein pays de connaissance.

Grâce à son catéchisme, il sait à peu près le fond de ces histoires, dont la traduction lui devient facile.

Des récits *primitifs* de la Bible, nous passons aux livres proprement *historiques:* les Rois, Tobie, Judith, les Machabées, dont les beautés de fond et de forme sont au-dessus de tout éloge. Ajoutons que ces livres divins ont un mérite que n'a jamais eu et que n'aura jamais aucun auteur païen, c'est de donner à l'enfant la vraie notion de l'histoire. En les étudiant, il apprend que l'histoire, si mal connue et si mal définie de nos jours, est: *la Biographie du genre humain déchu et se régénérant sous l'influence de l'action divine.*

Viennent ensuite les livres *didactiques* ou sapientiaux. Là, sous les formules d'or, tour à tour les plus simples, les plus saisissantes et les plus poétiques, se révèlent à l'enfant, toutes les règles de la sagesse religieuse, humaine, sociale, personnelle. Devant cette philosophie de la vie, disparaît, comme les ombres de la nuit devant les feux du jour, toute la philosophie morale des païens, *absorpti sunt juxta petram,* comme parle saint Augustin.

L'Ancien Testament, avec ses riches enseignements et ses intéressants récits, n'est que l'initiation à l'étude de la loi royale, l'Evangile. Le jeune enfant apprend à la connaître dans saint Matthieu et dans saint Luc, dont nous donnons le texte, accompagné des commentaires de saint Jérôme et de Bède: double chef-d'œuvre de clarté et de profondeur.

A tant de trésors, nous ajoutons les plus beaux écrits des Pères de l'Eglise, les actes des *martyrs* et quelques fleurs des Vies de Saints.

Les classiques grecs sont disposés suivant la même échelle, un peu plus tardive, d'après l'usage de nos classes. Outre la petite Bible et les actes des martyrs en grec, toutes les richesses de l'éloquence et de la haute philosophie de l'Orient sont offertes à l'enfant chrétien, dans les ouvrages, en prose et en vers, des grands génies que nous avons cités plus haut.

« Comme nous n'avons jamais demandé que la jeunesse demeure complètement étrangère à la connaissance de l'antiquité, et comme réponse à l'accusation *matériellement fausse* D'AVOIR VOULU LE BANNISSEMENT COMPLET DES AUTEURS PROFANES, notre Bibliothèque comprend, dit Mgr Gaume, *deux volumes de classiques païens,* prosateurs et poètes, complètement expurgés, annotés, rédigés en vue du baccalauréat et contenant plus de matière qu'on n'en voit dans toutes les classes. »

Tous ces ouvrages sont gradués suivant les classes; et de la huitième, conduisent, par une route uniforme, le jeune élève jusqu'à la rhétorique. Ainsi, se trouve levée la difficulté que les adversaires opposaient aux défenseurs des auteurs chrétiens.

Puisque le plan d'études, seul capable de faire des hommes et des chrétiens, est aujourd'hui nettement tracé, et que les livres ne manquent pas: que faut-il pour mettre immédiatement en pratique les prescriptions pontificales?

DE LA CONSCIENCE.

QUATRIÈME PRÉTEXTE: L'INTÉRÊT DE LA BELLE LATINITÉ

Ce programme d'études, qui était déjà au xvie siècle celui du P. Possevin, n'est pas moins avantageux aux maîtres qu'aux élèves. Dans l'explication de nos auteurs, le jeune professeur trouve à nourrir sa foi, à entretenir en lui l'esprit chrétien, et à s'enrichir d'idées qui lui seront d'un grand secours, soit pour sa conduite personnelle, soit pour l'instruction et la direction des autres.

Au contraire, quel sérieux avantage pour son esprit et pour son cœur lui procure l'explication journalière, pendant plusieurs années, des fables d'Esope, des métamorphoses d'Ovide, des odes d'Horace, du *Tityre, tu patulæ recubans* de Virgile et du *Quousque tandem* de Cicéron?

Et puis, s'il est consciencieux, quelle tâche insipide que d'arrêter à chaque instant l'élève pour lui dire: « Sachez bien que ce que dit votre auteur est une ineptie. Ne vous préoccupez pas de cette histoire, elle est fausse; cette maxime de morale est insuffisante pour faire des chrétiens. Ces harangues républicaines sont absurdes et antisociales; ce Jupiter était un imbécile, et cette Vénus une coquine. Ne vous inquiétez ni de leurs actes, ni de leurs discours, et ne goûtez que le charme des mots, la grâce de l'adjectif et la belle attitude du verbe! »

Comme si l'enfant était armé d'un emporte-pièce, pour prendre la forme et laisser le fond ? Hélas ! non ; l'enfant n'a pas d'emporte-pièce, ou s'il en a un, c'est pour prendre en même temps le fond et la forme. Voyez vous-mêmes, ce que sont, depuis la renaissance du Paganisme classique, les générations lettrées, dans l'Europe entière, et particulièrement en Italie, au centre même du catholicisme !

Néanmoins l'*intérêt de la belle latinité*, est le prétexte qui rend sourd à la voix du Vicaire de Jésus-Christ, et condamne le professeur à un travail stérile pour lui, et plein de danger pour les élèves. Coûte que coûte, il faut de beau latin.

De cette prétention injurieuse, un grand évêque a fait éloquemment justice.

« Nous étions encore sur les bancs du collège, écrivait Mgr Parisis, que déjà nous nous demandions comment il se pouvait faire que l'esprit de mensonge eût seul reçu le privilège des grâces du langage ; et lorsque ensuite nous fûmes chargé d'enseigner aux autres cet art de bien dire, qui, considéré dans son principe, est une communication merveilleuse du Verbe de Dieu, nous nous refusions à croire que ce Verbe fait chair, qui avait bien voulu donner ce talent en partage à ses ennemis, comme il le fait souvent pour les autres dons de la nature, l'eût cependant refusé à cette Eglise qu'il s'est acquise par son sang, et qu'il s'est unie au point que, selon l'étonnante expression de saint Jean, il en a fait son épouse.

» Voilà quelles étaient nos pensées à une époque de notre vie, où, sous l'empire de préventions reçues dès notre bas âge, nous ne pouvions pas encore apprécier les trésors littéraires de l'Eglise, que, d'ailleurs, nous connaissions à peine.

» Mais à mesure que, nous élevant au-dessus de nos propres convictions, nous avons examiné avec une impartialité calme et consciencieuse, les écrits de nos docteurs et de nos pères dans la foi, notre étonnement a changé d'objet.

» Nous nous sommes demandé, non plus comment l'Eglise de Dieu n'avait pas eu les hautes qualités du langage, tout aussi bien que les églises de Satan ; mais comment il était arrivé qu'au sein même du christianisme on eût délaissé, dédaigné, méconnu, et, du côté de l'éducation, tout à fait oublié les nombreux et incontestables chefs-d'œuvre de la littérature chrétienne...

» Ce que nous ne pouvons admettre et que cependant on a longtemps laissé croire, c'est que le don du langage soit le privilège de l'erreur. Nous savons, pour la consolation de notre foi, et nous proclamons aujourd'hui pour l'acquit de notre conscience, qu'il n'en est pas ainsi (1). »

Non, il n'en est pas ainsi. « J'ai exprimé, nous écrivait M. de Montalembert, les mêmes pensées que vous sur la supériorité de ce latin chrétien, créé par les Pères de l'Eglise, et si admirablement adapté à tous les besoins intellectuels par les écrivains du moyen âge. Il y a vingt ans, on riait au nez de ceux qui osaient mettre la cathédrale de Reims au-dessus de Saint-Pierre de Rome ; et je me souviens d'avoir été à peu près traité d'impie et d'imbécile par un homme respectable, à qui j'avais manifesté cette préférence en 1839. Dans trente ans, on rira au nez du chrétien qui hésitera à mettre *sous tous les rapports*, les Pères et les grands écrivains du moyen âge, au-dessus des auteurs classiques et de leurs imitateurs modernes (1). »

En faveur de la supériorité de la langue latine chrétienne, il serait facile de citer vingt autorités non moins respectables, entre autres le concile d'Amiens, qui a formellement condamné les détracteurs de la langue de l'Eglise......

EXAMEN DES OBJECTIONS

C'est avec un superbe dédain que les humanistes de la Renaissance, laïques, prêtres et religieux, traitent la langue latine chrétienne. Si on leur demande d'où leur vient ce mépris, leur réponse est invariable: « Nous méprisons la langue latine chrétienne, parce qu'elle n'est pas belle. Elle n'est pas belle : 1° parce qu'elle ne ressemble pas à la langue latine païenne ; 2° parce qu'elle a des mots inconnus des bons auteurs ; 3° parce qu'elle emploie des tournures nouvelles et parfois incorrectes ; 4° parce qu'elle ne possède ni la cadence poétique, ni la rotondité des périodes, ni le *faire* achevé qu'on trouve dans les auteurs païens. »

Avant de passer à l'examen de chacune de ces objections, il faut dissiper un préjugé qui jette la confusion dans les esprits. *Ecce nova facio omnia :* « Je renouvelle toutes choses. » Le Rédempteur le dit lui-même : « Je suis venu pour sauver tout ce qui a péri, les langues aussi bien que les âmes. »

1° La langue latine chrétienne n'est pas belle parce qu'elle ne ressemble pas à la langue latine païenne. En parlant ainsi, on ne sait pas ce qu'on dit. Non, elle ne lui ressemble pas, parce qu'elle ne pouvait ni ne devait lui ressembler.

2° La langue latine chrétienne n'est pas belle parce qu'elle a des mots nouveaux, inconnus des *bons* auteurs. Toujours même refrain. Nous disons, nous, que ces mots sont de bonne race ; qu'ils sont une nécessité, et, de plus, une gloire du latin chrétien.

Ils sont de bonne race. Cicéron a introduit dans la langue latine un grand nombre de mots nouveaux. Direz-vous que ces mots ne sont pas d'une bonne latinité, ou même qu'ils ne sont pas latins ? Qui êtes-vous ? et de quelle autorité refuserez-vous aux Pères de l'Eglise, et à l'Eglise elle-même le droit de faire ce qu'a fait si hardiment le célèbre avocat et ce qu'Horace lui-même permet ? Le latin n'était-il pas la langue maternelle des formateurs du latin chrétien ? Pour le génie, Tertullien, saint Augustin, saint Jérôme et tant d'autres, ne valent-ils pas mieux que Cicéron ?

Ils sont une nécessité. Pour rendre des idées nouvelles, il faut des mots nouveaux. Le chris-

---

(1) *Lettre aux sup. et prof. de son petit séminaire.*

(1) *Lettre*, 25 octobre 1859 à Mgr Gaume.

tianisme, vous ne pouvez le nier, a répandu sur le monde des trésors d'idées nouvelles. Ne les connaissant pas, le paganisme, pour les exprimer, était muet. D'une part, ne pouvant pas laisser sans organe les idées chrétiennes ; d'autre part, ne voulant pas vous servir de la langue chrétienne pour les exprimer, vous avez, dans votre fanatisme classique, créé un jargon ridicule, pour ne pas dire sacrilège.

Comme la mémoire pourrait vous faire défaut, il est bon de remettre sous vos yeux un échantillon de vos chefs-d'œuvre. Au lieu d'employer les mots consacrés de la langue latine chrétienne, vous appelez, pour parler en *beau latin* : le parrain, *Pater lustralis* ; la marraine, *Mater lustrica* ; la messe *Sacrum* ; la messe des morts, *Piaculare Sacrum* ; l'enfer, *Orcus* ; les âmes du purgatoire, *Pii manes* ; les âmes des damnés, *Umbræ* ; l'ange gardien, *Genius custos* ; les livres prophétiques, *Libri fatidici* ; le pécheur, *Noxæ reus* (peccator latinum non est) ; le Vendredi Saint, *Dies Veneris sancta*. Si vous y tenez, on peut vous citer cent autres exemples.

Comment ne voyez-vous pas que ce *beau* langage païen, cette *belle* forme païenne, ne peuvent s'adapter à l'idée chrétienne sans la rendre ridicule : comme se rendrait ridicule l'homme du XIXe siècle, qui se draperait en Romain, avec la toge, le manteau court, et la chlamyde sur les épaules ? Aussi, tous les humanistes modernes qui ont voulu encadrer la pensée chrétienne dans la forme païenne, soit en prose, soit en vers, n'ont fait que de mauvais calques, dont le goût a fait justice : œuvres hybrides ensevelies dans l'oubli.

Ils sont une gloire du latin chrétien. Des mots nouveaux supposent des idées nouvelles ; et des idées nouvelles sont pour un peuple, par conséquent pour une langue, des richesses nouvelles ; ceci est particulièrement vrai des idées chrétiennes.

3° La langue latine chrétienne, c'est-à-dire la *langue païenne perfectionnée par le christianisme*, n'est pas belle parce qu'elle emploie des tournures nouvelles et parfois incorrectes.

La disposition de nos cathédrales, les nervures, les arcatures, les ogives, les clochetons, les frontispices, les tours et les flèches qui les décorent n'étaient pas connus des hommes du *siècle d'or*, et ne rappellent en aucune façon les différentes parties des temples païens. Comme on l'a fait si longtemps, et avec tant d'assurance, oserait-on encore aujourd'hui soutenir que ces *tournures de phrase*, introduites dans notre *langue architecturale*, sont incorrectes ou barbares ?

Sur ce point important, écoutons un professeur de l'Université. « Une expérience manque probablement aux détracteurs des lettres chrétiennes, qui les rendrait moins inconséquents. Pour notre part, occupé depuis plusieurs années à l'étude des Pères, nous sommes revenu sur bien des préventions inexplicables, que nous conservions à l'égard de cette *latinité corrompue*, dont nous avions, sur la parole du maître, accepté la condamnation.

» Après avoir abordé cette étude avec tous les préjugés possibles, convaincu d'avance de la barbarie insigne de cette littérature des martyrs, des docteurs, des apologistes de notre foi, dont nous avions peu usé, nous avons éprouvé quelque confusion de notre ignorance systématique, et du parti pris de notre critique littéraire.

» Dans nos annotations, à première vue, nous soulignions, par exemple en toute sûreté, telle ou telle *tournure*, comme contraire à la syntaxe latine. Le nombre de ces remarques augmentait toutes nos timidités de puriste et de cicéronien. Il fallait cependant nous prouver ces formes étrangères, ces locutions forcées, sans antécédent dans les *bons auteurs*.

» On sera étonné, sans doute, mais jamais autant que nous le fûmes nous-même, lorsqu'on saura que le *Thesaurus* de Robert Étienne, et l'excellent dictionnaire de MM. Quicherat et Daveluy, nous justifièrent par des exemples de Plaute, d'Ennius, de Lucrèce, de Virgile, d'Horace, de Cicéron, de Salluste, de César, de Tite-Live, de Varron, la signification donnée aux mots qui nous avaient paru employés dans un sens nouveau ; la propriété de beaucoup d'improprietés ; le légitime usage de plusieurs termes, que nous avions supposés contraires à l'usage. »

4° La langue latine chrétienne n'est pas belle, parce qu'elle ne possède ni la cadence poétique, ni la rotondité des périodes, ni le *faire* achevé qu'on trouve dans les auteurs païens.

Les qualités qu'on vient d'énumérer ne sont qu'accessoires. Dépendant du talent plus ou moins réel de l'écrivain, elles ne constituent pas la *beauté essentielle* d'une langue. Quand il en serait privé, le latin chrétien ne serait pas sérieusement inférieur au latin païen.

Minutius Félix, saint Cyprien, Lactance, saint Jérôme, saint Léon, saint Bernard, pour ne pas en nommer d'autres, vous offrent de toutes ces qualités des modèles, qui ne laissent rien à envier aux auteurs les plus renommés de l'antiquité profane.

« De tout cela, il résulte que le *faire* achevé des classiques païens, dit Mgr Gaume, brille d'un éclat non moins vif dans nos auteurs chrétiens. Un jour, entre autres, nous en fîmes l'expérience. Parmi les habiles humanistes de ce temps, le regrettable M. Dübner, si connu par ses travaux philologiques, tenait peut-être le premier rang. Étant venu me voir, je le priai de s'asseoir, de fermer les yeux et d'ouvrir les oreilles, pour écouter une lecture latine.

Il consent, et la lecture achevée, je lui demande de qui est le morceau ? — Je ne sais à qui l'attribuer ; mais j'affirme qu'il appartient au beau siècle de la littérature latine. — Vous le dites ? — Je l'affirme de nouveau. — Lisez. C'était une page des actes du martyre de saint Georges. »

Préjugé donc ; préjugé aveugle ; préjugé injurieux qui prétend que le christianisme, au lieu de perfectionner la langue latine, l'a déformée et rendue barbare ; préjugé plus inexplicable et plus dangereux aujourd'hui que jamais.

N'imitons pas ces Grecs du bas empire qui, pendant que Mahomet était aux portes de Constantinople, se disputaient sur des questions de grammaire. Nous avons à sauver la société des Turcs du xix⁰ siècle. Nous ne la sauverons, si elle doit être sauvée, qu'en la rendant chrétienne. Nous ne la rendrons chrétienne que par l'éducation, et l'éducation ne sera chrétienne qu'autant qu'elle sera donnée conformément aux règles tracées par le Docteur infaillible. C'est à prendre ou à laisser : *Qui non est mecum, contra me est.*

ENSEIGNEMENT CHRÉTIEN DES AUTEURS PAÏENS ET EXPURGATION COMPLÈTE DE CES DERNIERS

Qu'est-ce qu'enseigner chrétiennement les auteurs païens ? C'est les enseigner de manière à les rendre, non pas nuisibles, mais utiles aux jeunes chrétiens. Pour atteindre ce but difficile et d'une importance extrême, voici les règles qui doivent être religieusement observées.

Le professeur doit faire tout le contraire, à peu près, de ce qui s'est fait jusqu'ici. En parlant de l'antiquité gréco-romaine, l'éducation classique ne semble avoir d'autre but que de la faire admirer. Elle nous montre toujours le *dessus des cartes*, jamais le *dessous*. Le maître consciencieux commencera donc par dire à ses élèves, ce qu'était le monde païen, ce que sont les auteurs païens, ce que renferment, en général, leurs ouvrages en prose et en vers.

1° Ce qu'était le monde païen. — Au lieu de mentir en vantant l'antiquité païenne, comme la plus brillante époque de l'humanité, il dira la vérité. Or, la vérité est que l'antiquité païenne fut la plus malheureuse époque de l'humanité. Trois grands fléaux la dominèrent constamment : l'esclavage, l'adoration du serpent, le sacrifice humain. Dans l'ordre social, l'esclavage le plus dur. Dans l'ordre religieux, l'adoration universelle du serpent en chair et en os, du serpent vivant, entouré de mille autres divinités, ridicules, infâmes, cruelles. A ces milliers de démons, adorés sous des noms divers, *omnes dii gentium dæmonia*, étaient offerts, chaque année, en Orient et en Occident, des milliers de victimes humaines.

Il s'ensuit, d'une part, que le monde païen ne fut qu'un sépulcre blanchi, dont l'intérieur était rempli de pourriture et d'ossements ; d'autre part, que la résurrection totale ou partielle de ce monde serait le plus grand des fléaux ; et l'admiration pour ce monde, l'erreur la plus grossière et la plus funeste. Il faut ajouter que de son vivant, ce monde fut notre implacable ennemi. Pour empêcher l'établissement du christianisme, auquel nous devons tout, il n'épargna, pendant plusieurs siècles, ni les calomnies, ni les proscriptions, ni les tortures, ni le sang de nos pères.

2° Ce que sont les auteurs païens. — Ils sont les hommes de leur temps, organes des idées, des croyances et des mœurs du monde païen. Que faisaient-ils ? *Turpe est et dicere.* Alors même qu'ils flétrissent le vice ou prêchent la vertu, leur conduite démentant leur parole, ils ressemblent à ces peintres bambocheurs qui font des tableaux d'église. Quelle confiance peuvent-ils inspirer ? Comme il est de son devoir, le professeur consciencieux ne peut se dispenser de lire le portrait, tracé par saint Paul, de ces *grands* païens de la Grèce et de Rome, si admirés dans les collèges. Afin de ne pas tromper ses élèves, il devra même, autant que la conscience peut le permettre, leur en découvrir une partie.

Pline le Jeune confirme de tout point les paroles de l'apôtre. Le *vertueux* Pline s'amusait à faire des poésies tellement obscènes, que Rome elle-même en était scandalisée. Un de ses amis, Ariston, lui écrit le mauvais effet que produisaient dans le public ses vers et sa conduite.

En réponse, Pline lui adresse la lettre suivante : « Il est vrai, je fais quelquefois des vers peu chastes ; je regarde les mimes, je lis les lyriques, je comprends les sodatiques. Je suis peu touché de l'opinion qu'ont de mes mœurs, ceux qui ne savent pas que les plus savants, les plus graves, les plus *saints* personnages ont composé de semblables vers : *Doctissimos, gravissimos, sanctissimos, homines, scriptitasse.* Mais j'ose me flatter que ceux qui connaissent le nom et le nombre de mes modèles me pardonneront aisément si je m'égare sur leurs pas.

» Je ne veux nommer personne entre les vivants, pour ne pas me rendre suspect de flatterie ; mais dois-je rougir de faire ce qu'ont fait Cicéron, Caïus, Calvus, Asinius, Pollion, Messala, Hortensius, Brutus, Sylla, Catulus, Scevola, Sulpicius, Varron, Torquatus, ou plutôt les Torquatus, Memmius, Lentulus, Gétulicus, Sénèque, et de nos jours encore Virginius Rufus ?

» Les exemples des particuliers ne suffisent-ils pas ? Je citerai le divin César, le divin Auguste, le divin Nerva, Titus. Je ne parle point de Néron ; et cependant un goût ne cesse point d'être légitime pour être quelquefois celui des hommes méchants, tandis qu'une chose reste honorable par cela seul que les *gens de bien* en ont souvent donné l'exemple. Entre ceux-ci on doit compter avant tout Virgile, Cornelius Nepos, et précédemment Ennius et Accius. Il est vrai qu'ils n'étaient pas sénateurs, mais la *sainteté des mœurs* n'admet ni distinction, ni rang : *Inter quos vel præcipue numerandus est P. Virgilius*, etc. (1). »

Quel cynisme ! mais quelle révélation ! Tous ces saints de l'antiquité, tous ces hommes qu'on donne pour maîtres aux jeunes chrétiens, des infâmes et des corrupteurs ! et à leur tête le chaste Virgile ! En effet, c'est à leur exemple que, dans ses vers, Pline le Jeune chante les plus odieuses turpitudes de l'amour déshonnête (2). Bien des professeurs en toge et en soutane vont être scandalisés d'une pareille révélation. Ce n'est pas ainsi qu'ils parlent ni qu'ils ont entendu parler du cygne de Mantoue. Qu'ils s'en prennent à Pline, qui le connaissait mieux qu'ils ne le connaissent, et me permettent de répéter que l'éducation ne nous montre que le dessus des cartes, jamais le dessous.

J'ajouterai que tous ces saints personnages

(1) *Epist.*, lib. V, *epist.* VII. C'est une preuve de plus qu'il serait l'auteur ou un des auteurs des *Priapœia*
(2) *Epist.*, lib. VII, *epist.* IV *ad Pontium.*

pratiquaient sans pudeur ce qu'ils chantaient. On peut le voir dans le onzième volume du grand ouvrage *La Révolution*, qui contient leur biographie. Appuyée sur des faits authentiques, elle est telle qu'elle conduit à la conclusion suivante : En vertu des articles 86, 332, 333, 334, 340, 351, 361 de notre Code pénal, qui pourtant n'est pas sévère, tous les dieux de la belle antiquité, à commencer par Jupiter, seraient aujourd'hui à Cayenne ; toutes les déesses, à Saint-Lazare. En vertu des mêmes articles, tous les grands hommes, tous les grands orateurs, tous les grands poètes, tous les grands philosophes de la belle antiquité, ces maitres acclamés de la jeunesse chrétienne, s'ils existaient aujourd'hui, seraient au bagne ; et, s'ils avaient vécu, il y a 120 ans, ils eussent été brûlés vifs.

3° Ce que contiennent, en général, leurs ouvrages en prose et en vers. — De tous on peut dire ce que Martial disait de ses épigrammes : *Sunt quædam bona, sunt mediocria, sunt mala plura.* Outre beaucoup de souillures morales, ils fourmillent de souillures intellectuelles. Il n'en peut être autrement : la bouche parle de l'abondance du cœur.

Que trouve-t-on dans les poètes ? des romans, des fadaises, des contes à dormir debout, les chants de l'orgueil et de la volupté.

Dans les philosophes ? A part quelques vérités traditionnelles et quelques maximes de vertus purement humaines, les doctrines les plus fausses et les plus dangereuses, sur la création, sur Dieu, sur la providence, sur la nature et l'immortalité de l'âme, sur le suicide, le régicide, le droit des gens, le droit social et domestique. Le rationalisme, le naturalisme, le sensualisme, le fatalisme, le panthéisme, forment le fond de la philosophie antique, dont le cinquième concile de Latran a dit avec raison, que les racines, comme celles de la littérature, sont infectes : *Philosophiæ et poeseos radices esse infectas* (1).

Dans les historiens et dans les orateurs ? Des récits de guerres et de batailles, et toujours des récits de guerres et de batailles, vrais pour la plupart, comme les bulletins de la grande armée de Napoléon. Tel est, outre le témoignage des anciens, le jugement de la critique moderne ; des harangues déclamatoires, supposées, ou vendues à prix d'argent, ou rédigées sans conscience, et sans intérêt pour nous ; des diatribes haineuses contre la richesse et contre l'autorité ; la justification des actes de cruauté et de mauvaise foi ; le travestissement de la religion par mille superstitions honteuses et ridicules ; par des sacrifices inhumains ; par les invocations et les interventions olympiques, surtout par l'empire terrible et terriblement redouté du *Daimion*.

Saint Jérôme n'exagère donc pas, lorsqu'il résume par ces mots énergiques, la philosophie païenne, la poésie païenne, la littérature païenne : *Secularis philosophia, carmina poetarum, rhetoricorum pompa verborum, cibus est dæmoniorum* (2).

(1) Const. *Regim. apost.*
(2) Epist. *du Duob filii*

Admirons maintenant le bon sens de l'Europe moderne et son respect pour la jeunesse. L'enfant baptisé est l'enfant de Dieu, le temple du Saint-Esprit, une fleur divine qui doit s'épanouir aux rayons du soleil de la vérité et de la grâce ; un candidat du ciel, dont toute l'éducation doit être une œuvre sainte, parce qu'elle doit être le développement de la vie surnaturelle qu'il a reçue au baptême. Au lieu de le confier à des maitres saints et sanctificateurs, les docteurs et les écrivains de l'Eglise, on le met à l'école de maitres corrompus et corrupteurs, les libres-penseurs et les libertins du paganisme !

A moins de ne rien comprendre à sa mission, voilà ce que tout professeur doit savoir, et ne pas perdre de vue dans son enseignement, sous peine d'encourir une grave responsabilité en faussant l'esprit de ses élèves.

COMMENT FAIRE

Comment faire pour enseigner chrétiennement les auteurs païens ? — Ainsi que nous venons de le dire, au milieu de tant de *misères*, de tant de souillures et d'erreurs, on découvre çà et là, dans les auteurs païens, quelques maximes de sens commun, quelques justes appréciations des hommes et des choses, quelques actes de vertus humaines, quelques vérités imcomplètes, très rarement des vérités complètes et applicables à la vie réelle, telle que l'a faite le christianisme : Parmi tant d'ordures, comment, sans se souiller, recueillir ces quelques perles ?

1° Il faut commencer par enseigner les auteurs chrétiens. Il ne faut donc, suivant la pensée de Quintilien, faire étudier les dangereux auteurs dont nous parlons, que lorsque les mœurs sont en sûreté : *Dum mores sint in tuto.*

« Pour cela, dit le Père Possevin, la première chose qu'il faut verser dans l'âme innocente et pure des enfants, c'est la vérité chrétienne, afin qu'ils connaissent la source de laquelle les païens ont tiré ce qu'il y a de bon dans leurs livres, s'il y a quelque chose de bon. »

A l'autorité du Père Possevin se joint le témoignage d'un homme, de tous le moins suspect. « Puisqu'il faut tout dire, puisque tous les préjugés doivent aujourd'hui disparaître, l'étude longue, approfondie des langues des anciens, étude qui nécessiterait la lecture des livres qu'ils nous ont laissés, serait peut-être plus nuisible qu'utile. Nous cherchons dans l'éducation à faire connaître des vérités, et *ces livres sont remplis d'erreurs*. Nous cherchons à former la raison, et *ces livres peuvent l'égarer*. Nous sommes si éloignés des anciens, nous les avons tellement devancés dans la route de la vérité, qu'*il faut avoir sa raison déjà tout armée*, pour que ces précieuses dépouilles puissent l'enrichir sans la corrompre... Qu'est-ce, en effet, que des modèles qu'on ne peut imiter sans examiner sans cesse, ce que la différence des mœurs, des langues, des religions, des idées oblige d'y changer ?... *Prononcez maintenant, si c'est aux premières années de la jeunesse, que les auteurs anciens doivent être donnés pour modèles.* »

L'homme qui parle ainsi s'appelle Condor-cet (1).

2° Il ne faut pas donner l'élément littéraire chrétien en doses homœopathiques ; ce serait, suivant le mot pittoresque du Père Possevin, *jeter un verre de bon vin dans un tonneau de vinaigre.* N'est-ce pas ce qu'on fait dans un très grand nombre de *bonnes maisons d'éducation?* Entre les mains des commençants, on met l'*Epitome historiæ sacræ,* petit opuscule, rédigé en latin du dix-huitième siècle; après quoi l'enfant est, pendant toutes ses classes, privé du lait chrétien: et on croit avoir accompli toute justice!

On dit: Nous choisissons souvent dans les faits de l'histoire chrétienne des sujets de thèmes de versions et de discours. Ce n'est là qu'un palliatif, un moyen de juxtaposition. Tant que le christianisme ne sortira pas des études journalières, comme le parfum sort de la fleur, vous n'aboutirez qu'à de tristes mécomptes. Est-ce que, dans le dernier siècle, les Ordres religieux enseignants ne prenaient pas, de temps à autre, dans le christianisme des sujets de composition? et cependant, dit le Père Grou, ils n'ont formé que des païens.

Afin de prendre au sérieux le christianisme littéraire, et les prescriptions pontificales, tous les classiques doivent être chrétiens, au moins jusqu'à la quatrième *inclusivement.* Sans cela on ne fera rien de solide. L'élément païen restera dominant, et nous aurons des générations lettrées toutes païennes, comme nous les voyons depuis la Renaissance.

3° A aucun prix et sous aucun prétexte, il ne faut mettre entre les mains des enfants que des auteurs païens purgés de toute souillure, *a quavis labe purgati.* En parlant de l'étude des prosateurs païens, latins et grecs, le Père Possevin que nous aimons à citer, signale les nombreux dangers qu'elle présente, indique une foule de précautions à prendre pour les neutraliser, et arrive aux poètes. Reproduisant un mot célèbre, il ne craint pas de les appeler des séducteurs effrontés, plus coupables que les entremetteurs et les proxénètes: *Perniciosissimis lenonibus deteriores.*

« L'expurgation de ces auteurs, dit-il, est dangereuse, et même impossible. Dangereuse: il y a quelques années, on a publié à Rome les poètes profanes expurgés, *obscœnitate sublata,* mais on n'a pas obtenu ce qu'on espérait. Les vers supprimés ont été remplacés par des étoiles ou par des blancs. Ces lacunes ont été un aiguillon pour la curiosité du lecteur: il a voulu voir les passages tout entiers. De plus, on accompagne ces classiques expurgés de commentaires et de dictionnaires remplis des infamies supprimées dans le texte: *Fœditatibus eisdem scatentia* (2).

» Elle est impossible; pour masquer les suppressions, il en est qui ont imaginé de substituer aux vers ou aux mots impurs de l'original, des termes plus honnêtes. Je n'approuve nullement ce stratagème; *non probatur.* D'une part, ce travail est absurde, attendu qu'on ne peut jamais déguiser la pieuse fraude; d'autre part, il est impossible, attendu que, quelle que soit l'expurgation, la pièce dont le sujet est obscène retient toujours quelque chose de son odeur primitive: *Quæ quantacumque adhibeatur purgatio, semper tamen liber cujus argumentum turpe sit, pristinum ac nativum redolet odorem.*

» Les mots, les images, les allusions, les sentiments, tout l'ensemble de la pièce, imprégnés du virus dont l'âme de l'auteur était remplie, se versent goutte à goutte dans celle du lecteur, alors même qu'il n'y pense pas: *Quod virus hauserunt ab auctoris animo, id in lectoris mentem, quamvis ea de re nihil cogitantem, latenter instillant* (1). »

Puisqu'au jugement du Père Possevin, un des grands hommes de la Compagnie de Jésus, l'expurgation des classiques païens est dangereuse ou impossible, comment exécuter l'ordre plusieurs fois répété du Souverain Pontife, de les purifier de toute souillure *a quavis labe purgati* ? Il n'y a qu'un moyen: c'est de composer les livres de classe d'extraits des auteurs païens, desquels il n'y a rien à retrancher. Mgr Gaume l'a fait; et sur ce point, comme sur tous les autres, nous sommes heureux de le trouver d'accord avec l'illustre religieux que nous venons de citer, et même avec le concile de Trente, dans la septième règle de l'Index.

4° En expliquant ces extraits, purgés de toute souillure, le devoir du professeur sera de faire trois choses: 1° montrer l'infériorité intellectuelle des peuples païens. Leurs plus belles pages sont des descriptions de choses matérielles, l'expression de sentiments purement humains; mais les beautés de l'ordre surnaturel, mais les idées et les sentiments qui élèvent l'homme au-dessus de lui-même et qui sont, tout à la fois, le foyer de la vraie poésie et la source de la grande éloquence, presque toujours sont pour eux lettre morte.

2° Quant aux vérités de croyance et de sentiment, disséminées dans les classiques païens: remarquer que Dieu n'a jamais abandonné entièrement l'humanité, et que, pour assurer son existence, la Providence a toujours conservé à l'enfant prodigue quelques débris de son riche patrimoine. Ainsi, tous ces vestiges de vérités, échos plus ou moins affaiblis des traditions primitives, sont autant d'anneaux de la chaîne divine qui s'appelle la Religion, et suspend la terre au ciel. Cette démonstration de la foi par le témoignage même des païens, est une perle précieuse que le professeur tirera de leurs écrits.

3° Faire sans cesse entrevoir aux élèves la profondeur de l'abîme, d'où le christianisme a tiré le monde, et dans lequel le christianisme seul l'empêche de retomber. De là, une reconnaissance sans bornes pour le Dieu qui a placé leur berceau au sein du christianisme; une

(1) *Rapport sur l'organis. de l'instr.*

(2) Cela se fait encore aujourd'hui. Voir, par exemple, l'*Appendix de diis* de Jouvency, et les notes virgiliennes d'Abram, etc.

(1) *Ubi supra.*

fidélité à toute épreuve aux devoirs qu'il prescrit, et un amour filial pour le Verbe Rédempteur, dont le sang a été le prix de leur bonheur dans le temps et dans l'éternité.

Que le professeur suive religieusement ces différentes règles, et non seulement il aura dégagé sa responsabilité devant Dieu et devant les hommes, mais il aura mérité les bénédictions de ses élèves, des familles, de la religion et de la société. Bien mieux que tous les législateurs ensemble, il aura contribué à ramener, sur la terre de la vieille Europe, le règne de Dieu, règne de la paix, de la prospérité et de la civilisation, parce qu'il est exclusivement le règne de l'ordre.

LA GRANDE FAUTE A ÉVITER

« La première faute à éviter dans l'explication des auteurs païens, c'est, continue le Père Possevin, de les louer avec emphase. Les louanges exagérées qu'on leur donne, faussent le jugement de la jeunesse. Habituée à croire ses maîtres sur parole, elle imagine que les hommes du paganisme sont tels qu'on les lui fait admirer. Ainsi, ceux qui donnent à Platon le nom de *divin*, et qui citent en sa faveur certains témoignages des Pères de l'Eglise, notamment de saint Augustin, sans rapporter ce que plus tard ils ont écrit contre lui, lorsqu'ils ont reconnu le venin de sa philosophie, ceux-là font un mal immense à la philosophie et à la religion : *Sanæ philosophiæ atque religioni magnopere incommodant.* »

Mais on dit : Ce qui est l'objet de nos louanges dans les auteurs païens, ce n'est pas leur vie ; c'est leur beau style, la pureté de leur langage, la supériorité de leur forme littéraire. C'est le même refrain que pour l'architecture chrétienne. A cette objection, vingt fois réfutée, un très savant homme, du xvii° siècle, se contente d'opposer la négation la plus nette, de la part des juges les plus compétents en matière de littérature. « Ils tiennent, dit-il, d'un commun accord, que c'est être mauvais estimateur des bonnes et belles choses, d'accorder plus de génie aux païens et plus de perfection à leurs ouvrages, qu'aux plus éloquents personnages de notre religion.

» Il faut être stupide pour ne pas savoir que l'Eglise est aujourd'hui assez riche en toute sorte de bons livres, composés par ses propres enfants, et dignes d'être les véritables modèles de la jeunesse, également parfaits dans l'éloquence et assurés dans la doctrine, selon la longue et puissante démonstration que le docte Bozius en a faite dans ses écrits : *Iniqui sunt censores qui ingeniis et studiis ethnicorum plus tribuunt quàm christianorum.* Et on veut que la jeunesse chrétienne s'abaisse ventre à terre pour boire les eaux troubles du Nil, quand nous avons de belles sources dans la Palestine (1) ! »

(1) Personne n'a mis cette vérité dans un plus grand jour que le P. Dumas, dont nous venons de citer les paroles. Son ouvrage est intitulé : *Triomphe de l'académie chrétienne sur la profane*, in-8 4. Bordeaux, 1641.

Ces admirations qu'on inspire aux enfants pour la phraséologie des auteurs païens, sont très souvent fausses, et toujours plus ou moins dangereuses. Fausses, elles reposent sur certaines beautés qui sont, bien plus souvent, dans l'imagination du professeur, que dans la pensée même de l'auteur. Fausses encore, parce qu'elles sont ordinairement exagérées, attendu que le professeur se fait un devoir et un mérite de les faire valoir outre mesure aux yeux des élèves. Fausses enfin, parce qu'on ne parle jamais des beautés égales et même supérieures des auteurs chrétiens.

Dangereuses, parce que les élèves se persuadent que, sous le rapport de l'éloquence et de la poésie, le christianisme n'a produit que des médiocrités. De là, leur mépris pour la littérature chrétienne, qu'ils n'effleureront jamais du bout des lèvres. Immense malheur pour eux, qui vivront et qui mourront dans l'ignorance de ce qu'ils devraient savoir ; et pour la société qu'ils peupleront d'utopistes, d'indifférents en matière de religion, pour ne pas dire d'impies et de païens.

Dangereuses, l'admiration des mots conduit à l'admiration des choses, des idées et des hommes. Ici, est le plus grand danger des admirations de collège. Tous les révolutionnaires peuvent dire avec le régicide Chazal : « Enfants, nous avions admiré les républicains de la Grèce et de Rome ; hommes, nous ne pouvions que les imiter. » La Révolution française, qui ne fut, d'un bout à l'autre, que la mise en scène des études de collège, restera comme le monument éternel, et éternellement épouvantable des admirations, inspirées par des maîtres pieux à la jeunesse chrétienne, pour les paroles, les choses et les hommes du paganisme.

Dangereuses, parce que dans l'ordre littéraire, philosophique, historique, elles produisent, même chez des esprits éminents, les plus étranges aberrations. Entre mille, citons quelques exemples.

Au xviii° siècle, un digne religieux datait la civilisation de l'Europe de l'époque de la Renaissance et il écrivait : « *Avant ce temps-là, les hommes étaient à moitié bêtes.* » Saint Thomas, une demi-bête ! Saint Louis, Charlemagne, des demi-bêtes !

Avec la même bonne foi, d'autres enseignaient que « *nous n'avons cessé d'être barbares, qu'à mesure que nous sommes devenus Romains.* »

Un autre était si enivré d'admiration pour le beau latin du *siècle d'or*, qu'il le regardait comme devant être la langue du ciel : *Beatos in cœlo latine locuturos probabile est.*

Un autre appelle Virgile « *le plus grand des théologiens, le plus grand des ascétiques.* » On pourrait remplir des volumes de ces éloges insensés et souverainement dangereux.

Encore quelques exemples des aberrations auxquelles sont conduits de graves esprits, par les éloges pédantesques des hommes du paganisme, de leurs vertus, de leur caractère et de leurs institutions. Prêtons l'oreille : « *L'antiquité a eu des vertus dont notre siècle n'est point capable*. Ce n'est pas à nous à faire les Camille, ni les Caton : *nous ne sommes pas de la force de ces gens-là*. Au lieu d'exciter notre courage, ils désespèrent notre ambition ; ils nous ont plutôt bravés qu'ils ne nous ont instruits. En nous donnant des exemples, ils nous ont donné une peine inutile : ces exemples étant d'une telle hauteur qu'il est impossible d'y atteindre.

» Il peut y avoir une âme privilégiée, une personne extraordinaire, un héros ou deux en toute la terre ; mais il n'y a pas une multitude de héros, il n'y a pas un peuple de personnes extra-ordinaires. *Il n'y a plus de Rome ni de Romains.* Il faut aller les chercher sous des ruines et dans les tombeaux : IL FAUT ADORER LEURS RELIQUES.

» ADORONS CES GRANDS MORTS, ces antiques exemples, et portons notre encens où l'on cherche leurs temples. Ce serait une satisfaction *sans pareille* (1) de savoir les choses qui se disaient entre Scipion et Lélius, Atticus et Cicéron et les autres *honnêtes gens* de chaque siècle. Nés dans l'empire, nourris dans les triomphes, *tout ce qui sortait d'eux portait un caractère de noblesse;* tout était remarquable et de *bon exemple*, voire leur secret et leur solitude. LA LIE MÊME D'UN TEL PEUPLE ÉTAIT PRÉCIEUSE.

» Je le dis comme je le pense, ils ne faisaient pas un geste ni ne poussaient pas un mouvement au dehors, qui fût indigne de la souveraineté du monde. *Ils riaient même avec une sorte de dignité.*

» Vous ne permettrez point à votre esprit de rien trouver de *mauvais*, non pas même de *médiocrement bon*, de ce qui vient de la *bonne antiquité*. Voici un de vos dogmes et auquel j'ai souscrit il y a longtemps : C'EST UNE ESPÈCE DE SACRILÈGE DE NE PAS ASSEZ ESTIMER LES ANCIENS.

» Dissimulons, déguisons, cachons, s'il est possible, ls *petits* manquements des grands personnages, à tout le moins en public et pour donner bon exemple au monde. En certaines occasions, soutenons contre notre avis particulier, *contre le témoignage de nos yeux*, contre les objections de notre dialectique et de notre grammaire, que ces grands hommes *n'ont point fait de fautes*, ou que *leurs fautes ont été belles*; qu'ils n'avaient *point de défauts*, ou que *leurs défauts étaient plutôt des vertus imparfaites que des vices* (2).

» Quand nous croirons être obligés de nous départir de leurs sentiments, *dorons et parfumons nos objections*. Demandons permission d'avoir des scrupules, d'hésiter, de douter ; parlons de nos doutes comme les peuples présentent leurs requêtes à leurs souverains. Ne disons pas qu'ils s'égarent, disons que nous ne pouvons pas les suivre ; *que les aigles volent trop haut et que les hommes les perdent de vue.* »

Le mépris le plus profond des âges chrétiens était le corollaire obligé de ce fanatisme pour l'antiquité païenne. L'auteur l'exprime en ces termes : « Mon dessein n'est pas *d'abrutir* le monde (1). Je ne veux point faire revenir cette *nuit obscure* qui couvrait la terre, lorsque les princes de Valois et ceux de Médicis furent *divinement* envoyés pour chasser la *barbarie* des siècles passés. J'aime bien mieux *un grain de sel* de nos amis de l'antiquité, un morceau de leurs ragoûts, que vos rivières de lait et de miel, que vos montagnes de cassonnade et *toutes vos citrouilles confites*. »

Ne serez-vous pas stupéfait, qui que vous soyez, en lisant ces lignes si insultantes pour le christianisme, hautement accusé de n'avoir produit, dans l'ordre moral, ni un caractère, ni une vertu, ni un sage, ni un héros comparable aux Grecs et aux Romains ; et, dans l'ordre littéraire, de n'avoir donné au monde que de la cassonnade et des citrouilles ?

Vous le serez plus encore, quand vous saurez que ces lignes sont sorties de la plume d'un homme, dont le siècle de Louis XIV ne prononçait le nom que chapeau bas ; qu'elles sont, en grande partie, adressées à cette célèbre marquise de Rambouillet dont l'hôtel, fréquenté par tous les beaux esprits de l'époque, était l'école du goût, le sanctuaire d'où sortaient les oracles régulateurs de l'opinion ; où, enfin, il fallait, comme Bossuet lui-même et tant d'autres, faire une sorte de stage pour entrer avec distinction dans le monde lettré.

Cet homme est le grand Balzac, un des fondateurs de l'Académie française (2) !

Balzac ne s'était pas fait lui-même : il était ce qu'on l'avait fait. Victime de mensonges impudents, il avait, dès l'enfance, appris, comme tant d'autres, de ses respectables maîtres : que *le moyen âge était une époque où les hommes étaient à moitié bêtes*; que *nous n'avons cessé d'être barbares qu'à mesure que nous sommes devenus Romains*; que *nos plus grands hommes dans tous les genres ont été ceux qui les ont le mieux connus et le plus copiés*; et cent autres éloges non moins insensés.

Les mêmes causes produisant les mêmes effets, cette apothéose de l'antiquité païenne, jointe au mépris des siècles chrétiens, n'est ni une aberration individuelle, ni un fait passager. Depuis quatre siècles, les renaissants, fils de leur éducation, pensent et écrivent comme Balzac. « C'est à vous, madame, s'écriait le roi du XVIIIe siècle, Voltaire, c'est à vous à conserver les *étincelles* qui restent encore parmi nous, de cette *lumière précieuse que les anciens nous ont transmise*. Nous LEUR DEVONS TOUT (3). »

« Le prêtre du moyen âge, ajoute Helvétius, se saisit de l'autorité, et, pour la conserver, discrédita la *vraie gloire* et la *vraie vertu*. Il ne souffrit plus qu'on *honorât* les Minos, les Codrus,

<hr>

(1) Pas même celle d'avoir entendu le Fils de Dieu conversant avec les apôtres.

(2) La cruauté, la luxure, l'usure, le suicide, la sodomie : belles fautes, vertus imparfaites !

(1) Raoul Rigault disait à un prêtre arrêté comme otage : *Il y a dix-huit siècles que vous nous abrutissez, il est temps que cela finisse.* Où le farouche procureur de la Commune avait-il appris cela ? Est-ce dans les auteurs chrétiens ?

(2) *Œuvres*, 2 vol. in-fol., édit. 1865, t. II, p. 429, 435, 443 ; préface du *Socrate chrétien* et le *Prince*. ch. XII et XIII.

(3) (Rien au christianisme.) — Lettre à la duchesse du Maine.

les Lycurgue, les Aristide, les Timoléon... O VÉNÉRABLES THÉOLOGIENS ! O BRUTES !

» Ne traitons pas d'insensé, continue d'Holbach, l'enthousiasme de ces génies vastes et bienfaisants *qui nous ont guéris de nos erreurs* Arrosons de nos pleurs les urnes des Socrate, des Phocion ; lavons avec nos larmes la tache que leur supplice a faite au genre humain. Répandons des fleurs sur le tombeau d'Homère. ADORONS LES VERTUS DES TITUS, DES TRAJAN, DES ANTONIN, DES JULIEN (1). »

Voici le bouquet : « Athènes, Rome et Sparte sont les seuls points lumineux qui brillent au milieu de la barbarie universelle du genre humain : DEPUIS SOCRATE JUSQU'A NOUS, IL Y A UNE LACUNE DE TROIS MILLE ANS (2). »

Continuons d'exalter les auteurs païens ; faisons des *Alliances* pour réimprimer leurs ouvrages à bon marché ; nourrissons-en la jeunesse ; ne tenons aucun compte des ordres du Saint-Père ; ne changeons rien à nos programmes ; enseignons *comme ont enseigné nos pères ;* élevons les générations naissantes, comme celles qui nous entourent et qui nous conduisent à l'abîme : lavons-nous les mains et dormons tranquilles !

Hâtez-vous : votre sommeil ne sera pas long. Avant peu vous vous réveillerez au bruit des catastrophes.

On a beau faire : l'ivraie produira toujours l'ivraie. Des aberrations nées de l'éducation de collège sont toujours anciennes et toujours nouvelles. Au jour marqué, elles produiront inévitablement leurs fruits.

Pour stigmatiser de pareils blasphèmes, la parole refuse de sortir des lèvres et l'encre remonte dans la plume (3).

(1) *Système de la nat.*, t. I, p. 298.
(2) Lavicomterie, *Disc. sur la morale calculée.*
(3) Dans un discours du ministre de l'instruction publique, M. de Cumont, on trouve ce qui suit : « Les rapports de chaque jour avec les *grands hommes de l'antiquité, l'étude des maximes austères de la doctrine stoïcienne ; le commerce constant avec des philosophes comme Platon et Cicéron ;* la lecture des plus belles pages des Pères de l'Eglise laissent dans l'âme de nos jeunes gens une ineffaçable empreinte. »

Le seul moyen d'excuser de pareilles paroles dans la bouche d'un chrétien, est de dire qu'il ne connaît pas un seul des prétendus grands hommes de l'antiquité ; qu'il n'a jamais lu une ligne de Platon, l'auteur grec le plus effrontément matérialiste dans ses ouvrages : *De Republica* et *de Legibus ;* et si peu sûr dans sa philosophie, que S. Grégoire de Nazianze, qui apparemment le connaissait aussi bien que M. de Cumont, l'appelle *une plaie d'Egypte dans l'Eglise.*

Même ignorance à l'égard de Cicéron. Qu'on l'appelle un habile discoureur, soit ; mais un philosophe, ceci passe la permission. Cicéron un philosophe ! lui qui, sectateur de Carnéade, n'est qu'un sophiste *in utramque partem ;* qui pose en principe que nous ne pouvons avoir la certitude de rien ; que tout ce que nous pouvons espérer c'est d'arriver à la vraisemblance ; qui professe l'amour infâme : *Nos autem qui, concedentibus antiquis philosophis, adolescentulis delectamur ;* qui enseigne le suicide ; préconise le rigicide ; nie les peines de l'autre vie !

Voilà le ridicule qu'on se donne aux yeux des gens instruits, quand on se borne à être l'écho inconscient des enseignements de collège ! ce qui n'empêche pas d'être ministre de l'instruction publique.

Le sous-secrétaire parle comme son chef de file. Après s'être livré devant les élèves du collège Louis-le-Grand

Qu'on juge maintenant de la responsabilité dont se chargent les panégyristes du génie, des vertus et du beau style de ces hommes qui nous ont fait tant de mal, et dont saint Augustin a dit : *Laudantur ubi non sunt, cruciantur ubi sunt.*

LE THÉATRE EN GÉNÉRAL

Depuis la Renaissance, on a fait jouer dans les collèges des milliers de pièces de théâtres, comédies et tragédies : c'était comme le résumé et le bouquet des études de l'année. Dans ces pièces, toute l'antiquité païenne paraît sur la scène, vivante et animée, avec ses dieux, ses déesses, ses personnages historiques et mythologiques, ses idées religieuses et politiques, ses harangues et ses coutumes. Pour remplir leur rôle, les jeunes chrétiens sont obligés de s'identifier avec les personnages qu'ils représentent ; d'endosser leur costume et de parader aux yeux du public, drapés en Grecs ou en Romains : d'épouser leurs sentiments, leurs antipathies ou leurs sympathies ; d'imiter leur langage, leur pose, leur attitude ; en un mot, de se faire païens, autant que la chose est possible : mieux ils y réussissent, plus ils sont applaudis.

Les écoliers oublient assez vite leurs thèmes et leurs versions. Il n'en est pas ainsi des rôles qu'ils ont joués avec quelque succès. Nous avons connu un vénérable prêtre qui, après cinquante ans, se souvenait d'avoir été Véturie, mère de Coriolan, et qui nous récitait mot à mot les supplications de cette dame à son fils !

Malgré le ridicule et le danger qui en sont inséparables, ces pièces païennes se jouent *encore aujourd'hui* dans de *bonnes* maisons d'éducation. Dernièrement, le jour des Rameaux, après la grand'messe, pour fêter l'arrivée d'un supérieur, une de ces maisons donnait une pièce exclusivement païenne, dans laquelle un des élèves était Pluton ; un autre, Mercure ; un autre, César ; un autre, Lucien ; un autre, Misoponus ; un autre, Ménippoïde : et la scène se passait au Tartare, devant le tribunal du dieu des enfers !!

Pour y croire, il faut avoir eu, comme nous, la pièce entre les mains.

Inutile d'insister sur le premier inconvénient des tragédies ou comédies païennes, jouées dans les collèges. Quel que soit le fond de la pièce,

à un pathos incroyable sur le progrès, qu'il a eu tout l'air de considérer comme le résultat fatal de ce que les darwinistes appellent les mouvements évolutionnistes, M. Desjardins a déclaré, en se frappant la poitrine et en invoquant les dieux immortels, que l'esprit qui anime et animera toujours l'enseignement de l'Université est *l'esprit païen,* et que, sous ce rapport, nous devons considérer *les Grecs comme nos ancêtres et les Romains comme nos pères.*

M. le sous-secrétaire d'Etat au ministère de l'instruction publique peut être tranquille. Des indices nombreux prouvent aux moins attentifs que le *paganisme ancien,* perfectionné par le matérialisme contemporain, fait des progrès considérables dans le cœur de notre jeune génération, et que d'ici à peu de temps l'enseignement actuel pourra nous offrir la plus riche collection de communards qu'on ait encore vue.

ces représentations théâtrales ont un autre très grave inconvénient : c'est d'inspirer le goût du spectacle. Or, tout le monde le sait, avec la presse, le théâtre est la plus large source de corruption des temps modernes. Qu'on nous permette de signaler les ravages incalculables de cette institution, dont les nations chrétiennes sont redevables au paganisme. Afin de n'être pas taxé de rigorisme, nous laisserons parler les hommes les plus graves ; nous pourrions même y ajouter le témoignage des auteurs dramatiques et des acteurs.

Lorsque le christianisme parut, la terre était couverte de théâtres, et le monde païen, j'entends le monde policé, était tellement passionné pour les spectacles qu'il ne demandait que deux choses : du *pain* pour vivre, et des *spectacles* pour jouir : *Duas tantum res anxius optat, panem et circenses*. Mais alors le règne du démon était à son apogée et l'homme était devenu chair. Entre bien d'autres, le fait que je rappelle en est un signe. Ébranlés par la voix des Apôtres et des Pères de l'Eglise, ces temples du sensualisme disparurent sous les coups des terribles missionnaires de la justice divine, qu'on appelle les barbares, et qui furent nos aïeux. Fidèles à leur baptême, les peuples chrétiens n'eurent garde de rebâtir ces lieux de corruption. Jusqu'à la renaissance du paganisme, au milieu du xv° siècle, *il n'y eut pas un seul théâtre en Europe*.

A cette époque, le prince de l'ancien monde commença de reprendre ouvertement son empire, et les théâtres reparurent. Aujourd'hui l'Europe en est couverte. C'est donc un fait digne de remarque : tant que le Saint-Esprit règne sur le monde, point de théâtres ; quand l'esprit mauvais prend sa place, des théâtres partout. Indépendamment de toute autre épreuve, il en résulte bien évidemment que *ce n'est pas le Saint-Esprit qui a bâti les théâtres*. Cela seul suffit pour les rendre suspects. Voilà pourquoi l'ancien peuple de Dieu, les Juifs, n'eurent jamais ni théâtres, ni cirques, ni amphithéâtres, ni spectacles profanes.

Le nouveau peuple de Dieu, les chrétiens, tant qu'ils furent chrétiens, n'eurent, comme les Juifs, d'autres spectacles que des spectacles religieux. Ce n'est que lentement et à la suite de la corruption des mœurs, que le spectacle profane parvint à se rétablir. Il COMMENÇA DANS LES COLLÈGES ; de là, il passa dans les hôtels des grands seigneurs et dans les palais des princes. En 1600, Paris vit s'élever au Marais, quartier de la noblesse, un théâtre où fut représenté *Mélite*, première pièce de Pierre Corneille. Sous l'empire de Richelieu, on joua la tragédie de *Mirame*, à laquelle Paris fut redevable de la première salle de spectacle un peu régulière.

Toutefois l'esprit chrétien opposa une longue résistance à la reconstruction des théâtres en Europe. Sous Henri III, une troupe de comédiens italiens vint à Paris, pour y jouer des pièces, bien moins mauvaises que celles qu'on représente aujourd'hui. Ils surprirent des lettres patentes pour leur établissement. Le parlement refusa de les enregistrer et repoussa les comédiens, « comme personnes que les bonnes mœurs, les

saints canons et les Pères de l'Eglise avaient toujours réputées infâmes, et leur défendit de jouer sous peine de *dix mille livres d'amende*, applicables aux pauvres. »

Au milieu du xviii° siècle, le Parlement de Paris montrait encore la même opposition aux théâtres. En 1761, un de ses avocats voulut, dans une consultation imprimée, innocenter la profession de comédien et défendre les théâtres. La célèbre compagnie, qui se regardait comme la gardienne des mœurs publiques, condamna la consultation à être lacérée et brûlée par le bourreau, et raya l'auteur du tableau des avocats.

Neuf ans plus tard, le chancelier Séguier, dans son réquisitoire du 18 août 1770, prédisant les malheurs que l'impiété ne tarderait pas à attirer sur la France, combattit énergiquement les théâtres. « Ils renforcent, disait-il, les maximes pernicieuses dont le poison acquiert un nouveau degré d'activité sur l'esprit national, par l'affluence des spectateurs, et l'énergie de l'imitation. »

Les protestants eux-mêmes, c'est une justice à leur rendre, ne se montrèrent pas moins opposés que les vrais catholiques, au rétablissement des théâtres. Dans un de leurs traités de discipline, ils s'expriment en ces termes : « Ne sera loisible aux fidèles d'assister aux comédies et aux jeux, joués en public ou en particulier, vu que de tout temps cela a été défendu entre les chrétiens, comme apportant corruption de bonnes mœurs. »

Déja, au temps de Léon X, ils s'étaient déclarés fortement contre les spectacles. En cela du moins ils ne furent pas des novateurs, ils ne firent que soutenir avec fidélité la discipline de l'Eglise catholique. Genève elle-même, la Rome protestante, proscrivit les spectacles et les comédiens, comme une peste publique ; et jusqu'à la fin du dernier siècle ne permit sur son territoire l'établissement d'aucun théâtre.

Si les magistrats, si les hérétiques eux-mêmes ont combattu les spectacles avec tant de persévérance, on peut deviner ce qu'a dû faire l'Eglise. Pour enregistrer ses avertissements, ses protestations, ses défenses, des volumes ne suffiraient pas. Contentons-nous de rappeler qu'il n'y a pas un Père de l'Eglise, pas un concile, pas un théologien, pas un catéchisme qui ne les condamne.

« Il est faux, dit Bossuet, que les Pères n'aient blâmé dans les spectacles que l'idolâtrie et les impudicités manifestes. Ils y ont blâmé l'inutilité, la dissipation, la commotion de l'esprit, le désir de voir et d'être vu, les choses honnêtes qui enveloppent le mal, le jeu des passions et l'expression contagieuse des vices. »

L'Eglise ne se déjuge pas : ce qu'elle condamnait dans les spectacles des premiers siècles, elle le condamne encore aujourd'hui : elle le condamnera toujours.

Ecoutons un dernier témoin. C'est Jean-Jacques Rousseau, écrivant à Dalembert pour s'opposer à l'établissement d'un théâtre à Genève, sa patrie. « Demander si les spectacles sont bons ou mauvais, il suffit, pour décider la question, de savoir que leur objet principal a toujours été d'amuser

le peuple… Il faut, pour leur plaire, des spectacles, non qui modèrent leurs penchants, mais
qui les favorisent et les fortifient… Il n'y a que
la raison qui ne soit bonne à rien sur la scène…
*Le théâtre purge les passions qu'on n'a pas, et
fomente celles qu'on a.* »

Rousseau conclut sa longue et éloquente lettre,
en disant : « Au théâtre, tous nos penchants sont
favorisés, et ceux qui nous dominent y reçoivent
un nouvel ascendant. Les continuelles émotions
qu'on y ressent nous enivrent, nous affaiblissent,
nous rendent plus incapables de résister à nos
passions, détruisent l'amour du travail, inspirent
le goût de vivre sans rien faire. On y apprend à
ne couvrir que d'un vernis de procédé la laideur
du vice, à tourner la sagesse en ridicule, à substituer un jargon de théâtre à la pratique de la
vertu, à mettre toute la morale en métaphysique,
à travestir les citoyens en beaux esprits, les
mères de famille en petites maitresses, les filles
en amoureuses de comédie. »

Quel est le fond de toutes les pièces de théâtres,
tragédies, comédies, drames, mélodrames? Il y a
une passion, la plus terrible de toutes, la plus
commune et tellement dangereuse que l'apôtre
saint Paul ne veut même pas que son nom, et
rien qui s'y rapporte, soit nommé parmi les
chrétiens : *Nec nominetur in vobis.* Cette passion
c'est l'amour profane. Or, à très peu d'exceptions
près, elle est le fond de tous les spectacles.

Ainsi le veut le public qui les fréquente.
Voltaire lui-même, le croirait-on? se plaint d'un
pareil désordre, dont il rend les femmes respon-
sables. Dans la dissertation qui précède sa
tragédie de *Sémiramis,* il dit : « D'environ quatre
cents tragédies qu'on a données au théâtre,
depuis qu'il est en possession de quelque gloire
en France, il n'y en a pas dix ou douze qui ne
soient fondées sur une intrigue d'amour. C'est
presque toujours la même pièce, le même nœud
formé par une jalousie et une rupture, et dénoué
par un mariage… C'est une coquetterie perpétuelle. Les femmes qui parent nos spectacles,
ne veulent point souffrir qu'on leur parle d'autres
choses que d'amour. »

Tant il est vrai, d'une part, que ce n'est pas
l'auteur dramatique qui commande au spectateur, mais le spectateur qui commande à l'auteur
dramatique; d'autre part, que le théâtre né du
paganisme, qui était le règne de la chair, est
demeuré fidèle à l'esprit de son origine. On
connait la réponse de Racine à Arnaud, qui lui
reprochait d'avoir fait Hippolyte amoureux. « Eh !
monsieur, lui dit Racine, sans cela, qu'auraient
dit nos petits-maitres? »

LES ACTEURS ET LES ACTRICES

Dangereuses à la lecture, ces pièces de théâtre
dans lesquelles paraissent vivantes toutes les
passions humaines, l'amour, l'ambition, la haine,
la vengeance, le sont bien autrement sur la scène.

La raison en est que l'amour profane est le
fond général des pièces de théâtre. Or, cette
passion, la plus dangereuse de toutes, devient
plus séduisante encore par le caractère de ceux
qui en sont les interprètes. Qui dit comédien
et comédienne, acteur et actrice, n'éveille pas
dans l'esprit l'idée de la pure vertu. L'histoire
du passé et l'histoire du présent sont d'accord,
pour nous apprendre ce qu'il faut penser de cette
classe de personnes.

« Les meilleures pièces, dit un auteur (si tant
est qu'il y en ait de bonnes), se trouvent comme
dénaturées, lorsqu'elles sont représentées par
des acteurs et des actrices, esclaves habituels
de la volupté. Ce qu'il y a de plus pur se corrompt
par leur jeu et devient nuisible, ridicule ou
odieux. En parlant d'*Athalie :* « Qu'aurait pensé
M. Racine, écrivait la comtesse de Caylus, s'il avait
vu sa tragédie aussi défigurée qu'elle m'a paru
l'être par une Josabeth *fardée,* par une Athalie
outrée, et par un grand prêtre si peu digne de
représenter la majesté d'un prophète divin? » —
« De pareils sujets, ajoutait Mme de Sévigné, ne
conviennent pas à de pareils acteurs. Il faut des
personnes innocentes pour chanter les malheurs
de Sion, et des âmes vertueuses pour en voir
avec fruit la représentation. »

Le danger du théâtre ne vient pas seulement
du côté des pièces et des acteurs, il vient aussi
du côté des spectateurs. « Ce ne sont pas les
sages, dit un célèbre auteur espagnol, qui font
la foule aux théâtres; c'est tout ce qu'il y a dans
une ville de plus vain, de plus frivole, de plus
oisif, de plus libre dans les deux sexes. Est-ce
là une assemblée où l'on puisse se confondre
sans scrupule et sans péril? »

Croire que tous les spectateurs et toutes les
spectatrices ne sont attirés au théâtre que par le
seul objet de la pièce serait une grande erreur.
« Combien de gens, dit Desprez de Boissy, qui
ne fréquentent les spectacles que pour jouir du
coup d'œil des femmes, que la coutume y conduit,
afin d'y disputer entre elles à qui l'emportera
par la richesse des pierreries, par le luxe de la
toilette, par les grâces, par la beauté, par l'adresse
à suppléer aux agréments que la nature a refusés,
enfin par le nombre des adorateurs. »

Au fond de l'amour des spectacles, se cache
donc un attrait de concupiscence, avoué chez les
uns, déguisé chez les autres, mais périlleux pour
tous, et trop souvent mal combattu.

Les théâtres n'ouvrent plus que pendant la
nuit, en sorte que le spectacle est de toute manière
une *œuvre de ténèbres.* Cela est si vrai que si on
jouait en plein jour, le spectacle perdrait la
moitié de son prestige, par conséquent la moitié
du plaisir qu'on y cherche et des dangers qu'on
y court.

Ajoutez, pour compléter les moyens de séduction, la musique et la danse. La musique est une
langue et une langue puissante. Or, il y a deux
sortes de musique : la musique qui élève l'âme
et spiritualise ses affections, et la musique sen-
sualiste qui amollit et qui corrompt. Laquelle
des deux règne au théâtre? Il est facile de le
savoir.

La musique du théâtre ne peut traduire que
les paroles du théâtre. Or, les paroles du théâtre
n'expriment en général que des sentiments
d'amour profane.

LE THÉÂTRE DE COLLÈGE

Le théâtre moderne, renouvelé du paganisme, a fait et continue de faire descendre la femme du piédestal de gloire et de respect sur lequel le christianisme l'avait élevée. Par rapport au théâtre, la femme est actrice ou spectatrice. Est-il besoin de le dire ? Du jour où elle a consenti à paraître sur la scène comme actrice, la femme a méconnu sa dignité. Elle s'est dépouillée de cette pudique réserve, qui fait sa défense et une partie essentielle de ses attraits. La première fois, depuis sa rédemption, qu'une femme baptisée parut en public sur la scène, comme *actrice,* ce fut en 1600 ; et comme *danseuse* en 1681. Eh bien ! ce jour-là même, une fille de grande maison, mademoiselle de Poitiers, qui, suivant le goût de l'époque, représentait une *Naïade,* fut obligée d'entendre, devant une partie de la cour, les vers qu'un *Triton* amoureux lui adressa, et que nous n'osons reproduire.

Ces vers toutefois ne sont qu'un léger échantillon de ce que la femme, dans la personne des actrices, s'est entendu dire des millions de fois depuis trois siècles. Comment compter les mots à double entente, les expressions passionnées, les provocations directes, les éloges séducteurs dont elle a été l'objet, sur le théâtre même, en présence d'une multitude irrespectueuse et avide ? Que dire des paroles qu'on lui met sur les lèvres, des attitudes qu'on lui fait prendre, des gestes qu'on lui impose, du costume dans lequel on l'oblige à se *montrer ?* Le théâtre, dans la personne de ces victimes infortunées, dégrade la sœur, la fille, l'épouse, la mère de l'homme ; et transformant l'angélique enfant de la Reine des vierges en instrument de grossières voluptés, la replonge dans l'abîme de honte et de dégradation d'où le christianisme l'avait tirée.

Qu'est-ce en effet que l'histoire des actrices, depuis son origine jusqu'à nos jours ? L'académie de danse, création de Louis XIV, est à peine formée, que les écolières deviennent le jouet des maîtres et des danseurs. « Lulli soupire pour mademoiselle le Rochois, qui lui préfère Le Bas ; Précourt se rencontre avec les plus grands seigneurs chez Ninon. Le *foyer* des théâtres devient un bazar, un temple de Gnide et de Corinthe, desservi par des nymphes dont les charmes sont à l'enchère. Ce qu'il fut au dix-septième siècle, il l'a été au dix-huitième, il continue à l'être de notre époque, comme le prouve la biographie des actrices célèbres. C'est à partir de cette honteuse réhabilitation de la chair par le théâtre païen que, suivant l'énergique expression de Mozart : *Nous voyons les nobles et les financiers dépenser leur argent pour des Lucrèces qui ne se poignardent pas, et les royaumes de l'Europe gouvernés par des femmes qui ne sont ni vierges, ni épouses, ni veuves.*

Quant aux femmes qui, sans monter sur la scène, assistent au théâtre, voici le rôle qu'elles y jouent et le bénéfice qu'elles en retirent. Ce qu'il y a de plus noble, de plus fort et de plus sacré dans la femme, c'est l'amour. Dégradé dans le paganisme, l'amour avait été, comme toutes choses, régénéré et ennobli par le christianisme. Le théâtre moderne, renouvelé des Grecs et des Romains, dégrade de nouveau l'amour et le corrompt.

Quel est le fond ordinaire du théâtre créé par la Renaissance ? N'est-ce pas le même amour sensuel, paradant constamment sur la scène, fascinant les yeux et les cœurs, et jouant le même rôle que sur le théâtre antique, dans le même but et avec les mêmes résultats ? Ces résultats, quels sont-ils, sinon la dégradation de l'amour chrétien, l'insulte et la honte perpétuelle de la femme ?

On se demande avec anxiété d'où est venu ce théâtre corrompu, inconnu de nos aïeux du moyen âge. Où furent placées ces premières chaires de pestilence ? Telle est la grave question qui nous reste à examiner. *Le théâtre public est venu du théâtre privé, et c'est dans les collèges que le théâtre privé a pris naissance.* Ses pères furent les humanistes païens de la fin du quatorzième et du commencement du quinzième siècle ; ses éducateurs, les pédagogues du seizième et du dix-septième siècle, fanatiques, comme leurs devanciers, de l'antiquité païenne. Avoir pendant toute l'année nourri la jeunesse chrétienne d'études païennes ne leur suffisait pas.

Afin de l'enivrer d'enthousiasme pour la belle antiquité, ils imaginèrent de mettre leur enseignement en action. Dans ce but, ils composèrent des pièces de théâtre, imitation ou calque inévitable du théâtre antique, qu'ils firent jouer à leurs écoliers. Pendant plus de deux siècles et demi, ces représentations théâtrales ont été, surtout en France, le bouquet obligé des travaux de l'année scolaire. Etudes assidues de plusieurs mois, répétitions fréquentes, sujets, noms, rôles, langage, costumes, décorations, tout contribuait à identifier de jeunes imaginations, avec les hommes et les choses du paganisme. Dans un grand nombre de collèges *chrétiens,* on trouvait, et on trouve encore, *à côté de la chapelle, la salle de spectacle.*

Cependant l'éducation fait l'homme. Les opinions, les admirations, les goûts qu'il a puisés sur les bancs de l'école, surtout s'ils sont d'accord avec ses passions, il ne s'en défait pas en quittant le collège. Il les porte dans la société et ils deviennent la base de sa vie intellectuelle et morale. Comme tous nos préjugés en faveur de l'architecture païenne, de la poésie païenne, de la littérature païenne, l'amour du spectacle païen est né de l'éducation. Telle est la généalogie du théâtre moderne : sorti du collège, il passa dans les hôtels des grands seigneurs et, de là, dans le palais des rois. Il y resta jusqu'à ce que, par le cours naturel des choses, disons mieux, par le progrès de la corruption des mœurs, il soit devenu une *institution publique.*

Il faut le dire à sa louange, notre ancienne Université sentit de bonne heure le ridicule et le danger des spectacles de collège. Dès le commencement du dix-septième siècle, elle interdit toute espèce de comédie et de tragédie dans ses maisons d'éducation.

En 1763, le Parlement de Paris rendit un arrêt, conforme aux anciens statuts de l'Université, dans lequel il s'exprime ainsi : « La distribution des prix se fera dans chaque collège, à la fin de la tenue des classes, au jour qui sera réglé par le bureau. Elle ne pourra être précédée que d'un exercice de rhétorique ou d'humanités, sans qu'il puisse, en aucun cas, conformément aux statuts de l'Université de Paris, être représenté dans les collèges aucune tragédie et comédie. »

Aujourd'hui encore la même défense est en vigueur. Dans les établissements universitaires, collèges ou lycées, la distribution des prix se fait sans représentations dramatiques.

Les instituteurs ecclésiastiques ne comprirent ni le ridicule, ni le danger reconnus dès le principe par l'Université. Ils continuèrent, et plusieurs continuent encore, à faire jouer par leurs élèves, des tragédies et des comédies plus ou moins ridicules.

Cela même ne leur suffit pas. En l'année 1874, le 16 février, jour du lundi gras, on n'a pas rougi dans un grand établissement d'éducation tenu par des religieux, d'appeler des acteurs du Théâtre-Français, les frères Coquelin, *pour interpréter quelques œuvres* des grands maîtres, en amusant les élèves. Cela veut dire, pour donner une représentation théâtrale devant six cents jeunes gens, renforcés de leurs mères et de leurs sœurs.

Nous le disons sans détour, c'est un scandale qui pourrait avoir les conséquences les plus funestes, s'il durait. « Croit-on, dit un journal belge, que la jeunesse de France sera par là moralisée, et que l'exemple de ces acteurs, qui n'ont la plupart ni foi, ni Dieu, sera capable de lui inspirer l'amour d'une vie active, utile, sérieuse, comme le demandent la loi chrétienne et la situation présente. »

Ailleurs on ne fait pas venir les comédiens dans l'établissement, l'établissement va chez eux.

Il nous est consolant de pouvoir ajouter que le règne beaucoup trop long du théâtre pédagogique incline vers sa fin. Bon nombre de communautés l'ont supprimé. Le dernier archevêque de Lyon l'a interdit dans son diocèse. Les évêques de Belgique, et, en Angleterre, l'illustre archevêque de Westminster, ont défendu, dans les établissements placés sous leur juridiction, toute espèce de représentations théâtrales. Espérons que ce bon exemple sera bientôt suivi partout.

Signalons un autre abus, plus grave peut-être que le précédent. Les pensionnats de jeunes filles ont voulu se mettre à *la hauteur des collèges*. On sait que, sur la demande de Mᵐᵉ de Maintenon, Racine écrivit la tragédie d'*Esther* pour la maison royale de Saint-Cyr. Seulement, l'histoire ne dit pas qu'elle ait été jouée à une distribution de prix. Quoi qu'il en soit, Mᵐᵉ de Maintenon ne tarda pas à s'apercevoir des graves abus que ce genre de divertissement avait introduits à Saint-Cyr. Après la quatrième représentation d'*Esther*, Mˡˡᵉ de Caylus cessa d'y figurer. « Elle faisait trop bien, dit Mᵐᵉ de Sévigné, elle était trop touchante. » Bientôt Mᵐᵉ de Maintenon elle-même écrivit à Racine : « Monsieur, nos demoiselles ont joué hier *Esther*, et l'ont si bien joué, qu'elles ne la joueront jamais plus. »

A cette occasion, Mᵐᵉ de Maintenon reçut de M. Hébert, curé de Versailles, puis évêque d'Agen, une grave remontrance dans laquelle il lui déclare que les représentations dramatiques doivent être proscrites de toute bonne éducation.

« Votre grand objet, Madame, lui dit-il, est de porter vos élèves de Saint-Cyr à une grande pureté de mœurs. N'est-ce pas détruire cette pureté, que de les exposer sur un théâtre aux yeux de toute la cour ? C'est fortifier ce goût, qu'il est si naturel à leur sexe d'avoir pour la parure, que souvent les femmes les plus chastes, comme le dit saint Jérôme, ont cette faiblesse ; non à la vérité, pour plaire aux yeux d'aucun homme, mais pour plaire à elles-mêmes. C'est leur ôter cette modestie qui les retient dans le devoir. Une fille redoutera-t-elle un tête-à-tête avec un homme, après avoir paru hardiment devant plusieurs ? Les applaudissements que les spectateurs prodiguent à la beauté, aux talents de ces jeunes personnes, ne doivent-ils pas produire les plus mauvais effets ? »

L'expérience justifia les sages observations du vénérable prêtre. Les dames de Saint-Cyr avouent dans leurs *Mémoires* que, sous l'influence de ces représentations théâtrales, leurs demoiselles étaient devenues *fières, dédaigneuses, hautaines, présomptueuses et peu dociles*. Mᵐᵉ de Maintenon parla à Louis XIV de finir ces divertissements. Acteur lui-même dès son enfance dans tous les ballets de la cour, il s'y refusa.

Mᵐᵉ de Maintenon dut se contenter d'adresser les recommandations les plus sévères aux dames de Saint-Cyr. « Renfermez, écrivait-elle, ces amusements dans votre maison, et ne les faites jamais en public, sous quelque prétexte que ce soit. Il sera toujours dangereux de faire voir à des hommes des filles bien faites, et qui ajoutent des agréments à leurs personnes, en faisant bien ce qu'elles représentent. Ne souffrez donc aucun homme, ni pauvre, ni riche, ni vieux, ni jeune, ni prêtre, ni séculier, je dis même un saint, s'il y en a un sur la terre. »

Que ne pourrions-nous pas dire de plusieurs jeunes gens, d'honnêtes familles, qui sont devenus acteurs pour avoir pris au collège ou au petit séminaire le goût du théâtre ? Pauvres mères, j'ai connu vos larmes, et seul je n'en ai pas été témoin ! Naguère, un prêtre, vétéran de l'enseignement, nous disait : « Je connais plusieurs jeunes gens, actuellement malheureux, qui perdirent leur vocation sur les tréteaux de fin d'année scolaire. Quelle responsabilité ! » N'est-ce pas le cas de répéter le mot du P. Ventura : « Si les mères de famille savaient ce que nous enseignons à leurs enfants, elles nous arracheraient les yeux. »

Terminons en disant que le théâtre du pensionnat, comme le théâtre de collège, commence à passer de mode. Beaucoup de communautés l'ont formellement interdit. Entre autres preuves nous citerons la lettre suivante, que nous recommandons à tous les pensionnats de jeunes filles, religieux ou séculiers. Bien que cette lettre ait été publiée dans les journaux, nous la reproduisons ; car on ne saurait lui donner trop de publicité :

« Chère Sœur, selon vos désirs, j'ai sollicité pour vous la permission de faire jouer un petit drame à la distribution des prix. Voici la réponse de notre vénéré supérieur :

» Vous réciterez à genoux les sept psaumes de la pénitence, en expiation de votre coupable demande. Vous êtes religieuse pour former des chrétiennes et non pas des comédiennes. Ces exercices inspirent le goût du théâtre et du roman, qui sont de nos jours deux écoles d'immoralité. Les jeunes filles ne sont que trop habiles à se contrefaire ; elles n'ont pas besoin que vous les dressiez à exprimer des sentiments qu'elles n'ont pas et qu'elles ne peuvent pas avoir. Elles n'ont pas besoin d'être déguisées en princesses, pour aspirer à sortir de leur position, pour ruiner leur fortune et leur vertu dans les folies d'une excessive toilette. Si la pièce est grave, elles l'exécutent ridiculement ; si elle est burlesque, elles contractent un goût faux et vil ; si elle est sentimentale, elles pleurent et font pleurer en simulant.

» Introduire ou tolérer de si lamentables abus ce n'est pas élever les jeunes filles, c'est les dégrader. Avez-vous si vite oublié toutes les afflictions que vous ont causées ces maudits amusements, les jalousies, les plaintes, les révoltes ? Et les infortunées qui vous ont quittée pour aller se perdre parmi les actrices, auraient-elles eu ce malheur si vous n'aviez pas cultivé leur talent naturel pour la déclamation ? Je ne vous défends pas d'habituer les jeunes personnes à bien lire ; mais vos constitutions vous interdisent, avec raison, de leur apprendre à parler en public. Laissez-leur la modestie, la timidité qui leur sont naturelles et qui sont leur plus bel ornement. N'en faites ni des prédicateurs, ni des avocats, ni des viragos.

» Le temps passe vite ! En leur enseignant ce qu'elles doivent ignorer, vous les empêchez d'apprendre ce qu'elles doivent savoir. Soyez persuadée, chère Sœur, que vous n'insistez pas assez sur le catéchisme, sur les travaux manuels auxquels elles auront à se livrer : tels que le tricotage, la confection des robes, etc. ; et que vous vous étendez trop sur la littérature, l'histoire profane, la géographie, la cosmologie, la minéralogie, la géologie, la broderie, le dessin, la peinture, la musique, etc.

» Voilà, chère Sœur, le compliment que, sans le vouloir, vous m'avez fait adresser : l'équité m'oblige à vous le transmettre. Veuillez lui faire bon accueil, et accomplir à mon intention la pénitence des sept psaumes.

» Agréez, etc.,

» Sr THÉRÈSE TH... »

Le bon sens respire dans la lettre du vénérable supérieur. Ce qu'il dit des drames de couvents, ce que nous avons dit nous-mêmes, et tant d'autres avant nous, des drames de collèges et de petits séminaires, s'applique aux drames de société. Nous sommes donc dispensés de parler de cette nouvelle aberration. Contentons-nous de dire qu'il faut avoir perdu tout sentiment des convenances pour appeler, comme on le fait, dans les salons les plus aristocratiques, les acteurs, les actrices, les chanteuses *célèbres*, afin d'exercer les grandes dames, les grandes demoiselles, les grands messieurs, jeunes et vieux, à jouer la comédie. Chrétiens des premiers siècles, chrétiens des âges de foi, si vous reveniez au monde, que diriez-vous de pareilles mœurs ? Nous reconnaîtriez-vous pour vos enfants et pour les disciples de l'Evangile ?

Qui doit et qui peut, plus que personne, opposer une digue au torrent ? Les instituteurs de la jeunesse et les mères chrétiennes.

REVENONS A L'ÉVANGILE.

On dit souvent : C'est la charité qui sauvera le monde. Non, ce n'est pas la charité, c'est la vérité, car Jésus-Christ a dit : *veritas liberavit vos*. La charité n'a qu'un rôle secondaire, le rôle principal est pour la vérité.

RÉFLEXIONS D'UN VOYAGEUR CATHOLIQUE

Nous donnons d'abord la lettre de Mgr d'Hulst à l'auteur de ces réfléxions.

LETTRE DE MONSEIGNEUR D'HULTZ

« Cher Monsieur,

» J'assiste depuis plusieurs années à vos persévérants efforts pour rompre le blocus d'indifférence ou de préjugés qui ferme au grand nombre de nos frères dans la foi l'accès des Saintes Ecritures. Vous avez jugé avec raison que le moment est venu de saisir de cette grave question, non plus seulement telle ou telle réunion de Catholiques, mais l'opinion catholique tout entière. Vous m'avez demandé d'unir ma voix à la vôtre pour appeler l'attention sur ce grand intérêt. Votre pensée répond trop bien à mes plus fortes convictions pour que je me croie en droit de vous refuser mon concours. Je crois pouvoir le faire sans mériter le reproche de témérité, car nous n'avons d'autre prétention, vous et moi, que d'inviter les catholiques à réfléchir.

» Je ne développerai point ici les raisons qui nous pressent de remettre en honneur parmi les fidèles la lecture des Saints Livres. Ces raisons, vous les avez exposées dans votre écrit avec beaucoup de solidité. Vous y avez ajouté des preuves d'expérience que vos nombreux et lointains voyages vous ont permis de recueillir. Enfin, et c'est le principal mérite de votre travail, tout en soutenant votre thèse avec chaleur, vous n'avez pas perdu de vue les réserves que nous imposent les sages prescriptions de l'Eglise romaine en cette matière. Il n'est pas douteux que la lecture de la Bible faite sans discernement, sans préparation, sans règle d'interprétation, à la manière protestante, en un mot, ne présente de graves inconvénients, et de réels périls. Le Saint-Siège, appliquant et développant la discipline du Concile de Trente, a su parer à ce danger en mettant certaines conditions à la publication du texte sacré en langue vulgaire. Comme vous le rappelez fort bien, il faut que le texte soit accompagné de notes empruntées à des commentateurs autorisés et que l'édition soit revêtue de l'approbation de l'Ordinaire. Ce que vous demandez, ce n'est pas que ces règles soient méconnues, c'est qu'elles soient observées.

» A quoi serviraient-elles, si les fidèles ne lisaient jamais la Bible ? Pourquoi faire des traductions ? pourquoi déterminer dans quelles conditions elles doivent paraître, si le clergé, toujours familier avec la langue de la Vulgate, doit être seul à lire le texte ailleurs que dans les courts fragments insérés au milieu des offices liturgiques ? Encore si les chrétiens instruits avaient conservé l'usage, autrefois assez fréquent, de lire chaque jour au moins les Matines du Bréviaire ! Les leçons du premier Nocturne feraient alors passer sous leurs yeux, dans le courant de l'année, des parties importantes de tous les Livres sacrés. Mais il n'en est rien. On se contente aujourd'hui du paroissien qui contient, par morceaux détachés et sans suite, la cinquantième partie peut-être du Nouveau Testament et quelques pages à peine de l'Ancien. Il en résulte qu'on ne connaît bien ni les Evangiles, ni les Actes des Apôtres, ni les Epitres, ni l'Apocalypse, et qu'on ignore entièrement les Livres de l'ancienne Loi. S'autoriser des prescriptions de l'Eglise pour légitimer cette ignorance, c'est se conduire comme ferait un malade à qui le médecin aurait conseillé un choix d'aliments, et qui, pour mieux obéir, se laisserait mourir de faim. Je crois comme vous que la lecture prudente de la Bible est un des moyens les plus puissants de nourrir la foi et de donner aux âmes un tempérament chrétien. Cette conviction est conforme à l'enseignement de tous les Pères de l'Eglise, et de tous les Saints. On eût bien étonné saint Jérôme si on lui eût dit qu'en recommandant cette pratique à Paula, il la détournerait de la docilité due à l'Eglise. On eût bien étonné tous les Docteurs si l'on eût formulé devant eux cette opinion étrange qui est aujourd'hui au fond de bien des esprits, qu'il y a pour ainsi dire deux christianismes, l'un à l'usage des prêtres, l'autre à l'usage des fidèles. La vérité est que l'aliment spirituel est le même pour tous ceux que le baptême a régénérés : le prêtre ayant la mission d'instruire ses frères, doit savoir mieux qu'eux les mêmes choses qu'il est chargé de leur apprendre, c'est une question de mesure, voilà tout. Et la meilleure manière d'enseigner pour le prêtre est de montrer aux fidèles les sources du savoir, et de leur apprendre à y puiser à leur tour. Cela est si vrai que la prédication des Pères consistait principalement dans la lecture et le commentaire suivi des Livres Saints. Saint Augustin, saint Ambroise, saint Jérôme, saint Jean Chrysostôme n'ont guère fait autre chose dans leur œuvre catéchétique et homilétique. Or, remarquez-le bien, à cette époque des Septante en Orient, en Occident la Vulgate et l'ancienne Italique appartenaient à la langue vulgaire. On en lisait de forts longs extraits dans l'office public auxquels assistaient les fidèles ; ceux-ci en possédaient des exemplaires et les lisaient en famille. Où trouver dans cet ensemble de pratiques la moindre trace de la défiance ou de l'indifférence que les fidèles de nos jours témoignent pour une lecture réputée inutile, ou inaccessible, ou dangereuse ?

» Je veux bien que l'hérésie protestante avec sa prétention toute nouvelle de faire de la Bible, livrée au sens privé d'un chacun, la règle de foi, ait fait naître un péril particulier, que ne connaissaient pas les premiers âges du christianisme. Mais c'est contre ce péril qu'est dirigée la solennelle définition du Concile de Trente qui réserve à l'Eglise enseignante l'interprétation dogmatique des Ecritures, et défend aux catholiques de les entendre autrement que selon le sens unanime des Pères et des Docteurs. C'est pour prévenir aussi les altérations du texte et guider le lecteur chrétien dans l'intelligence des passages obscurs ou difficiles, que le Saint-Siège a réglementé, comme je l'ai rappelé tout à l'heure, la publication des traductions en langues vulgaires. Au xvii⁰ siècle, toutes ces règles étaient connues et observées, et elles n'empêchaient pas nos grands sermonaires de faire de la Bible la source principale de leurs enseignements. Bourdaloue et Bossuet, suivant de loin les traces de saint Bernard, ont tellement tissé leurs discours de passages de Livres Saints, que pour les bien comprendre et surtout les goûter, il faut être déjà familier avec les Ecritures. Un prédicateur qui aujourd'hui adopterait cette méthode, ne serait pas suivi ; et j'ai expérimenté, pour ma part, que, lorsque dans la chaire, on veut faire un usage fréquent de la Bible, il faut à chaque fois souligner l'emprunt et en expliquer le sens, faute de quoi la citation ou l'allusion passe inaperçue, et fait tout au plus l'effet d'une anomalie de style au milieu du langage moderne de l'orateur.

» Mais nous pouvons descendre plus bas encore que le xvii⁰ siècle et invoquer une autorité plus haute que celle des grands prédicateurs français ; c'est celle d'un pape de la fin du xviii⁰ siècle, Pie VI, dont vous citez avec tant d'à-propos la lettre adressée à un traducteur de la Bible en langue italienne, Mgr Martini. Nous y lisons que c'est penser très juste (*optime sentis*) que de croire qu'il y a lieu d'exhorter puissamment les fidèles à lire les saintes lettres *fideles ad lectionem divinarum litterarum magnopere excitandos.* Car, ajoute le Souverain Pontife, « ce sont là les sources fécondes *qui doivent être ouvertes à tous (fontes uberrimi qui cuique patere debent)* pour qu'ils y puisent la saine doctrine et la sainteté de la vie.

» Il est donc certain que le système qui consiste à faire de la Bible un livre réservé au clergé est une nouveauté d'Eglise. A ce titre, il serait déjà jugé, si l'expérience ne montrait d'ailleurs les résultats déplorables qu'il a produits. Tandis que dans certaines nations protestantes, déshéritées des puissants moyens de salut qui sont restés notre privilège, la lecture habituelle de la Bible a pu, comme vous le faites si bien voir, maintenir un fonds solide de christianisme domestique et social, l'abandon de cette lecture a été parmi les catholiques, l'effet d'abord, puis bientôt l'une des causes de l'affaiblissement de la foi.

» Ces considérations générales se trouvent dans votre écrit et elles suffiraient amplement à justifier votre cri d'alarme. Mais je trouve dans les difficultés particulières de l'apologétique contemporaine un motif nouveau de recommander la lecture des Saints Livres comme un moyen d'éducation chrétienne, et c'est sur ce côté de la question que je crois devoir, pour ma part, provoquer les réflexions de ceux qui s'inquiètent à bon droit du sort des croyances chrétiennes dans notre société.

» Tandis que nous négligeons la Bible, d'autres s'en occupent, et ce sont les pires ennemis de la parole de Dieu. Leur but est de renverser toute la religion en **ébranlant** le surnaturel qui en est la base. Pour des hommes qui déclarent le miracle impossible, la Révélation ne saurait exister, car elle serait le plus grand, le plus constant des miracles : Or la Révélation est contenue dans les Ecritures. Il faut donc montrer que ces livres n'ont rien de surhumain, qu'ils représentent les épaves d'une littérature spontanée qui s'est développée conformément aux lois naturelles de l'histoire, depuis l'époque de David jusqu'au deuxième siècle de notre ère : que tous les faits miraculeux qui pourraient appuyer le témoignage divin ont été introduits, après coup, dans des récits postérieurs de plusieurs siècles aux événements et remaniés incessamment, selon l'usage oriental, pour mettre les annales du passé en harmonie avec les idées religieuses du présent.

» Telle est l'entreprise que même en Allemagne d'intrépides chercheurs, et dont, en Angleterre et en France, d'habiles écrivains vulgarisent les résultats. Ce qui se dépense dans ce travail destructeur, d'érudition patiente et sagace, a quelque chose d'effrayant. Le parti pris est visible, la bonne foi intermittente, mais l'effet d'ensemble est immense et plein de périls. Des écrits périodiques, revues, journaux même, portent à la connaissance du public superficiel les conclusions spécieuses de la nouvelle exégèse. On s'habitue un peu partout à penser que si nos pères avaient connu, comme nous, le secret de la formation de la Bible, jamais ils n'auraient accepté le dogme de l'inspiration, ni les autres croyances qui dérivent de celle-là. Les catholiques, hommes du monde, ne sont pas à l'abri de cette contagion du doute, et j'en sais beaucoup qui ne croient pouvoir y échapper, qu'en s'interdisant de penser à cette grave question. Combien d'autres n'y échappent pas du tout, et trouvent dans la rencontre des écrits dont il s'agit, l'irrémédiable naufrage de leur foi.

» Voilà le mal. Où est le remède ?

» Il est avant tout, j'en conviens, dans un renouvellement des études bibliques, au sein du clergé. Là aussi, les Saintes Ecritures ont été quelque peu négligées : non pas qu'on en ait jamais interrompu la lecture; çceci serait incompatible avec l'exercice de la profession sacerdotale; mais ces fortes études d'exégèse, auxquelles, selon les lumières de leur temps, se livraient nos pères, n'ont pas été poussées et tenues au courant. Tandis que l'attaque changeait de forme, accumulait des ressources nouvelles et prenait un caractère cent fois plus redoutable, la défense demeurait confinée dans la routine. On eût dit des places de guerres construites par Vauban et destinées à tenir tête à l'artillerie moderne.

» Cette négligence a trop duré : grâce à Dieu, elle a pris fin.

» De toutes parts, le clergé se réveille, prend conscience du péril et de l'obligation qui le presse d'y faire face. Sans doute, les catholiques attendent encore la grande œuvre apologétique que la critique rationaliste a rendue nécessaire; mais si la synthèse n'est pas prête, elle se prépare, et déjà d'excellents travaux analytiques ont paru (1); d'autres sont sur le métier. Avant peu, les modernes ennemis de la Bible sauront à qui parler.

» Mais supposons cette tâche accomplie; tout sera-t-il sauvé ? Non, si l'esprit des fidèles n'est pas préparé à en profiter. Ce qui fait le danger des attaques dirigées aujourd'hui contre les Saints Livres, c'est moins la valeur des objections que la faiblesse de la foi chez ceux qui en subissent l'influence. On est vite ébranlé quand on ne croit guère, quand la croyance est à la surface de l'âme, quand elle n'est qu'un reste d'habitude, un souvenir relégué depuis l'enfance dans la région inexplorée de la conscience. Telle est, hélas ! la disposition de bien des âmes. Comment s'étonner alors de les voir

renversées au premier choc ? « Nous croyons la à Bible, pourraient-elles dire, parce qu'on nous avait dit autrefois qu'il fallait y croire : mais, il paraît que cela ne se soutient plus. Au fond, que nous importe ce livre. Nous ne le connaissons pas, nous ne l'avons jamais vu. »

» Tout autre serait la force de résistance d'un esprit familiarisé de bonne heure avec les saintes Lettres, et habitué à respirer l'atmosphère de foi qui se dégage du Texte sacré. Pour celui-là, toucher à la Bible c'est l'atteindre au cœur. Si la Bible n'est pas divine, s'écriera-t-il, en modifiant à peine le mot de saint Paul (1), notre foi est vaine, notre espérance est vaine, nous sommes les plus misérables des hommes. Quand on en est là, on lutte avant de se rendre, et comme la cause est bonne, on ne se rend pas, on remporte la victoire. Qui lira les apologies les mieux faites, qui se tiendra au courant des controverses, qui fera son profit des travaux les plus récents ? Ce ne sera pas l'homme du monde, qui n'a jamais lu la Bible. Celui-là, M. Renan peut l'amuser, et, en l'amusant, lui ôter la foi ; la réponse d'un savant chrétien ne fera que l'ennuyer, car c'est le privilège de la négation d'être facile ; l'apologiste de l'affirmation a le rôle ingrat, et seuls, ceux-là le suivent dans ses raisonnements qui prennent intérêt au fond du débat.

» Que conclure de tout ceci, monsieur ? C'est que, pour préparer des disciples aux défenseurs de la Bible, il faudrait avant tout procurer à la Bible elle-même des lecteurs. C'est à quoi vous travaillez par vos exhortations. Réussirez-vous ?

» D'avance, il faut renoncer à réussir auprès du grand nombre. Même parmi les catholiques pratiquants, le grand nombre est frivole, superficiel, ennemi de la peine et de l'attention. La Bible de ces gens-là c'est telle feuille *boulevardière*, comme ils disent dans leur jargon. Ils y cherchent leurs opinions, leurs pensées, et le genre de foi qui est à leur mesure. A la suite des maîtres étranges qu'ils se sont donnés, ils défendent aujourd'hui la religion et le prêtre, demain ils souriront de plaisir aux blasphèmes élégants d'un apostat disert et onctueux. Vous n'obtiendrez jamais d'eux qu'ils lisent Isaïe ou les livres de Moïse. Et c'est peut-être un bien, car s'ils se mettaient à cette lecture dans l'état d'esprit où nous les voyons, ils pourraient y trouver un écueil pour ce qu'il leur reste de croyance. Mais il y a encore, grâce à Dieu, des familles chrétiennes ; il y en a où l'irrémédiable frivolité des classes qui s'appellent dirigeantes, n'a pas encore pénétré, où l'éducation a gardé sa marque religieuse et austère. Là, il y aurait beaucoup à faire auprès des enfants. Lire en famille les parties historiques de l'Ancien Testament, en omettant tout ce qui ne convient pas au jeune âge : donner ainsi aux jeunes esprits le goût et le respect des Ecritures, plus tard mettre successivement dans la main de l'adolescent le Nouveau Testament tout entier, puis les psaumes, les livres sapientiaux, les Prophètes ; réserver pour l'âge adulte quelques rares morceaux de la Genèse et du Lévitique, et le Cantique des Cantiques, voilà ce qu'un père chrétien peut faire pour ses fils, une mère pour ses filles, sous la direction et avec les conseils d'un prêtre éclairé. J'affirme qu'une éducation ainsi conduite, sans aucun préjudice pour la formation littéraire et scientifique, donnera à l'âme qui l'aura reçue une trempe surnaturelle qu'on ne connaît plus aujourd'hui, et dont l'absence explique la facilité des apostasies, la difficulté des retours à la croyance.

» Tels sont, monsieur, les motifs qui me rendent sympathique à votre entreprise. Il se peut que votre voix et la mienne se perdent dans le désert. Si cela était, nous ne devrions pas regretter d'avoir parlé. Quand la sentinelle a signalé l'ennemi, elle a fait son devoir, et si après cela la garnison se laisse surprendre, le soldat vigilant ne mérite pas de reproche. Mais j'espère qu'il n'en sera pas ainsi. L'attention publique est éveillée sur le côté contentieux des études bibliques. En vous lisant, plus d'un esprit sérieux comprendra que si la Bible est un champ de bataille entre les ennemis et les amis de la foi, elle est encore, et surtout pour ces derniers, une patrie, un domaine de famille où il fait bon vivre, et dont il serait honteux aux enfants de la maison d'ignorer les contours. Je souhaite donc bon succès à votre écrit,

---

(1) Citons entre autres, les écrits de M. l'abbé Vigouroux, du R. P. Cornely, du R. P. Carluy, de M. l'abbé de Broglie, du regretté abbé Motais, etc., etc.

(1) I. Cor. XV, 14, 19.

et je m'estimerai heureux si j'ai pu participer par ces lignes au mérite de votre bonne action.

» Agréez, cher monsieur, l'assurance de mes sentiments les plus dévoués.

Mgr d'HULST,
» recteur de l'Institut catholique de Paris. »

RÉFLEXIONS D'UN VOYAGEUR CATHOLIQUE

Dans mon récent voyage en Nouvelle-Zélande, Tasmanie et Australie, j'ai admiré l'esprit pratique et chrétien de ces jeunes peuples, et j'y ai vu la meilleure explication de leur progrès rapide et de leur prospérité. Le bonheur d'un peuple, comme celui des familles et des individus, sera toujours en raison de l'observation du Décalogue. Je vais prouver mon dire par quelques faits qui seront pour nous une leçon.

I

En Nouvelle-Zélande, à Auckland, un jour de dimanche, n'ayant pu trouver un seul magasin ouvert pour avoir des timbres-poste, je priai le maître d'hôtel de m'en procurer. Celui-ci me répondit : « Il y a six jours pour écrire les lettres, le septième on va à l'église et on se repose. » A Wellington, le directeur du Musée me montrait la collection des données de son observatoire, la feuille du dimanche était toujours en blanc; « le septième jour, ajoutait-il, le souverain Législateur se l'est réservé, il ne convient pas de marchander avec lui. » A Dunedin, un dimanche, j'eus de la peine à faire cirer mes souliers. Certes, ce sont là des exagérations que nous n'avons pas à imiter, mais elles montrent excellemment jusqu'à quel point ces populations poussent l'esprit de foi et cette soumission absolue à la loi du Créateur, qui attire sur elles d'abondantes bénédictions. A Christchurch, dans un banquet d'une Société d'Ecossais, au dessert, les convives portèrent plusieurs toasts. L'un d'eux dit : « Si nous sommes nombreux, si nous avons prospéré, c'est que nous avons gardé le septième jour, c'est que nous avons médité la loi du Seigneur dans les Saintes Ecritures, c'est aussi parce que nous savions par cœur notre petit catéchisme. » Il faisait allusion à sa suppression récente dans l'enseignement officiel. Des applaudissements répétés lui prouvèrent que sa pensée était partagée par tous les convives. Le blasphème n'est pas toléré. A Auckland, on venait de condamner à 25 fr. 75 d'amende une femme, parce que, en se disputant avec son mari, elle avait prononcé des jurons. Elle protestait et disait que la dispute avait eu lieu chez elle, que son domicile est inviolable, et que personne n'avait à voir ce qu'elle y faisait ou disait. La condamnation fut néanmoins maintenue, sur l'affirmation du policeman que les jurons avaient été entendus de la rue.

La solidarité chrétienne est parfaitement comprise et pratiquée, dans un pays où la loi de Dieu est si scrupuleusement observée. Au cours d'une de mes excursions à l'île du Nord, le temps était pluvieux, les routes défoncées, la voiture qui me portait était surchargée et ne pouvait avancer. La voiture qui suivait n'avait qu'un voyageur. Le cocher lui remit les rênes et vint pousser la roue à la nôtre tout le jour. Je les croyais tous les deux cochers d'un même maître, j'appris qu'ils étaient tous deux maîtres et concurrents. J'interrogeai le cocher qui nous avait aidé, voulant connaître le mobile de sa conduite. « Si je n'étais venu en aide à mon confrère, me dit-il, sa voiture se serait brisée ou ses chevaux seraient morts à la peine : pendant son gagne-pain, il serait tombé à la charge de la communauté. Celle-ci aurait été appauvrie d'autant, et j'aurais eu ma part de cette perte. » Peut-être est-ce là de l'égoïsme, mais on ne niera pas que ce soit un bon égoïsme.

Avec un tel principe, les Nouveaux-Zélandais sont certainement appelés à devenir un grand peuple. Rien ne leur coûte, ils défrichent la terre, remplacent les forêts par des pâturages, tracent des routes, ouvrent des chemins de fer. En 40 ans, ils sont déjà 600 000 colons dans l'île, pendant qu'avec notre législation et nos idées révolutionnaires, nous n'avons pas encore 300 000 Français en Algérie qui est à notre porte.

II

Les Australiens aussi ont une forte idée de la solidarité chrétienne; ils punissent le blasphème, l'immoralité, les mauvais propos, le travail du dimanche, persuadés que toute violation de la loi de Dieu doit appeler des malheurs sur tout le peuple. Ils savent que le bonheur de la communauté est en raison de sa moralité, et ils poursuivent comme un ennemi public, tout individu qui porte atteinte à cette moralité. Les mauvaises maisons ne sont pas tolérées, la police a le droit de pénétrer de jour et de nuit dans toute habitation où elle soupçonnerait l'inconduite. A Melbourne, j'ai vu condamner à douze mois de prison avec travaux forcés, un propriétaire appelé Samuel Nathan, parce qu'il avait loué des chambres meublées à trois filles légères. Tous les journaux applaudirent. Quelques-uns firent observer qu'il n'y aurait pas de filles légères s'il n'y avait pas de séducteurs, et que, pour couper le mal à la racine, il fallait forcer ceux-ci à la réparation par le mariage. Le policeman qui avait dénoncé le fait fut loué publiquement par une lettre de son chef. De nombreuses sociétés de tempérance combattent la plaie de l'ivrognerie si hideuse partout, mais plus qu'ailleurs, dans les pays anglo-saxons. Les adeptes de ces sociétés portent visiblement un ruban bleu à la boutonnière. La police poursuit impitoyablement les organisateurs de *swips* ou paris à l'occasion des courses ; la poste a même l'autorisation d'ouvrir toutes les lettres dans lesquelles elle soupçonnerait une combinaison de *swip*. La justice est sévère, impartiale. A Melbourne, un jeune homme condamné à 100 francs d'amende, pour avoir marché sur un trottoir avec un vélocipède, crut s'excuser en disant : « Le premier ministre en fait autant. — Qu'on me le dénonce, ajouta le juge, et je le traiterai comme je viens de vous traiter. »

Les joies comme les plaisirs sont partagés. Dans la petite ville de Stawell, en Victoria, trois petites filles s'étaient égarées dans la forêt ; au son du tocsin tout travail cessa, les magasins fermèrent, les écoles furent suspendues, et 3 000 personnes partirent par petites bandes à la recherche des enfants qui furent ramenées au bout de trois jours. La presse est digne ; elle loue ce qui est louable, et blâme ce qui est à blâmer, sans parti pris ni rancune. Dans les Parlements la discussion est vive et animée, mais la bonne foi est en tous les partis ; la raison parle plus haut que la passion. Lorsqu'un parti n'arrive pas à convaincre son adversaire, on convient d'un essai loyal pour laisser parler les faits. Ainsi des déclamateurs, à Sydney, proposaient l'abolition du fouet comme peine anormale au dix-neuvième siècle et le fouet fut aboli pour trois ans ; durant ce temps les *larrikins* (voyous) avaient augmenté en nombre et en audace, et le fouet fut rétabli sans que personne y trouvât à redire.

Certes ces peuples ont aussi leurs plaies, car aucun n'en est exempt ; mais, comme je l'ai dit, ils savent les combattre ; et, d'autre part, il est sage de chercher chez les autres peuples moins les plaies qui les affligent que les bonnes qualités qui les font prospérer. L'abeille va de fleur en fleur et prend à chacune ce qu'il lui faut pour faire la cire et le miel. Quelques personnes m'ont objecté que faire ainsi ressortir les bonnes qualités de certains peuples protestants semble donner quelque supériorité au protestantisme sur le catholicisme. Cette objection n'est pas sérieuse. Il sera toujours certain que le protestantisme est l'erreur, le catholicisme la vérité. Les protestants eux-mêmes ne sont pas si peu intelligents qu'ils ne comprennent la fausseté de leur principe, car d'après leur libre examen le *oui* et le *non*, dans les questions les plus graves, seraient également vrais. Ce libre examen a pour eux des conséquences si fâcheuses, qu'ils sont obligés de s'interdire les questions religieuses, même en famille ; mais ce qui les éloigne du catholicisme ou du *papisme*, comme ils l'appellent, c'est l'état lamentable où sont tombées, dans leur opinion, les nations latines. Si nous pouvions leur montrer un peuple catholique réellement prospère, le protestantisme serait fort ébranlé. Lors donc que nous louons ce que font de bien certains protestants, ce n'est pas le protestantisme que nous entendons louer, mais le bien fait par ses adeptes. Or, si le protestant, qui n'a qu'une partie de la vérité, la pratique, sur certains points, mieux que le catholique qui l'a tout entière, cela doit servir de stimulant à celui-ci pour mieux faire. La vérité se soutient d'elle-même, elle n'a pas besoin de petits moyens, et la sincérité est son meilleur appui.

III

Quelle est la raison qui rend ces colons de l'Océanie si sensés et si pratiques? Selon moi, il faut l'attribuer principalement à la lecture habituelle, à la connaissance très approfondie des Livres Saints. Dans les Parlements, j'ai entendu citer la Bible à toutes les séances. Dans les familles, cette lecture est quotidienne, et le repos du dimanche est consacré à la méditer. Les Livres Saints présentent à chaque page le double tableau de l'homme, des familles et des peuples justes, à côté des impies : les premiers sont éprouvés pour un temps, mais Dieu est avec eux et sait à son heure les faire prospérer ; les seconds peuvent avoir des succès momentanés, mais ne sauraient se soustraire au châtiment mérité. Les grandes idées de la paternité de Dieu, de sa justice, de son admirable Providence, sont fortifiées par ce parallèle et forment ces âmes convaincues et inébranlables que nous appelons des caractères. Dans leur conférence intercoloniale, les cinq colonies d'Australie, celles de Tasmanie et de Nouvelle-Zélande, ont demandé et obtenu que la mère-patrie prît sous son protectorat une partie de la Nouvelle-Guinée et divers groupes d'îles dans le Pacifique. « Quoi de plus grand et de plus noble, disaient-ils, que de porter la civilisation sur ces immenses terres livrées à l'ignorance et à la barbarie; quoi de plus conforme aux desseins du Créateur que de faire vivre de nombreuses familles chrétiennes qui le serviront et le loueront, là où à peine quelques sauvages se traînent maintenant dans les bois! » Ils savent encore, ces jeunes peuples, que Dieu est le souverain Maître et que l'homme, pour prospérer, doit se faire humble instrument entre ses mains.

Mais cette fermeté de principes, à qui la doivent-ils, sinon à la Bible, leur grand éducateur? N'est-il pas permis après cet exemple de trouver blâmables ceux qui, parmi nous, oublient ou négligent ce puissant auxiliaire de toute éducation religieuse et morale? Ils se font, par cet oubli, les instruments inconscients de la franc-maçonnerie, car l'Eglise ne redoute rien tant que l'ignorance. Si l'Eglise, en effet, condamne le libre examen, elle désire, d'autre part, que les fidèles se nourrissent de la Sainte Ecriture. Je vais prouver mon dire par des citations empruntées aussi bien aux anciens qu'aux modernes.

L'*Imitation de Jésus-Christ* (chap. IX, livre IV) déclare la Bible indispensable à une vie chrétienne au même titre que la sainte Communion : « Car je sens qu'ici-bas, dit-elle, deux choses sont tout à fait nécessaires, et que sans elles cette misérable vie me serait insupportable. J'avoue qu'étant renfermé dans la prison de ce corps, j'ai besoin de deux choses, de nourriture et de lumière. Aussi, Vous avez donné à ma faiblesse votre chair sacrée pour être la nourriture de mon âme et de mon corps, et vous m'avez laissé votre parole pour être la lampe qui éclaire mes pas. Je ne pourrais pas vivre sans ces deux choses, car la parole de Dieu est lumière de mon âme, et votre sacrement est le pain de la vie. On les peut encore nommer les deux tables qui sont placées à droite et à gauche, dans les trésors de votre Eglise. »

Saint Paulin, d'après une citation de saint François de Sales, dans son *Traité de l'amour de Dieu*, rapporte que, dans les premiers temps de l'Eglise, il y avait deux tabernacles sur l'autel, l'un à droite, l'autre à gauche. Le premier contenait la sainte Eucharistie et portait ces paroles: *Verbum incarnatum adorate manduca;* le second renfermait l'Ecriture sainte avec cette inscription: *Verbum scriptum lege et meditare.*

Pour faciliter aux fidèles la lecture des deux Testaments, l'Eglise a eu soin que, dès le commencement, ils fussent traduits en toutes langues. « Toute la terre, dit Théodoret (1), est remplie de raisonnements prophétiques, et le texte hébreu est non seulement déjà traduit en langue grecque, mais aussi en langue latine, égyptienne, persane, indienne, arménienne et, pour le dire en un mot, dans toutes les langues parlées à cette heure par tous les peuples. » Certes, la parole divine a

parfois des obscurités pour l'explication desquelles les fidèles doivent toujours s'en rapporter à l'Eglise, mais elle a aussi d'admirables clartés que tout le monde peut saisir.

« La parole divine, dit saint Grégoire (1), qui est remplie de mystères capables d'exercer les intelligences les plus élevées, contient aussi des vérités claires, capables de nourrir les simples et les moins éclairés... semblable à un fleuve dont le courant est, en certains endroits, si bas qu'un agneau peut le passer, et ailleurs si profond qu'un éléphant y nage. » Saint Jérôme (2) rapporte, comme une œuvre excellente de charité, ce fait de l'illustre martyr saint Pamphile qui tenait toujours à sa portée plusieurs copies de l'Ecriture pour les prêter et même pour en faire cadeau, non seulement aux hommes, mais aussi aux femmes désireuses de l'étudier. Le même saint Jérôme, dans sa lettre XXVII à Læta sur l'éducation de sa fille, montre, que de son temps, avec certaines précautions, on ne craignait pas de donner même le Cantique des Cantiques aux vierges qui aspiraient à se consacrer au Seigneur. Voici ses paroles : « Aux bijoux et aux robes de soie, qu'elle préfère les Livres Saints et qu'elle recherche non pas les exemplaires enrichis d'or et couverts de ces peaux de Babylone où l'on prodigue le vermillon et les peintures, mais les plus sûrs et les plus corrects. Qu'elle apprenne d'abord les Psaumes, et que son âme soit ravie par ces cantiques sacrés, puis, que les Proverbes de Salomon lui apprennent la science de la vie. L'Ecclésiaste l'habituera à fouler aux pieds le monde. Job lui montrera d'admirables exemples de patience et de force. Qu'elle apprenne, après cela, et pour ne plus les quitter, les Saints Evangiles, puis, qu'elle lise, en y mettant toute son âme, les actes et les Epîtres des Apôtres; et quand elle aura enrichi de ces trésors le sanctuaire de son cœur, qu'elle apprenne les Prophètes, l'Heptateuque, les livres des Rois et des Paralipomènes, et ceux d'Esdras et d'Esther. Qu'elle ouvre enfin, elle le pourra alors sans péril, le Cantique des Cantiques. Si elle commençait par là, ne comprenant pas le sens de cet épithalame spirituel caché sous des paroles charnelles, son âme en pourrait être blessée. »

A ces témoignages des anciens, nous pouvons en ajouter plusieurs empruntés aux modernes. Un professeur de l'Université, M. A. Pélissier, après avoir publié un livre intitulé : *Les grandes leçons de l'Antiquité classique*, se mit à relire nos Livres Saints et ceux des premiers Pères de l'Eglise. Il fut tellement frappé de leur beauté qu'il vient de publier à la librairie Hachette un livre intitulé : *Les grandes leçons de l'Antiquité chrétienne.* Dans ce livre, qui lui a valu l'honneur d'être renvoyé du collège Chaptal par l'intelligente municipalité de Paris, il conclut ainsi : « Tout individu, tout peuple qui veut vivre et rester digne de vivre, doit être chrétien. La doctrine chrétienne est l'écho le plus pur de la voix de Dieu dans la raison humaine. Le but suprême de la civilisation est de réaliser sur la terre le règne de Dieu par le règne de Jésus-Christ. Le peuple français ne sera plus rien dans le monde s'il ne redevient chrétien de pensée et d'action, de sentiment et de politique : hors la lumière du Christ, il n'y a que ténèbres et chaos, la barbarie et la mort. » Et à propos des Livres Saints qui l'ont conduit à ces conclusions, il ajoute : « J'aurai atteint le but de mon ambition si j'ai fait comprendre à ceux qui m'ont suivi jusqu'ici dans cette étude, que la lecture assidue et la méditation des Livres Saints est le premier devoir du chrétien, et qu'à l'exemple de Bossuet (3) il faut appliquer à la pratique de l'Evangile le précepte du peintre Apelles, à propos du dessin : *Nulla dies sine linea.* Pas un jour sans une ligne. En effet, toutes les merveilles de la civilisation gréco-romaine pâlissent devant cette merveille divine : l'Ancien et le Nouveau Testament. Non, il n'y a pas de code comparable à la loi de Moïse, pas de patriotisme, pas de sentiment de la justice et du devoir au-dessus de l'enseignement des prophètes, pas de poésie religieuse plus puissante que celle de David. Quant à l'Evangile, pour le louer dignement, les expressions font défaut. »

---

(1) De cur. gr. affect. serm. V.

(1) Epist. ad. Leandr. Hispan.
(2) Apol. adv. Ruf. lib.
(3) Bossuet faisait remettre tous les jours sur sa table une Bible et déclarait qu'il ne pouvait vivre sans elle.

M. de Ribbe, dans la préface de son livre intitulé la *Famille d'après la Bible*, constate la même négligence concernant les Livres Saints, et la même nécessité de revenir à eux, suivant en cela l'exemple de nos pères. « Nos pères lisaient assidûment l'Ecriture Sainte, dit-il, et ils la citaient avec une profonde vénération. Ils en savaient par cœur les plus belles maximes. Presque tous les *Livres de raison*, dans lesquels étaient autrefois relatés les principaux événements de la vie des familles, nous montrent inscrites sur la feuille du titre, et sous le signe de la croix, quelques pensées extraites de l'Evangile, du Psautier, des Proverbes de Salomon, de l'Ecclésiaste ou du Livre de la Sagesse. Il suffit de parcourir les lettres de Fénelon, pour voir quelles étaient encore au XVII° siècle, les mœurs établies dans beaucoup des plus grandes familles de France. Elles sont écrites à des gens du monde, à des dames, à des hommes d'Etat, à des militaires. Elles sont pleines de conseils au sujet des Saints Livres, elles marquent le choix à faire dans les lectures. Les chrétiens de l'ancienne France ne se bornaient pas à demander aux Livres Saints une nourriture spirituelle, ils y cherchaient les règles à suivre dans l'éducation ; ils en faisaient l'objet de toute une étude pour le gouvernement de leur maison, dans l'intérêt de leurs affaires temporelles, et avant de mourir ils s'en inspiraient lorsqu'ils adressaient à leurs enfants de suprêmes recommandations. »

« Voici les conseils que le chancelier d'Aguesseau adressait à son fils aîné au moment où celui-ci allait entrer dans le monde : « Je ne crois pas avoir besoin » de vous recommander la lecture de l'Ecriture Sainte. » Je prie Dieu, mon cher fils, que vous vous y attachiez » toujours avec fidélité pendant tout le cours de votre » vie. Je vous conseillerai, pour vous mieux remplir de » toutes les vérités qu'elle renferme, de vous prescrire » un travail que je regretterai toujours de n'avoir pas » fait pendant ma jeunesse : c'est d'extraire du Livre » sacré tous les endroits qui regardent les devoirs de la » vie civile et chrétienne, de les ranger par ordre, et » d'en faire comme un corps de morale qui vous soit » propre. »

« Aujourd'hui, après quatre-vingt-dix ans de bouleversements tels que notre histoire n'en a pas connu, nous touchons à une heure solennelle et décisive. Il s'agit de savoir si une nation peut vivre sans Dieu, sans foyer, sans règle et sans respect, dans un état de rébellion ouverte et déclarée contre toute autorité divine et humaine. La loi de Dieu l'enseigne, et l'expérience constante du genre humain le proclame ; il y a un ordre fondamental, nécessaire au bonheur des hommes et hors duquel jamais une famille n'a subsisté, jamais un peuple, petit ou grand, n'a gardé la paix. Cet ordre fondamental, dont la sainte Eglise catholique est la gardienne, n'est pas seulement méconnu, on va jusqu'à le nier. Beaucoup de gens qui se croient conservateurs n'en tiennent plus aucun compte, et des familles chrétiennes elles-mêmes perdent toutes les coutumes dont il était le ferme point d'appui. N'y a-t-il pas urgence à le remettre en lumière ? N'y a-t-il pas un intérêt suprême à demander aux Livres Saints les éléments primordiaux de la science sociale, comme le chancelier d'Aguesseau voulait que son fils leur demandât le formulaire de la science morale et des devoirs ? »

Dans une brochure publiée récemment par l'abbé Ceruti, docteur ès-lettres, un des plus illustres enfants de Dom Bosco, intitulée LES IDÉES DE DOM BOSCO SUR L'INSTRUCTION ET L'ÉDUCATION ET LA MISSION ACTUELLE DE L'ÉCOLE, après avoir rappelé que, d'après ce saint homme qui a consacré toute sa vie à la jeunesse, l'unique cause de décadence des nations latines consiste dans l'éducation païenne qu'on donne généralement à l'école, l'auteur rappelle les efforts faits par l'ancien fondateur de la Congrégation salésienne pour parer à ce désordre, et insère dans son travail le catalogue des livres nécessaires au maître pour exercer sa mission dans un esprit catholique et avec de sérieux résultats scientifiques et littéraires. En tête du catalogue il place la Bible, c'est-à-dire l'Ancien et le Nouveau Testament et en fait suivre l'indication de ces paroles : « La Sainte Ecriture est le fondement nécessaire de l'éducation et de l'instruction, non seulement du prêtre, mais de tout catholique qui veut être médiocrement instruit, et à plus forte raison de tout maître qui veut faire de ses écoliers des catholiques d'une piété vive, sérieuse et pratique. »

A ces témoignages si autorisés, ajoutons encore celui des Pères du récent concile de Baltimore dont le Saint Siège vient d'approuver les actes. Après avoir indiqué comment il faut former une bibliothèque de famille, appliquant aux livres le proverbe : Dis-moi qui tu hantes, je te dirai qui tu es, les évêques ajoutent : « Mais il peut être à peine nécessaire pour nous, bien-aimés frères, de vous rappeler le trésor le plus précieux de toute bibliothèque de famille, Celui dont il faut se servir le plus fréquemment et avec le plus d'amour doit être la Sainte Ecriture. Sans doute vous avez lu souvent la consolante action de grâces de A. Kempis à Notre-Seigneur, pour nous avoir donné non seulement l'adorable trésor de son corps dans la Sainte Eucharistie, mais encore celui des Saintes Ecritures : *les Saints Livres pour le bien et la direction de notre vie.* Et vous avez devant vos yeux, fixés à la version de Douai de la sainte Bible, l'exhortation du pape Pie VI, dans sa lettre à l'archevêque de Florence : *que les fidèles doivent être poussés à la lecture des Saintes Ecritures, car*, dit-il, *elles sont des sources très abondantes qui doivent être ouvertes à tout le monde, afin qu'on en retire la pureté de morale et de doctrine, et qu'on déracine les erreurs qui sont si largement répandues en ces temps corrompus.* Et saint Paul déclare que tout ce qui a été écrit a été écrit pour notre enseignement, que par la patience et le secours des Saintes Ecritures, nous pouvons avoir de l'espoir. Nous espérons qu'aucune famille parmi nous n'est sans une version correcte des Saintes Ecritures. »

A propos de version correcte, une des objections qu'on fait souvent à la lecture de la Bible, dans notre pays, c'est que les traductions laissent à désirer ; celle de Sacy, dit-on, est infidèle, celle de Genoude n'est que tolérée, celle du Claire est approuvée, mais elle est écrite en si mauvais français qu'elle est illisible. Comme toujours, on oublie le but essentiel pour s'arrêter au détail. A ce sujet, nous indiquons ici, pour les traductions de la Bible, la règle de la Sacrée Congrégation de l'Index. Dans son décret du 13 juin 1757, elle déclare que « les traductions de la Bible en langue vulgaire sont permises lorsqu'elles sont approuvées par le Saint-Siège, ou bien lorsqu'elles sont imprimées avec des notes tirées des saints Pères de l'Eglise ou d'hommes savants et catholiques. Une approbation épiscopale aussi est suffisante. Voici, en effet, la réponse de Mgr de Ségur aux éditeurs Tolra et Haton qui sollicitaient, par l'entremise du pieux prélat, une approbation de Rome à la traduction des quatre évangiles faite par le chanoine Crampon, d'Amiens.

« CHERS MESSIEURS,

» J'ai présenté, selon votre désir, l'excellent travail de M. Crampon, sur les Evangiles, au R^me P. Modena, secrétaire de la Congrégation de l'Index, afin de le faire examiner, et l'autoriser selon les règles. Mais il m'a répondu que cette formalité n'était pas nécessaire, puisque l'Autorité de l'Ordinaire avait déjà accordé à la traduction et aux notes une approbation officielle ; il a ajouté que cette autorisation suffit pleinement, et que votre publication est, par conséquent, de tout point régulière. Je suis heureux de vous transmettre cette nouvelle, et je fais mille vœux pour la prompte et large diffusion d'un livre devenu non pas utile, mais nécessaire, mais indispensable à l'heure qu'il est. La presse incrédule veut enlever à notre génération la foi en Jésus-Christ, et pour cela elle en travestit la très sainte et très divine figure. La réponse la plus efficace en même temps que la plus simple est de montrer à tous l'original dans la naïveté céleste du texte de l'Evangile.

» L.-G DE SÉGUR. »

Nous ne saurions mieux clore dans cette matière délicate la série des témoignages anciens et modernes que par celui du Souverain-Pontife dont les paroles sont rappelées par les Pères du concile de Baltimore. Voici la lettre que Pie VI écrit à Mgr Martini, archevêque de Florence, qui venait de traduire la Bible en langue italienne :

« Cher fils, salut, etc. Au milieu de tant de livres qui attaquent avec tant de fureur la religion catholique et circulent même parmi les ignorants, au très grand péril de leurs âmes, vous avez raison de penser qu'il faut vivement exciter les fidèles à lire la Sainte Ecriture. Là, en effet, se trouvent les sources très abondantes qui doivent être accessibles à tous, pour y puiser la sainteté des mœurs et de la croyance, et repousser tant d'erreurs répandues de tous côtés en nos jours de corruption. C'est à quoi vous avez heureusement travaillé en mettant les Livres Saints à la portée de chacun par une traduction en langue vulgaire, avec le soin d'y ajouter les notes que demandent les Saints Pères, afin d'écarter tout danger d'abus. En cela, vous ne vous êtes point écarté vous-même des règles de la Congrégation de l'Index, ni de la constitution de l'immortel pontife Benoît XIV, notre prédécesseur sur la chaire de saint Pierre, qui nous admit à l'honneur de faire partie de sa maison, et que nous nous glorifions d'avoir eu pour excellent maître dans la science ecclésiastique. Nous louons donc votre érudition connue, unie à la fleur de la piété, et nous vous rendons grâces comme nous le devons pour cet ouvrage que vous nous avez fait parvenir et que nous nous proposons de lire nous-mêmes, dès que nous le pourrons. Recevez, cependant, en témoignage de ces sentiments, la bénédiction apostolique que nous vous accordons de tout notre cœur. Donné à Rome, près Saint-Pierre, le 16 des calendes d'avril 1778, de notre pontificat la 4ᵉ année.

Philippe Buonamici,
Secrétaire pour les lettres latines
de Sa Sainteté.

Cette lettre que les protestants, aussi bien que les catholiques, mettent en tête de toutes leurs bibles dans les pays anglo-saxons, se trouve très rarement dans nos traductions, comme si les paroles du Souverain Pontife ne devaient pas être également chères à tous les catholiques.

Après ces témoignages, il semblerait que dans un pays catholique comme la France, tous les éducateurs, tous ceux au moins de l'enseignement libre, dussent faire apprendre par cœur à la jeunesse la plupart de nos Livres Saints, et que ceux qui ont la conduite des âmes dussent s'assurer qu'au moins chaque famille instruite possède une traduction approuvée de l'Ecriture Sainte et en fait sa lecture quotidienne. Au lieu de cela, on ne fait apprendre par cœur à la jeunesse que les auteurs païens. Des bibliothèques des familles on n'a nul souci, ou bien on y laissera pénétrer toutes les traductions de l'esprit humain, mais on aura soin d'en éloigner la traduction même approuvée de la Bible, comme si la parole du Saint-Esprit avait le privilège d'être dangereuse. Pourquoi s'étonner ensuite si, comme conséquence d'une part de cette ignorance du code chrétien dans les familles, et d'autre part, de cette infiltration païenne dans l'esprit de la jeunesse, on ne récolte que le naturalisme ou un christianisme s'arrêtant au culte qui est le moyen, et n'allant pas au commandement qui est le but! C'est tous les jours, en effet, qu'on entend dire : « Un tel est bon chrétien, il va à la messe le dimanche, il fait ses Pâques, il jeûne pendant le Carême, il fait maigre le vendredi; » comme si c'était là tout le christianisme! Le christianisme c'est l'amour de Dieu et du prochain, le dévouement au prochain pour l'amour de Dieu, l'apostolat enfin.

Mais ce n'est pas tout. De cette ignorance découle une autre plaie plus grave encore, celle de l'orgueil, qui est toujours un signe de décadence. Ce n'est pas, en effet, un privilège exclusif à l'enseignement laïque chez nous, de répéter tous les jours, dans toutes les chaires, que nous sommes le premier peuple du monde, la grande nation, que nous envoyons tous les missionnaires, que nous faisons la Propagation de la foi, etc. Et cela, sans faire attention que pour un missionnaire qui va faire un peu de bien, la France envoie par le monde dix commis-voyageurs qui vont l'empoisonner de son esprit révolutionnaire, que cette propagande se continue par le livre, par les arts, par le théâtre, grâce auquel nous sommes devenus le scandale des autres peuples. Quant à la Propagation de la foi, on nous dit toujours que la France donne quatre millions par an pour cette œuvre; mais nous fait-on savoir en même temps que l'Angle-

terre et l'Amérique donnent soixante millions par an pour la propagation de la Bible?

Un jour que je parlais de ces choses devant un vicaire général fort distingué, il me fit ouvrir les épîtres de saint Paul, et lire, au chapitre II de celle aux Romains, ces paroles : « Mais vous qui portez le nom de Juif, qui vous reposez sur la loi, qui vous faites gloire d'être à Dieu, qui connaissez sa volonté, et qui, instruits par la loi, discernez ce qui est le meilleur, vous vous flattez d'être le guide des aveugles, la lumière de ceux qui sont dans les ténèbres, le docteur des ignorants, le maître des enfants, comme ayant dans la loi la règle de la science et de la vérité; vous donc qui enseignez les autres, vous ne vous enseignez pas vous-mêmes. » Enlevez le nom de Juifs, me dit le vicaire général, et mettez-y à la place celui de catholiques, et vous aurez le portrait d'un trop grand nombre de nos catholiques français. Toujours prêts à parler de leurs droits, il est rare qu'ils consentent à ce qu'on leur rappelle leurs devoirs; toujours prêts à mettre en avant ce qui peut les glorifier, ils détournent les yeux des plaies qu'ils devraient chercher pour les guérir; ils s'entretiennent ainsi dans l'esprit d'orgueil, ils y forment la nouvelle génération, sans faire attention que l'orgueil est et sera toujours l'antichristianisme. A Rome, un éminent prélat auquel je faisais remarquer que sur bien des points la comparaison entre les peuples catholiques et ceux qui ne le sont pas, n'est pas en notre faveur, me répondait : « Je le sais, et il faut avoir le courage de confesser que c'est en partie l'orgueil qui nous a perdus. »

Il y a 30 ans, le même préjugé, reste de jansénisme, qui existe encore aujourd'hui contre la Bible, existait contre la fréquente communion. Des efforts généreux, et notamment les écrits de Mgr de Ségur, firent tomber celui-ci: que les âmes de bonne volonté s'unissent pour faire disparaître celui-là ! Si la lecture habituelle de la Bible a pu conserver un tel esprit chrétien chez certains peuples protestants, malgré l'inconvénient très grave de l'interprétation libre, bien plus grand serait le bienfait qui en résulterait pour les catholiques, qui tous acceptent pour l'interprétation la seule autorité de l'Eglise ! Le retour à l'Ecriture Sainte est donc un des moyens les plus efficaces pour nous ramener au christianisme; or, « le peuple français, dit encore M. Pélissier, ne sera plus rien dans le monde, s'il ne redevient chrétien de pensée et d'action, de sentiment et de politique. » Nous n'aurons pas des lois chrétiennes avant le jour où la nouvelle génération, élevée et instruite par les auteurs chrétiens et les Saints Livres, aura assez de représentants dans nos Parlements, pour que l'Ecriture Sainte y soit citée avec honneur; nous n'aurons pas de familles chrétiennes tant que leurs chefs ne prendront pas pour règle de conduite les maximes de l'Ecriture Sainte méditée chaque jour. Il n'y aura pour nous de résurrection que le jour où, renonçant à l'orgueil, nous reviendrons à l'humilité qui est la vérité.

Ernest Michel.

TABLE DES MATIÈRES

AUTEURS CHRÉTIENS

En attendant la réalisation du travail plus complet qui s'impose, et que les libraires sont résolus à entreprendre dès qu'ils auront l'écoulement de leurs publications assuré par l'adhésion de quelque grande Congrégation, nous voulons offrir une première liste des ouvrages dont on peut se servir dès maintenant. Nous prions nos amis de nous signaler ceux qu'ils connaissent, pour que nous puissions les ajouter dans nos éditions ultérieures.

ENSEIGNEMENT PRIMAIRE

Comme livres de lecture, revenons aux anciens, la *Bible*, l'*Evangile*, l'*Histoire de l'Eglise*, la *Civilité chrétienne*, la *Doctrine chrétienne*, les *Devoirs du chrétien*; nous n'aurons jamais mieux.

Nous supplions les hommes compétents de nous donner une bonne histoire de France, avec gravures, dans le genre de celle de Lavisse, mais rédigée dans l'esprit chrétien.

Nous signalons, comme un type de ce que nous voudrions, la *Bible illustrée* d'Einsiedeln, 1 fr., chez Benziger, à Einsiedeln (Suisse).

ENSEIGNEMENT SECONDAIRE

Bibliothèque des classiques chrétiens, publiée sous la direction de Mgr Gaume, chez Gaume, éditeur, 3, rue de l'Abbaye, Paris.

HUITIÈME ET SEPTIÈME

Biblia parvula. Tomus primus : Genesis, Exodus, Leviticus, 1 fr. 30. — *Idem opus.* Tomus secundus : libri Numerorum, Deuteronomii, Josue, 1 fr. 30. — **Selecta Martyrum Acta.** Tomus primus. Editio quarta. 1 fr. 30.— **Selectæ S. Gregorii Magni** Homiliæ. 1 fr. 30. — *Idem opus,* traduction avec le texte en regard.... 3 fr. 30

SIXIÈME

Biblia parvula. Tomus tertius : libri Regum. 1 fr. 30
Sancti Hieronymi Commentaria in Evangelium S. Matthæi, ad Eusebium. Tomus primus. 1 fr. 30
Selecta Martyrum Acta. Tomus secundus. 1 fr. 30
Petite Bible pour commençants, texte grec. T. Ier 2 fr .

CINQUIÈME

Biblia parvula. Tomus quartus : Tobias, Judith, Ester, Esdras, libri Machabæorum.... 1 fr. 30
Sancti Hieronymi Commentaria in Evangelium S. Matthæi, ad Eusebium. Tomus secundus 1 fr. 30
Selecta Martyrum Acta. Tomus tertius 1 fr. 30
Selectæ Sanctorum Vitæ, quintanis legendæ 1 fr. 30
Petite Bible pour commençants texte grec. t. II 1 fr. 50

QUATRIÈME

Biblia parvula. Tomus quintus : Proverbia, Ecclesiastes, Sapentia, Ecclesiasticus....... 1 fr. 30
Bedæ in Marci Evangelium Expositio. Tomus primus.............................. 1 fr. 30
Selecta Martyrum Acta. Tomus quartus 1 fr. 30
Excerptae sacris Liturgiæ Romanæ libris. 1 fr. 30
S. Chrysostome. Petite explication de la Genèse, texte grec annoté .... 1 fr. 60
Actes choisis des saints Martyrs, texte grec annoté. Tome Ier. .... 1 fr. 50

TROISIÈME

Selectæ sancti Bernardi Epistolæ.... 1 fr. 80
Actes choisis des saints Martyrs, texte grec annoté. Tome II .... 1 fr. 50
Plusieurs des ouvrages indiqués pour la quatrième et la seconde peuvent servir pour la troisième.

SECONDE

Selectæ S. Cypriani Epistolæ .... 1 fr. 30
Idem opus, traduction avec le texte en regard. 3 fr. 30

S. Chrysostome. Eloge de saint Paul, des Martyrs d'Egypte et de tous les Martyrs, texte grec annoté. Discours...................... .... 1 fr. 60
S. Grégoire de Nazianze. Lettres et poésies choisies, texte grec annoté. Tome Ier ..... 1 fr. 50
S. Chrysostome. Commentaire sur les Actes des Apôtres (lectures grecques), annoté Tome Ier 2 fr. »
Choix de classiques profanes à l'usage des humanités. Edition expurgée et rédigée d'après le programme du baccalauréat, par M. Vivier, Tome Ier: *Prosateurs* 3 fr. Tome II: *Poètes* 3 fr. »

RHÉTORIQUE

Tertulliani. Apologeticus adversus gentes. — De præscriptionibus adversus hæreticos, annoté 1 fr. 60
S. Basile. Explication de l'ouvrage des six jours. Lettres et Discours, texte grec annoté 1 fr. 50
S. Chrysostome. Discours sur la divinité de Jésus-Christ, texte grec annoté. Tome II.... 1 fr. 80
S. Grégoire de Naz. S. Jean Damascène, etc. Poésies choisies, texte grec annoté. Tome II.. 1 fr. 80
S. Chrysostome. Commentaires sur les Actes des Apôtres (lectures grecques), texte annoté. Tome II................ .... 2 fr. »
Carmina e poetis christianis excerpta. Nova editio, *ad usum scholarum edidit,* et permultas interpretationes, cum notis galicis quæ ad diversa carminum genera vitamque poetarum pertinent, adjecit Félix Clément, br. 3 fr., cart. 3 fr. 50
Le même ouvrage traduit en français et annoté par le même, un volume in-8°....... .... 6 fr. »
Mélanges de Gorini, trois volumes, chez Giraud et Josserand, 50, place Bellecour, Lyon, et 5, rue Cassette, Paris.

Des connaisseurs regardent le choix des auteurs fait par Gorini, comme excellent à tous égards.

Publications de l'Alliance des maisons d'éducation chrétienne, Poussielgue, 15, rue Cassette, Paris.

Nous signalons surtout l'excellente **Grammaire latine,** de Mingasson, et le livre d'exercices, intitulé **Le Petit élève de Lhomond.**

LATIN

De la proposition latine et de la manière de traduire le latin en français. Etude élémentaire par M. l'abbé Bertaud.......... 0 fr. 50
Versions latines (Textes choisis de) **et sujets de compositions latines et françaises** disposés en 24 feuillets détachés pour les compositions et les devoirs. — **Classe de septième** (Série A). 0 fr. 40
Classe de sixième à rhétorique (Séries A. B. C.)
Chaque classe de chacune des 3 séries . 0 fr. 40
Versions latines (Traduction des) In-12 (Série A. B. et C., **Chaque classe**................. 0 fr. 60
Cahiers de conjugaisons latines, le cent, 12 fr. petit in-4°...................... .... 0 fr. 15
Cahiers de déclinaisons latines, le cent, 12 fr., petit in-4°.................. .... 0 fr. 15
César. — **De Bello Gallico commentarii,** nouvelle édition précédée d'une analyse littéraire de l'œuvre de César, par M. l'abbé A. Boué, licencié ès lettres, avec cartes, plans et figures. 2 fr. »
Cicéron. — **In L. Catilinam orationes quator.** Nouvelle édition, par M. l'abbé Boué. 0 fr. 75
Cicéron. — **Pro T. Ann. Milone Oratio.** Edition avec notes au bas des pages et notes marginales en français, par M. l'abbé Lechatellier.. 0 fr. 40
Cicéron. — **Pro Archia poeta,** édition contenant des notes historiques géographiques et littéraires en français, par M. l'abbé Ragon, agrégé de l'Université, professeur à l'Inst. cath. de Paris 0 fr. 25

Cicéron. — **De Naturae Deorum.** Liv. II. Texte et annoté par M. l'abbé Rodillon, lic. ès let. 2 fr. »
Cicéron. — **De la Naturea des Dieux.** Liv. II, traduction française correcte, par le même.. 1 fr »
Cicéron. — **De Senectute.** Nouvelle édition annotée par l'abbé Lechatellier.............. 0 fr. 40
Cicéron. — **Pro Murena,** avec introduction et notes, par M. l'abbé E. Pierre, licencié ès lettres, prof. au collège St-Etienne à Châlons.. 0 fr. 75
Cicéron. — **De suppliciis,** texte latin avec une introduction, des notes et deux appendices, par M. l'abbé Boué, avec un plan de Syracuse. 1 fr. 40
Epitome historiæ sacræ, suivi de **Thèmes d'imitation,** par M. l'abbé Mingasson, ancien supérieur du Petit Séminaire de Bourges........ 1 fr. 25
Sénèque. — **Lettres à Lucilius.** Les seize premières par M. l'abbé Bernier, licencié ès lettres. 1 fr. »
Sénèque. — **Lettres à Lucilius.** Les seize premières, traduction française par M. l'abbé Bernier. 1 fr. »
Tacite. — **Annales.** Liv. XIII. Texte revu et annoté par M. l'abbé Vialard, licencié ès lettres. 0 fr. 50
Tacite. — **Histoires.** Livres I et II, accompagnée de notes, par l'abbé Lechatellier........ ... 1 fr. 50
Térence. — **Les Adelphes.** Texte latin publié avec la notation métrique, des notes en français et un appendice critique, par M. l'abbé Boué 0 fr. 90
Tite-Live, Livres XXVI à XXX, nouv. édition avec notices, cartes, plans et illustrations *(classe de rhétorique)*, par M. l'abbé Vauchelle.... 3 fr. 50

GREC

Grammaire grecque, par M. l'abbé Ragon. 2 fr. 50
Premiers exercices grecs. Versions et thèmes faciles, sur la première partie de la gram. avec un double lexique par M. l'abbé Ragon. 1 fr. 75
Le même ouvrage, livre du maître, broché. 3 fr.
Cartonné........................ 3 fr. 25
Thèmes grecs sur la syntaxe, précédés d'exercices récapitulatifs sur la déclinaison et la conjugaison, par M. l'abbé Ragon.
Quatre-vingts exercices grecs, par M. l'abbé Danjou, de l'Ecole du S.-Cœur de Tournus. 0 fr. 50
Cahiers de déclinaisons grecques.... 0 fr. 15
Le cent.................. 12 fr.
Cahiers de conjugaisons grecques... 0 fr. 15
Le cent.................. 12 fr.
Chrysostome (S. Jean). — **Homélie sur le retour de l'évêque Flavien.** Texte soigneusement revu et annoté avec introduction, et commentaire par M. l'abbé E. Ragon.............. 0 fr. 40
Démosthène. — **Les sept Philippiques.** Contenant la 1re Philippique, les 3 Olinthiennes, la 2e et la 3e Philippiques et le discours sur la Chersonèse. Texte grec publié avec une introduction, et des notes, par M. l'abbé E. Ragon. 1 fr. 50
Homère. — **Iliade,** chant 1er. Texte grec avec une introduction grammaticale et un commentaire explicatif, par M. l'abbé E. Ragon..... 0 fr. 25
Homère. — **Iliade,** chant XXIV. Texte revu et annoté par M. l'abbé A. Julien. 0 fr. 25
Homère. — **Odyssée,** chant XXII et XXIII, par le même. Chaque chant.............. 0 fr. 25
Lucien. — **Le Songe ou le Coq.** Texte grec, revu et annoté par M. l'abbé E. Ragon..... 0 fr. 75
Platon. — **La République.** Liv. IV. Texte grec, annoté par C. Arnaud, licencié ès lettres. 1 fr 25
Platon. — **La République.** Liv. VI. Expliqué littéralement et traduit en français avec introduction, sommaires analytiques et notes, par M. C. Celles, licencié ès lettres... 1 fr. 50
Plutarque. — **Vie de Périclès.** Texte grec, annoté par M. l'abbé Perrin, professeur au Petit Séminaire de Châtel-sur-Moselle *(sous presse).*

LITTÉRATURE

Prosodie française contenant les règles de la prononciation et de la versification, par M. l'abbé Léjard....... 2 fr. 50
1re *partie.* — Traité de prononciation *seul.* 1 fr.
2e *partie.* — Traité de versification *seul.* 2 fr.
Morceaux choisis de poètes et de prosateurs français, par M. l'abbé Ragon, professeur à l'Institut catholique de Paris, 3 volumes.
I. — Cours élémentaire, **XVIIe XVIIIe** et **XIXe siècles** pour les classes de sixième et de cinquième....... 2 fr. 50
II. — Cours moyen, **XVIe, XVIIe, XVIIIe** et **XIXe siècles** pour les classes de quat. et trois. de l'enseignement secondaire classique... 3 fr. 50
III. — Cours supérieur, depuis les origines de la langue jusqu'au **XIXe siècle** pour la seconde et la rhétorique, pour la cinquième et la sixième et pour l'enseig. primaire sup.. 5 fr. »
Histoire abrégée des littératures anciennes et modernes avec morceaux choisis. J. M. J. A., édition ornée du portrait des principaux auteurs. 3 fr.

PHILOSOPHIE

Cours élémentaire de philosophie classique, rédigé conformément au programme du 22 janvier 1885, par le R. P. Regnaud, sup. de l'école St-Jean de Versailles................ 6 fr. »
Tableaux de philosophie et d'histoire de la philosophie, rigoureusement conformes au programme du 22 janvier 1885 avec l'analyse sommaire des ouvrages de philosophie inscrits pour le bac. ès lettres par le R. P. Regnault........ 2 fr. 50
Notions de psychologie à l'usage des jeunes filles, par M. l'abbé Salembier, Dr en théo. 2 fr. cart. 2 fr. 25
Principes de morale catholique, par M. Jules Didiot, docteur en théologie........... 1 fr. 50
La morale pratique, ouvrage classique rédigé conformément aux programmes suivants : 1° Enseignement secondaire spécial, 4e année. — 2° Ecoles primaires supérieures. — 3° Ecoles normales primaires. — Enseignement secondaire des jeunes filles, par M. l'abbé Drioux, 2 fr. cart... 2 fr. 25
Leibnitz. — **Nouveaux essais sur l'entendement humain.** Avant-propos et liv. I. Nouvelle édition revue, annotée par M. J.-H. Verin, Dr ès let. 1 fr. »
Malebranche. — **De la recherche de la vérité.** Liv. II (De l'imagination). *Première partie,* ch. I et V; *deuxième et troisième parties* en entier, avec notes historiques et philosophiques, par le R. P. P. Largent, prêtre de l'Oratoire, br. 1 fr. 50

HISTOIRE

NOUVEAU COURS D'HISTOIRE rédigé conformément au programme de 1800, illustré de gravures et de cartes en couleurs hors texte, par M. l'abbé Gagnol, licencié en histoire, licencié ès lettres, ancien élève de l'Ecole des Hautes-Etudes.
Histoire ancienne des peuples de L'Orient : Hébreux. — Egyptiens. — Assyriens et Babyloniens. — Indiens. — Mèdes et Perses. — Phéniciens, avec 18 gravures dans le texte et 3 cartes en couleurs hors texte. *(Sixième)......* 3 fr.
Histoire de la Grèce ancienne, avec 41 gravures et 2 cartes en couleurs. *(Cinquième)...* 3 fr.
Histoire romaine, avec 66 gravures dans le texte et 3 cartes en couleurs. *(Quatrième)...* 4 fr.
Histoire contemporaine, par M. l'abbé Courval. Continuée jusqu'à nos jours (avril 1890), par M. l'abbé Dubois, licencié en histoire. In-16, reliure, 4 cartes en couleurs.......... 2 fr. 50
TABLEAUX SYNOPTIQUES D'HISTOIRE, conformes au programme pour la préparation au bacc. par M. l'abbé Grisaud, prof. à la Seyne (Var).
Histoire moderne (1270-1610). *(Seconde).* 1 fr. 75

Histoire moderne (1610-1789). *(Rhét.)*. 1 fr. 75
Histoire contemporaine *(Phil.). (En préparation.)*

GÉOGRAPHIE

COURS DE GÉOGRAPHIE conforme aux programmes officiels, par M. l'abbé J. DUPONT, licencié ès lettres, cartonnage toile.

GÉOGRAPHIE PHYSIQUE, ETHNOGRAPHIQUE, POLITIQUE ET ÉCONOMIQUE DE L'ASIE, DE L'AFRIQUE, DE L'AMÉRIQUE ET DE L'OCÉANIE, précédée de notions de Géographie générale. *(Quatrième, troisième et enseignement secondaire spécial, 6ᵉ année)*, avec 32 cartes dans le texte et 6 cartes en couleurs, 400 pages. 4fr.

GÉOGRAPHIE PHYSIQUE, HISTORIQUE, ETHNOGRAPHIQUE, POLITIQUE ET ÉCONOMIQUE DE L'EUROPE, avec 34 cartes de détail et 6 cartes en couleur *(seconde et enseignement secondaire spécial, 5ᵉ année)*... 3 fr. 50

GÉOGRAPHIE PHYSIQUE, POLITIQUE, ADMINISTRATIVE ET ÉCONOMIQUE DE LA FRANCE ET DE SES POSSESSIONS COLONIALES *(cinquième, rhétorique et enseignement secondaire spécial 3ᵉ et 4ᵉ année.)(En préparation)*.

NOUVELLE MÉTHODE CARTOGRAPHIQUE comprenant des atlas de cartes écrites et des atlas de cartes muettes avec devoirs cartographiques en rapport avec l'enseignement donné dans chaque classe, publiée sous la direction de M. l'abbé A. JULIEN.

Atlas complets (CARTES ÉCRITES)

GÉOGRAPHIE HISTORIQUE ET MODERNE (89), 104 cartes..................... 18 fr. »
GÉOGRAPHIE HISTORIQUE (33), 43 cartes... 7 fr. »
GÉOGRAPHIE MODERNE (56), 61 cartes..... 12 fr. »
CARTES MUETTES : GÉOGRAPHIE HISTORIQUE ET MODERNE (85), 100 cartes....................... 4 fr. 50
GÉOGRAPHIE HISTORIQUE (33), 43 cartes... 1 fr. 75
GÉOGRAPHIE MODERNE (52), 57 cartes..... 2 fr. 50

Atlas classiques (CARTES ÉCRITES)

GÉOGRAPHIE HISTORIQUE ET MODERNE (41), 51 cartes..................... 8 fr. »
GÉOGRAPHIE MODERNE (27), 30 cartes..... 6 fr. »
CARTES MUETTES : GÉOGRAPHIE HISTORIQUE ET MODERNE (41), 51 cartes..................... 2 fr. »
GÉOGRAPHIE MODERNE (31), 34 cartes..... 1 fr. 50

Atlas pour l'enseignement primaire

CARTES ÉCRITES : COURS ÉLÉM. (9), 10 cartes 2 fr. »
COURS MOYEN (17), 21 cartes............. 4 fr. »
COURS SUPÉRIEUR (29), 39 cartes........ 6 fr. »

CARTES MUETTES : avec devoirs cartographiques

COURS ÉLÉMENTAIRE (12), 13 cartes....... 0 fr. 60
COURS MOYEN (17), 21 cartes........... 0 fr. 90
COURS SUPÉRIEUR (29), 39 cartes........ 1 fr. 50

Atlas pour l'enseignement secondaire classique

CARTES ÉCRITES : CLASSES DE HUITIÈME (16), 17 cartes, 3 fr. 50. — SEPTIÈME (13), 16 cartes, 3 fr. — SIXIÈME (18), 21 cartes. 4 fr. — CINQUIÈME 18 cartes, 4 fr. — QUATRIÈME (21), 24 cartes, 4 fr. 50. — TROISIÈME (27), 32 cartes, 6 fr. — SECONDE (26), 29 cartes, 6 fr. — RHÉTORIQUE (24), 33 cartes, 5 fr.

CARTES MUETTES : avec devoir cartographiques

CLASSES DE HUITIÈME)20), 22 cartes, 1 fr. — SEPTIÈME (20), 23 cartes, 1 fr. — SIXIÈME (20), 23 cartes, 1 fr. — CINQUIÈME 20 cartes, 1 fr. — QUATRIÈME (21), 24 cartes, 1 fr. — TROISIÈME (28), 33 cartes, 1 fr. 50. — SECONDE (27), 30 cartes, 1 fr. 40. — RHÉTORIQUE (28), 37 cartes, 1 fr. 50.

Atlas pour l'enseignement secondaire spécial

CARTES ÉCRITES : PREMIÈRE ANNÉE (35), 41 cartes, 8 fr. DEUXIÈME (24), 32 cartes, 5 fr. — TROISIÈME (23), 26 cartes, 5 fr. — QUATRIÈME (24), 28 cartes, 5 fr.

— CINQUIÈME (33), 41 cartes, 7 fr. — SIXIÈME (32), 35 cartes, 7 fr.

CARTES MUETTES : avec devoirs cartographiques

PREMIÈRE ANNÉE (37), 43 cartes, 2 fr. — DEUXIÈME (26), 34 cartes, 1 fr. 25. — TROISIÈME (23), 26 cartes, 1 fr. 25. — QUATRIÈME (23), 27 cartes, 1 fr. 25. — CINQUIÈME (35), 43 cartes, 1 fr. 75. — SIXIÈME (29), 32 cartes, 1 fr. 50.

SCIENCES

Physique (Cours élémentaire de), contenant le programme des matières du baccalauréat ès lettres avec 285 exercices, par M. l'abbé LORIDAN, licencié ès sciences. 400 gravures dans le texte et une planche en couleurs. Br., 6 fr., cart.. 6 fr. 25

Physique expérimentale et pratique, pour le premier enseignement, par M. l'abbé LORIDAN, orné de 260 figur., d'une planche en couleurs et contenant 400 exercices de physique pratique. 3 fr. »

Chimie expérimentale et pratique pour le premier enseignement de cette science, avec 100 figur. dans le texte, par M. l'abbé J. LORIDAN. 1 fr. 50

Cours de chimie, programme du brevet supérieur de l'enseignement primaire, par M. l'abbé LORIDAN, broché 6 fr. — Cartonné........ 6 fr. 25

Éléments d'histoire naturelle, par M. l'abbé E. C. chanoine honoraire, approuvé par l'évêque de Séez.

Zoologie. *Première partie.* (Anatomie et Physiologie), entièrement refondue d'après les prog. 3 fr. »

Botanique, considérablement augmentée et mise en rapport avec les nouveaux programmes. 3 fr. 50

Botanique (Cours élémentaire de) par les religieuses Ursulines de Blois. avec 90 figures.... 2 fr. 50

Petite flore analytique des jardins et des champs, avec figures, par M. DE VOS, professeur de sciences naturelles......................... 3 fr. »

Géologie (Abrégé de), par M. l'Abbé BOUROMAT, licencié ès sciences physiques et naturelles, avec nombreuses figures, une carte géologique de la France........................... 3 fr. »

Tableaux d'histoire naturelle pour philosophie, dressés conformément aux programmes du bacc. ès lettres, 1885, par M. l'abbé THOLIN. 2 fr. 50

Exercices gradués (Recueil d') et de problèmes variés sur toutes les parties de l'arithmétique, suivi de 500 problèmes par M. l'abbé GERMAIN, 2 fr.
— Partie du maître................. 3 fr. »

Système métrique à l'usage de la sixième et de la cinquième, des écoles professionnelles et des aspirants aux brevets de capacité, par M. l'abbé DE CASAMAJOR, 1 fr. 25. — Livre du maître. 2 fr. »

Exposé du système métrique, par M. A. BARDET, ancien professeur de la Société Saint-Bertin. Une feuille in-plano..................... 0 fr. 25

LANGUES VIVANTES
ANGLAIS

Étude de la langue anglaise. Complément de la Grammaire, par M. l'abbé SAILLARD.
PREMIÈRE PARTIE. Comprenant : 1º Un traité de prononciation ; 2º l'histoire de la formation ; 3º un traité d'étymologie ; 4º les principaux proverbes anglais ; 5º un traité de versification.. 2 fr. »
IIᵉ PARTIE. Histoire de la littérature. 1 fr. 50
LES DEUX PARTIES RÉUNIES.......... 3 fr. »

Premiers cours d'anglais théorique et pratique, avec prononciation figurée par des signes phoniques, pour servir de préparation à l'étude de la grammaire, par M. l'abbé SAILLARD (sous presse).

Edgeworth (Miss). — Contes choisis, annotés par M. l'abbé COLPIN................. 2 fr. »

Edgeworth (Miss). — Old Poz, texte revu et annoté par M. l'abbé COLPIN.......... 0 fr. 50

Macaulay. Histoire d'Angleterre. Morceaux choisis du premier volume, accompagnés d'une notice biographique sur l'auteur, de l'argument analytique des chapitres et des notes, par M. l'abbé Bourdon............................... 2 fr. 50

Tennysson. — Enoch arden. Texte anglais, annoté par M. l'abbé Courtois.......... 0 fr. 60

Tennysson. — Enoch arden. Traduction française, par LE MÊME................... 0 fr. 90

ALLEMAND

Gœthe. — Hermann et Dorothée. Texte allemand annoté par M. l'abbé Wagner, agrégé de l'Université, professeur de l'Ecole de Pontlevoy 1 fr. 25

Lessing. — Dramaturgie de Hambourg. (Extraits). Texte allemand revu et annoté par M. l'abbé de Suplicy, professeur d'allemand.... 2 fr.

Lessing. — Dramaturgie de Hambourg. (Extrait). Traduction française littérale par M. l'abbé de Suplicy, professeur d'allemand.... 2 fr. 50

LIBRAIRIE LECOFFRE, *90, rue Bonaparte, Paris*
AUTEURS GRECS A L'USAGE DES CLASSES

Actes des Apôtres, *texte grec,* avec sommaires au commencement de chaque chapitre.. 0 fr. 60

Basile le Grand (saint). Discours aux jeunes gens sur l'utilité qu'ils peuvent tirer de la LECTURE DES LIVRES PAIENS. *Texte grec revu, avec notice* et notes en français; par Dubner.... 0 fr. 45

— Homélie sur la FOI, avec arguments et notes en français. Extrait du *Nouveau choix de Discours des Pères grecs;* par M. F. Dubner........ 0 fr. 25

— Homélie sur les paroles *Observe-toi,* avec notes en français. Extrait du *Nouveau choix de Discours des Pères grecs;* par Dubner.......... 0 fr. 25

— Eloge des QUARANTE MARTYRS DE SEBASTE, avec arguments et notes en franc.; par Dubner. 0 fr. 30

— Homélie sur le vice de l'ENVIE, avec arguments et notes en français. Extrait du *Nouveau choix de Discours des Pères grecs;* par M. F. Dubner. 0 fr. 30

— Homélie CONTRE LES EMPRUNTEURS. Homélie CONTRE LES USURIERS, avec arguments et notes en français. Extrait du *Nouveau choix de Discours des Pères grecs;* par M. F. Dubner..... 0 fr. 60

Choix (nouveau) **des Pères grecs,** revu, avec sommaires, notes en franc.; par Dubner. 3 vol. 5 fr. 50

— Pour la 4e, NOUVEAUX EXTRAITS... 1 fr. 70

— Le même, traduction française avec notices littéraires et historiques, par M. Croisy. 2 fr. »

— Pour la 3e, NOUVEAUX EXTRAITS... 1 fr. 70

— Le même, traduction française avec notices littéraires et historiques, par M. Croisy. 2 fr. »

— Pour la seconde et la rhétorique, NOUVEAU CHOIX DE DISCOURS............. 2 fr. 10

— Le même, trad. franç., par M. Croisy. 4 fr. »

Chrysostome (saint Jean). Homélie sur la DISGRACE DE L'EUNUQUE EUTROPE, avec arguments et notes en français par Dubner..... 0 fr. 30

— Homélie sur le RETOUR DE L'EVEQUE FLAVIEN. Revu avec notes en franç.; par Dubner. 0 fr. 35

— Discours de l'évêque FLAVIEN A THEODOSE en faveur des habitants d'Antioche. Revu avec sommaires et notes en français; par Dubner. 0 fr. 50

— Homélie (Première) prononcée APRÈS SON ORDINATION, avec argument et notes en français; par M. F. Dubner............. 0 fr. 30

— Homélie prononcée à Antioche APRÈS UN TREMBLEMENT DE TERRE, avec notes en français; par M. F. Dubner............. 0 fr. 25

— Homélie SUR LES VERTUS du saint homme JOB, avec notes en franç.; par M. F. Dubner. 0 fr. 35

— Homélie SUR LE DESESPOIR, l'arme la plus redoutable du démon, avec notes en français; par M. F. Dubner................. 0 fr. 30

Chrysostome (saint Jean). Homélie POUR LE PREMIER JOUR DE L'AN, suivie d'extraits de Libanius et d'Ovide, avec notes en français, par Dubner........................ 0 fr. 35

— Homélie POUR L'EPIPHANIE et sur la conduite à tenir dans le temple pendant la célébration des saints mystères, par Dubner. 0 fr. 35

— Homélie POUR LA VEILLE DES CENDRES, comment on doit se préparer au carême. 0 fr. 30

— Homélie POUR L'ASCENSION, la consommation de l'alliance entre le ciel et la terre, avec argument et notes en français, par Dubner. 0 fr. 35

— Homélie CONTRE LES SPECTACLES et les jeux du cirque, avec argument et notes en français, par M. F. Dubner.................... 0 fr. 30

— Homélie prononcée, APRÈS LA TRANSLATION DES SAINTES RELIQUES, devant l'impératrice Eudoxie, avec argument et notes en français, par M. F. Dubner. In-12................. 0 fr. 25

— Eloge de SAINT BABYLAS, avec argument et notes en français, par M. F. Dubner. In-12. 0 fr. 25

— Eloge de TOUS LES SAINTS, avec argument et notes en français, par M. F. Dubner. In-12. 0 fr. 25

Esprit de saint Basile, de saint Grégoire de Nazianze et de saint Jean Chrysostome, suivis des meilleures pièces de vers de saint Grégoire de Naz. par J. Planche; *texte grec*....... 1 fr. 20

— Le même, en français, par J. Planche. 1 fr. 50

Evangile selon **saint Luc,** *texte grec,* avec des sommaires au commenc. de chaque chap. 0 fr. 50

Grégoire (saint) **de Nazianze.** PANEGYRIQUE DES MACHABÉES, MARTYRS, *texte grec,* avec notes en français, par M. F. Dubner.. 0 fr. 35

Grégoire (saint) **de Nysse.** Eloge du PSALMISTE et du PSAUTIER, avec argument et notes en français, par M. F. Dubner.............. 0 fr. 25

— Oraison funèbre de SAINT MELECE, avec notes en français, par M. F. Dubner.... 0 fr. 25

Lettres choisies, tirées des *Nouveaux extraits des Pères grecs,* à l'usage de la quatrième, avec notes en français; par M. F. Dubner........ 0 fr. 40

— à l'usage de la troisième............ 0 fr. 40

Morceaux choisis de religion et de morale, tirés des *Nouveaux extraits des Pères grecs,* à l'usage de la quatrième, avec sommaires et notes en français, par M. F. Dubner.............. 0 fr. 70

Morceaux choisis de religion et de morale, tirés des *Nouveaux extraits des Pères grecs,* à l'usage de la troisième, avec sommaires et notes en français; par M. F. Dubner........... 0 fr. 80

Narrations choisies, à l'usage de la quatrième, avec sommaires et notes en français; par M. F. Dubner............................. 0 fr. 40

Narrations choisies, à l'usage de la troisième, avec sommaires et notes en français; par M. F. Dubner............................. 0 fr. 60

Novum testamentum. Textus græcus versionis Vulgatæ latinæ, quem in antiquis textibus, venerabili Jager in consilium adhibito, indagavit Constantinus Tischendorf. Opus D. D. Affre, archiepiscopo Parisiensi, dicatum.............. 3 fr. 50

— Cartonné....................... 3 fr. 75

Lactantii (Lucii Cœlii Firmiani) liber de MORTIBUS PERSECUTORUM, édition classique, *texte revu sur le manuscrit unique conservé à la Bibliothèque nationale, avec notes en français,* par Dubner. 0 fr. 75

Selecta nova ex patribus latinis. Nouveau choix des Pères latins, avec sommaires et notes en français; par Dubner. 6 vol. cart.

Sulpitii Severi historia sacra, édition clas. avec notes, par Dubner 0 fr. 90. Le même, en français, par M. l'abbé Poussin................. 1 f. 20

Imprimerie E. Peupthenry, 8, rue François Ier, Paris.

COMMENT RÉSOUDRE LA QUESTION SOCIALE

On la résoudra en appliquant, à chacun des points dont cette question se compose, les enseignements de l'Evangile et les Commandements de Dieu. C'est au clergé surtout à le faire ; la question sociale sera résolue par lui, ou elle ne le sera jamais, mais s'il s'y dévoue avec zèle, les choses iront vite.

Réclamerait-on un jour de repos par semaine pour l'ouvrier, si le troisième commandement de Dieu avait été observé ?

La corruption et l'immoralité feraient-elles dans la grande industrie ces ravages, qui sont une des plus justes revendications de la classe ouvrière, si le 6e commandement de Dieu était respecté ?

Serait-il nécessaire de réclamer une réglementation nationale ou internationale du travail, si les patrons avaient continué à voir et à aimer dans leurs ouvriers Notre-Seigneur Jésus-Christ lui-même, ou si l'on avait observé le 1er, le 4e, le 5e, le 7e et le 8e commandements de Dieu.

Aurait-on lieu de se plaindre des violences des ouvriers, verrait-on les divisions, les désordres de toute sorte, qui entraînent la France et le monde aux abîmes, si on aimait Dieu par-dessus toutes choses et son prochain comme soi-même pour l'amour de Dieu ?

Il ne suffira donc pas de revenir à l'Evangile en général, il faudra particulariser ses enseignements pour chaque point, les accentuer rigoureusement, en démontrer la vérité, la nécessité, l'efficacité, prendre en main la défense des petits, des faibles, en général de la justice et de la charité pour tous. Voilà la solution et voilà comment elle se dégagera peu à peu.

Les moyens secondaires viendront lui apporter leur concours comme nous l'avons dit. L'association chrétienne en sera le grand levier ; inspirée par l'Evangile, soutenue par l'apostolat, elle prendra la place de l'isolement créé par l'égoïsme individuel et celle des partis, créés par l'égoïsme collectif, pour nous donner la force que cherchent ceux-ci et la paix qu'ils ne donnent pas.

Nous y trouverons la solution des questions du salaire, des heures de travail, des assurances et de toutes les autres, avec le moyen de préparer sérieusement le nouveau régime du travail en France. La question juive et celle de l'union des Catholiques en France seront résolues de la même manière.

On a senti le besoin de donner un nom à ce grand mouvement, on l'appelle *la Ligue catholique*. Le nom importe peu, mais la chose mérite attention. Le salut de la société est là avec le triomphe de l'Eglise.

LA PART DU CLERGÉ

Chacun doit apporter son concours au travail de la Ligue.

Toutefois la plus grosse part revient au clergé séculier. Les prêtres des paroisses sont seuls en rapport assez constant avec les populations pour les transformer ainsi. S'ils n'ont pas pu le faire jusqu'ici, c'est qu'ils n'employaient pas assez les moyens évangéliques ou qu'ils épuisaient toute leur force sur une petite œuvre sans portée.

Qu'ils reviennent à l'Evangile, qu'ils y puisent les lois de la vie apostolique pour en faire la règle de leur conduite : *reliquimus omnia… gratis accepistis, gratis date… prædicate Evangelium.*

Notre-Seigneur a dit : *Ite, euntes,* et non pas *sedete, expectate.* Il faut travailler comme dans un pays de mission. Jésus-Christ nous dit : *Confidite, ego vici mundum.* Chacun de nous peut répéter avec saint Paul : *Omnia possum in eo qui me confortat.* Il y a 27 000 francs-maçons seulement en France, dont 18 000 à peine dans le Grand-Orient qui mène tout ! Nous sommes plus de 150 000 prêtres, religieux ou religieuses !!

Le travail sera peut-être long, mais serions-nous moins persévérants que nos ennemis ? *Fas est et ab hoste doceri.* Semons d'abord la moisson, la récolte ne nous regarde pas.

Personne n'a le droit de dire : *c'est impossible,* puisque Dieu le veut ; ni : *c'est trop difficile,* puisque c'est le devoir, le devoir grave et sous peine de damnation : ni *il n'y a rien à faire,* car on ne le saura qu'après avoir essayé, *tentare non nocet.* Alors comme la vie du prêtre se révèle, s'illumine et se transfigure dans la joie et la grandeur morale !

Mais tout dépend de la sainteté du prêtre. Demandons et faisons beaucoup demander la sainteté pour les prêtres. *Pro his sanctifico meipsum. Qui manet in me, hic fert fructum multum.* Voilà l'œuvre des œuvres.

Jamais la France ne sera sauvée si les prêtres ne deviennent très fervents et très dévoués.

Nous supplions donc les âmes de bonne volonté de s'unir pour obtenir la sainteté des prêtres sans laquelle on ne peut sanctifier les peuples. Tous les efforts des bonnes âmes doivent tendre à ce que les prêtres actuels et les prêtres à venir soient très saints.

Oh ! les prêtres, s'ils étaient très pieux et très zélés, quelle belle France ils nous donneraient bientôt !

On commence par où l'on peut, les débuts sont généralement bien modestes. On peut toujours réunir quelques enfants ou quelques hommes toutes les semaines, pour leur demander un petit travail, comme la lecture de l'Evangile en famille ou la diffusion d'un bon journal.

Prions beaucoup et essayons, le reste viendra.

Un Bureau diocésain, pour prendre la tête du mouvement dans un diocèse sous la direction de l'Evêque, est généralement nécessaire. Un comité cantonal complète son action et arrache le prêtre à l'isolement déplorable qui anéantit si souvent ses efforts.

Le plus nécessaire encore est de former dans cet esprit les élèves des petits et des grands Séminaires. Il faudrait les nourrir de l'Evangile, de l'oraison, de l'Eucharistie et surtout de l'Apostolat.

Chaque Séminaire, grand et petit, doit avoir sa conférence d'œuvres sociales, pour permettre à chacun des futurs prêtres de mieux saisir ce que Notre-Seigneur attend d'eux dans les temps présents. Rien ne leur inspire autant la fidélité à la règle, l'amour du travail, surtout l'humilité et le zèle dont ils ont besoin.

Quel compte terrible nous aurions à rendre à Notre-Seigneur, quand même nous ne serions coupables que d'avoir manqué de zèle !

Avec quelle sévérité il nous redemanderait, pendant toute l'éternité, les âmes que nous ne lui aurions pas gardées et celles que nous ne lui aurions pas données !

Imp. PETITHENRY, 8, rue François Ier, Paris.